従業員代表を通じた
経営関与法制

労使自治の多様性に着目した日・EU比較法研究

岡村優希

日本評論社

はしがき

　本書は、私が同志社大学に提出し、博士（法学）の学位を授与された学位論文「労働者の経営関与をめぐる法的考察：EU 法上の被用者関与制度との比較法的研究」にその後の研究の発展を踏まえて加筆・修正を施したものである。本書の趣旨は、雇用の悪化自体を必ずしも未然に防止できるわけではないという実体的規制の限界を踏まえ、それを補完する手続的規制として、経営上の意思決定に対する労働者の手続的関与を法的に保障するための法制度である経営関与法制に着目し、EU 法を比較法対象とした理論的考察を行うことで、労働法規制全体の実効性向上を図る点にある。

　このような検討を行う基底にある問題意識は、現在の労働法規制において中心的位置を占めている実体的規制には、内容審査の対象となるべき事実行為や法律行為の存在を必要とするが故に、雇用に対する悪影響が一定程度確実になった段階で機能することを前提に設計されている点に起因する限界がある、というものである。すなわち、解雇や労働条件の不利益変更等をはじめとする不利益措置が実施される背後には、当該措置を必要とする状況を作出するに至った経営上の意思決定が存在する。それにもかかわらず、上記のような特性を有する実体的規制は、不利益措置の計画・実施の段階で機能することを前提とするものであるため、時間軸上、それよりも前に位置する経営決定を規制対象とすることができず、雇用悪化の根源的な原因事項に対する規律を及ぼすことができないという制約を受けるものである。

　これに対して、手続的規制は、集団的・個別的なレベルにおける労使間での自治を基礎とした自律的な利益調整を機能させることに主眼を置く規制であり、審査対象とすべき事実行為や法律行為の存在を必ずしも必要としないため、実体的規制の内包する上記の限界に拘束されることなく、より早期の段階において、雇用の悪化の原因事項である経営上の意思決定に対して直接

的な規律を及ぼすことができる。これを可能にする制度が労働者の経営関与制度であり、本書では、このような手続的規制によって実体的規制を補完することを通じて、より実効的な労働法規制の枠組みを示すことを企図している。この点、現状の我が国においても、経営関与は団体交渉制と労使協議を通じて実施されうるものではあるが、両者には自主的に組織される労働組合が行う団体交渉に依存的であることに起因する課題があるため、労働組合とは異なる代表機関による経営関与制度の導入が必要となる。本書が従業員代表制に注目する理由がここにあり、その立法を通じて経営関与の権利を保障するためにはどのような制度設計が適しているのかを、EU 法から示唆を得ながら明らかにすることを試みている。

　本書が成るにあたり、土田道夫先生（同志社大学法学部・大学院法学研究科教授）から賜った学恩は計り知れない。私が労働法学の研究を志したのは学部生時代における土田先生との出会いが決定的な契機であり、私が今も労働法学の研究を続けているのは、土田先生と研究の議論をする時間が私にとって何ものにも代え難い喜びの時間だからである。本書の執筆作業が佳境を迎えた折にも、土田先生は、大学教員として教育・研究に従事しつつ弁護士としてもご活躍されるなど、ご多忙を極められる状況の中であるにもかかわらず、その合間を縫って多くの重要なコメントを寄せて下さった。その内容が本書の改善にとって不可欠であったというだけではなく、土田先生と研究上のやり取りをすること自体が、書籍を執筆する中で学問上の困難に直面していた私の背中を、厳しくも優しく押して頂けるものであったことは多言を要しない。また、本書のもとになった博士論文の審査において副査を務めて下さった西村健一郎先生（京都大学名誉教授）と上田達子先生（同志社大学法学部・大学院法学研究科教授）からも、本研究を遂行する上で示唆に富む多くのご指摘を賜ることができた。

　さらに、EU 法を研究対象とするにあたり、中西優美子先生（一橋大学法学部・大学院法学研究科教授）と中村民雄先生（早稲田大学法学学術院教授）からも多大なる学恩を賜った。中西先生の主宰される一橋 EU 法研会には大学院生の頃から参加させていただき、本書を構成する研究の主要な一部分についても研究報告と論文執筆の機会を頂戴した。本研究会を通じて、

EU法の理論的研究を行うための方法論的側面を含めた様々な知見を得るとともに、スプラナショナルな性質を備えるEU法研究の奥深さに接することができた。また、中村先生の主宰される東京EU法研究会においては、主として、判例法の展開を基軸にEU法を動態的に分析するための知見を深める機会に恵まれた。紛争を立体的に把握しながら本質的な議論を展開し、研究会を主導される中村先生の背中を見ながらEU法の研究に従事する機会を与えられたことは、本書を執筆する上で不可欠な経験であった。研究会に迎え入れて下さった両先生の懐の深さには感服する他ない。

　加えて、池野敦貴先生（愛媛大学法文学部専任講師）は、大学院生の頃から議論の相手になってくれただけでなく、本書についても、原稿に目を通した上で貴重なコメントを寄せて下さった。嬉々として、かつ、真摯に学問に励む彼に勇気付けられたことは数知れない。また、私の現在の所属先であるNTT社会情報研究所（日本電信電話株式会社）は法律学分野における基礎研究の重要性を認識して充実した研究環境を整えて下さっており、そのような環境のもと、好奇心を絶やさずに議論を展開する同僚諸氏と交流することで、日々、研究への活力を得ている。

　その他にも、ここにお名前をすべて挙げることができないほど、多くの先生方から学恩を賜った。改めて、心より感謝を申し上げる次第である。

　もちろん、本書には議論の拙いところや課題等が残されているものと思うが、それは、上記のような学恩に恵まれながら、それを十分に生かしきれていない私の浅学菲才さによるものである。これらの点については、今後も研鑽を積みながら、研究をさらに発展させる中で、取り組むことができれば幸いである。

　ところで、本書は、公益財団法人末延財団の助成を受けて出版される。大学院への進学にあたり、末延財団には博士課程奨学生に採用していただき、経済面でのご支援を賜っただけなく、他の奨学生や比較法分野の先生方との交流の機会を設けていただき、研究への情熱までをも喚起して下さった。そのおかげで完成した博士論文を、こうしてまた末延財団のご支援のもとで出版できる機会に恵まれたことは、感謝に堪えないものである。また、本書に取り組む私を励ましつつ、出版に向けた作業を迅速かつ確実に行って下さっ

た日本評論社の上村真勝氏（法律時報編集部・編集長）にも厚く感謝申し上
げる。

　最後に、私事になるが、大学院進学から今日に至るまで、学問を続ける私
を応援してくれている家族に、本書を捧げることをお許しいただきたい。

2025年 3 月

岡村　優希

＊本書の研究は、JSPS 科研費（課題番号：JP18H05659、JP19K20863、及 び、
　21K13202）の助成を受けて遂行されたものである。
＊本書の出版にあたり、公益財団法人末延財団の出版刊行助成を受けた。

目　次

はしがき　i

初出一覧　xiii

第1編　序　論

第1章　問題の所在 …………………………………………………… 3

　　第1款　本書の目的　3

　　第2款　労働関係に係る法規制の現状認識──実体的規制と手続的規制　3

　　第3款　実体的規制の限界

　　　　　　──特に雇用悪化の原因事項に対する規律について　6

　　第4款　手続的規制による実体的規制の限界の補完　10

　　　1．手続的規制の潜在的な可能性

　　　2．現状の手続的規制の課題

　　　3．手続的規制による経営決定に対する規律──実体的規制の補完

第2章　我が国における経営関与をめぐる法的な議論状況 ………… 16

　　第1節　団体交渉制度　16

　　第1款　経営関与法制としての団体交渉　16

　　第2款　経営関与法制としての団体交渉の特徴　17

　　　1．自主性・任意性

　　　2．対象事項の限定性

　　　3．労使の基本姿勢──対立的構図

　　　4．小括

　　第2節　労使協議　23

　　第1款　労使協議を通じた経営関与の法的根拠の有無と基本的性格　23

　　第2款　労使協議を通じた経営関与の具体的内容の多様性　25

　　　1．経営関与手続の具体的内容決定と労使自治

　　　2．経営関与手続の実態把握──経営協議会指針を参照して

vi

　　　　3．小括

第3章　本書の課題と構成 ……………………………………………………29
　　第1節　本書の課題　29
　　　　1．総論的課題
　　　　　　——組合依存からの脱却と労働者の自由意思の実質的担保の必要性
　　　　2．具体的な制度設計に関する課題
　　　　3．小括
　　第2節　本書の構成——研究方法の選択　35
　　　第1款　比較法研究の有用性　35
　　　第2款　比較法対象の選定　37
　　　　1．選定基準
　　　　2．EU法研究の有用性
　　　第3款　本書における検討順序　43

第2編　EU労働法分野における被用者の経営関与制度

第1章　情報提供・協議制度の総説 ……………………………………………47
　　第1節　情報提供・協議制度の立法化の史的展開　47
　　　第1款　経済法的観点に基づく立法の展開　47
　　　第2款　立法の停滞と立法権限の拡充　49
　　第2節　情報提供・協議手続の全体像及び本編の構成　52

第2章　基本権としての経営関与 ………………………………………………55
　　第1節　情報提供・協議の意義——基本権保障の文脈に着目して　55
　　第2節　EU基本権憲章と欧州社会憲章　56
　　　第1款　概説　56
　　　第2款　欧州社会憲章における保障　57
　　　　1．欧州社会憲章の規定内容
　　　　2．発展過程——団体交渉権からの分化
　　　　3．基本権として保障する趣旨——参加型民主主義概念

目次　vii

　　第3款　EU 基本権憲章における保障　60
　　　1．基本権憲章の規定内容
　　　2．経営関与の実質的根拠
　　　3．団体交渉に対する独自性
　　　4．情報提供・協議に関する権利の集団的性格
　第3節　小括　67

第3章　特別法①──EU 集団的整理解雇指令における被用者関与制度 ………… 69
　第1節　EU 集団的整理解雇指令の概要　69
　第2節　EU 集団的整理解雇指令の立法背景・立法史　71
　第3節　指令の適用範囲　73
　　第1款　集団的整理解雇の定義　73
　　　1．概要
　　　2．整理解雇概念
　　　3．事業所概念
　　　4．使用者概念・労働者概念
　　第2款　適用除外　80
　第4節　使用者の義務　81
　　第1款　労働者代表との協議義務　81
　　　1．協議義務の発生時期
　　　2．協議事項
　　　3．労働者代表概念
　　　4．合意に達する目的の保持
　　第2款　情報提供義務　106
　　第3款　管轄機関への通知義務　108
　第5節　国際的企業グループにおける整理解雇　109
　　第1款　国内法の概要　110
　　第2款　事件の概要　111
　　第3款　先決裁定要旨　112
　　　1．協議義務の名宛人について
　　　2．協議義務の発生時期及び適法性判断について
　　第4款　先決裁定の分析　114
　第6節　義務違反に対するサンクション　117
　第7節　小括　119

viii

第4章　特別法②——EU 企業譲渡指令における被用者関与制度 ………………121

第1節　本指令の概要　121

第2節　権利義務の移転に係る実体的規制
　　　　——本指令の目的論的解釈をめぐる判例法理の展開を踏まえて　125

第1款　概説　125

第2款　雇用関係の承継が譲渡人に及ぼす影響　127

第3款　被用者との合意による労働条件の変更　129

第4款　労働協約から生じる権利義務の承継について　131

第5款　新たな判例法理における被用者保護の後退
　　　　——労使間の相互的利益調整の枠組み　132

1．はじめに

2．Werhof 事件先決裁定

3．Alemo-Herron 事件先決裁定

第6款　譲渡を理由とする解雇の禁止（4条）　150

1．基本ルール

2．経済的、技術的、又は、組織上の事由についての適用除外

3．擬制解雇

第3節　経営関与に係る手続的規制
　　　　——労働者代表との情報提供・協議（7条）　158

第1款　情報提供義務　158

1．情報提供・協議手続における被用者側の当事者について

2．情報提供義務の対象事項

3．情報提供義務の発生時期

第2款　協議義務　174

1．協議義務の対象事項

2．協議義務の発生時期について

3．合意に達する目的について

第3款　企業グループ単位での情報提供・協議　177

第4節　小括　178

第5章　一般法——欧州労使協議会指令 ………………………………………181

第1節　EWC 指令の概要　181

第2節　本指令の立法背景・立法史　184

第1款　EU レベルでのより一般的な労使間の

　　　　情報提供・協議手続の必要性　184

　第2款　フレデリング指令案　185

　　1．フレデリング指令案の背景

　　2．フレデリング指令案の内容

　　3．フレデリング指令案の修正と挫折

　　4．立法化の動きの再開──欧州労使協議会指令の採択

第3節　本指令の適用範囲　191

　第1款　欧州共同体規模企業概念　191

　第2款　欧州共同体規模企業グループ概念　192

　第3款　企業概念・被用者概念　194

　第4款　既存の協約に関する適用除外　196

第4節　被用者関与手続を導入するための制度枠組み

　　　　──労使自治への依拠　198

　第1款　概説　198

　第2款　労使自治の意義──手続の導入段階と運用の各段階について　198

　　1．手続の導入段階における労使自治

　　2．手続の運用段階における自治

　　3．小括

第5節　手続の導入交渉における合意形成支援措置　208

　第1款　概説　208

　第2款　労使自治の当事者構成

　　　　──意思決定単位での交渉の実質性担保　208

　　1．被用者側の交渉主体──特別交渉機関

　　2．使用者側の交渉主体──経営中枢・企業グループ単位での規律

　　3．使用者側の二次的交渉主体

　　　　──みなし経営中枢・国際的事業活動への対応

　　4．企業グループ内での相互関係

　　　　──交渉開始段階での情報提供義務に着目して

　第3款　導入交渉が整わない場合のサンクション

　　　　──標準的な手続の片面的強行適用制度　222

　　1．問題状況の再言

　　2．標準的な手続の片面的強行適用制度

　　　　──労使双方への交渉のインセンティブ付与

　　3．標準的な手続（補完的要件）の内容

第6節　小括　229

x

第3編　EU会社法分野における被用者の経営関与制度

第1章　欧州会社制度の概要 ……………………………………………… 235

第1節　法源・根拠法　235

第2節　欧州統合における欧州会社制度の位置付け　236

第3節　欧州会社の設立　237

第4節　欧州会社の構造　239

　第1款　総説　239

　第2款　二層制　239

　第3款　一層制　240

　第4款　二類型の選択に係る任意的性格　241

第2章　欧州会社における被用者関与制度 ……………………………… 243

第1節　欧州会社における被用者関与指令の概要　243

第2節　被用者関与の理論的背景——産業民主主義　244

第3節　本指令の適用範囲　245

第4節　被用者関与の導入交渉の開始段階における規律　247

　第1款　使用者側の交渉開始義務　247

　第2款　交渉開始段階における使用者側の情報提供義務　250

　第3款　特別交渉機関の組成　252

第5節　参加会社の経営機関と特別交渉機関との間での導入交渉　254

　第1款　本指令が導入すべきとする「被用者関与」について　255

　第2款　特別交渉機関の意思決定の方法について　256

　第3款　導入交渉の局面における労使自治に対する法的枠付け　258

　　1．合意についての要式性

　　2．労使間の協調義務

　　3．機密情報の保護

　　4．被用者側の代表の保護

第6節　標準的規則　262

　第1款　標準的規則の適用要件　262

　第2款　標準的規則の具体的内容　264

　　1．被用者代表機関

　　2．被用者関与

目 次　xi

第3章　欧州会社制度に関する小括 ………………………………… 274

第4編　日本法への示唆

第1章　本書の問題意識と検討課題 ………………………………… 279

　第1款　本書の問題意識　279

　第2款　本書の検討課題　280

　　1．経営関与手続の導入段階における課題

　　　──主に手続の内容決定が労使自治に委ねられる場合を念頭に

　　2．経営関与の時期・対象事項に関する課題

　　　──主に手続の内容が法定される場合を念頭に

　　3．小括

第2章　EU法上の諸制度の比較分析と我が国に対する示唆 ……… 285

　第1節　経営関与手続の導入段階における労使自治の制度的基盤

　　　　　（検討課題①）　285

　第1款　はじめに　285

　第2款　経営手続導入をめぐる交渉開始の発意について　285

　　1．はじめに

　　2．EU法の検討

　　3．比較法的検討

　第3款　交渉開始の発意を行わせるための手続的規制

　　　　　──情報提供義務　290

　　1．導入

　　2．EU法の検討

　　3．比較法的検討

　第4款　経営関与手続の導入に係る交渉の実施段階における

　　　　　手続的規制　296

　　1．交渉当事者に関する規律

　　2．導入交渉における強行的支援措置

　　　　──標準的ルールの片面的強行適用

第2節　経営関与の時期・対象事項に関する課題　307
第1款　関与対象事項（検討課題②）　308
1．はじめに
2．集団的整理解雇指令と企業譲渡指令から得られる示唆
　　──実体的規制と手続的規制の相互関連性
3．欧州労使協議会指令及び欧州会社法被用者関与指令から
　　得られる示唆
第2款　関与時期（検討課題③）　322
1．集団的整理解雇指令から得られる示唆
2．企業譲渡指令から得られる示唆
3．欧州労使協議会指令及び欧州会社法被用者関与指令から
　　得られる示唆

おわりに ……………………………………………………………………… 331

【初出一覧】

　本書の一部の箇所については、下記の通り、すでに公表した論文をもとにしているところがある。もっとも、公表後に行った研究の成果を反映させるとともに、一冊の研究書として体系性をもって論述する趣旨から、それらの内容に大幅な加筆・修正を施している。

・「EU 企業譲渡指令における労使間の相互的利益調整：権利義務の承継に係る判例法理の展開に着目して」EU 法研究14号（2023年）55-84頁：本書第 2 編第 4 章第 2 節

・「EU 法における集団的労使自治の多元的性格：基本権規範を踏まえた欧州労使協議会指令の解釈を通じて」EU 法研究 7 号（2020年）119-155頁：本書第 2 編第 2 章および第 5 章

・「集団的整理解雇の局面における手続的規制の在り方：EU 集団的整理解雇指令上の被用者関与制度との比較法的研究」季刊労働法256号（2017年）163-194頁：本書第 2 編第 3 章

第1編

序　論

第1章　問題の所在

第1款　本書の目的

　本書は、雇用の悪化自体を必ずしも未然に防止できるわけではないという実体的規制の限界を踏まえ、それを補完する手続的規制として、経営上の意思決定に対する労働者の手続的関与を法的に保障するための法制度である経営関与法制に着目し、EU法を比較対象とした理論的考察を行うことで、労働法規制全体の実効性向上を企図するものである。

　以下、このような検討課題を設定するに至った経緯を述べる。

第2款　労働関係に係る法規制の現状認識——実体的規制と手続的規制

　近代以降において、ある者が他者の指揮命令に従って労務を提供するといった関係性は、労働契約による法的結合関係を基礎に構築されるものと理解されている[1]。ここでは、私的自治ないし契約の自由を中核とする一般契約法理が妥当し[2]、権利義務の発生、変更、及び、消滅の各場面において、契約当事者である労使間の合意が極めて重要な機能を果たすこととなる。

　しかしながら、周知の通り、一般契約法理においては各当事者が対等の立場にあることが前提とされているのに対して、労働契約においては、労働者は情報・交渉力の面で使用者に劣後する立場に置かれている。そのため、一般契約法理を無制約に適用してしまうと、事実上、使用者による広範な単独

1　土田道夫『労働契約法〔第3版〕』（有斐閣、2024年）1頁、菅野和夫＝山川隆一『労働法〔第13版〕』（弘文堂、2024年）2頁、片岡昇『団結と労働契約の研究』（有斐閣、1959年）217頁等参照。雇用契約との異同も含めた労働契約概念の意義については、岸井貞男「労働契約の本質」同ほか『本多淳亮先生還暦記念 労働契約の研究』（法律文化社、1986年）3頁以下等参照。
2　石井照久ほか『註解 労働基準法I』（勁草書房、1964年）3頁。

4　第1編　序　論

決定が認められる一方で、労働者の自己決定が妨げられてしまうという構造的な問題が生起しうる[3]。そこで、形式的な契約自由を修正し、使用者に劣後する立場にある労働者を保護することで、労使間の実質的対等関係を確保するための法的規律が求められる[4]。このような観点から、労働法は民法上の一般的契約法理を修正するための様々な法的規制を整備しているところ、そのような規制は実体的規制と手続的規制に大別される。

　前者の実体的規制は、主に、裁判所が私的自治に対して直接的・強行的に介入することで、労働者利益を保護することを企図している[5]。例えば、労働契約法（以下、「労契法」）においては、労働契約の内容（＝労働条件）の不利益変更に際して、形骸化する可能性のある労働者の合意による変更とは別に、就業規則の変更を通じた使用者による一方的・一律的な変更を許容しつつも、当該変更内容に対する裁判所による広範な内容審査を肯定することで、労働者に対して不合理な結果をもたらす変更の契約内容補充効を否定する規律を置いている（労契法10条）。その他にも、解雇回避努力等の内容面を審査して解雇を無効とする規律（労契法16条）や、配転命令の有効性につき、労働者に対して通常甘受すべき程度を超えるかどうかという観点から権利濫用性の評価を行う判例法理[6]等、労働者保護を目的として、裁判所による契約関係への直接介入を認める様々な実体的な規制が看取される。

　このような実体的規制に対して、後者の手続的規制は、契約関係への直接的・強行的な介入を前提とするのではなく、個別的・集団的な各次元において、労使間における自律的な利益調整を適切に機能させることを企図した規

3　土田道夫『労務指揮権の現代的展開——労働契約における一方的決定と合意決定との相克』（信山社、1999年）297頁以下等。
4　石井照久『労働法総論〔改訂版〕』（有斐閣、1972年）123頁以下、荒木尚志『労働法〔第5版〕』（有斐閣、2022年）4頁以下、大内伸哉『労働条件変更法理の再構成』（有斐閣、1999年）13頁以下、同「従属労働と自営労働者の均衡を求めて——労働保護法の再構成のための一つの試み」中嶋士元也先生還暦記念編集刊行委員会編『労働関係法の現代的展開』（信山社、2004年）48頁等参照。
5　桑村裕美子『労働者保護法の基礎と構造——法規制の柔軟化を契機とした日独仏比較法研究』（有斐閣、2017年）3頁、山川隆一「労働政策の実現手法の動向と課題」武井寛ほか『労働法の正義を求めて——和田肇先生古稀記念論集』（日本評論社、2023年）42-43頁等参照。
6　東亜ペイント事件・最二小判昭和61・7・14労判477号6頁。

制である[7]。例えば、整理解雇の有効性を判断するに際して、人員削減の必要性、解雇回避努力義務、人選の相当性という内容面の審査をするのが実体的規制であるのに対して、説明・協議を義務付け、労使間での自主的な利益調整を行うための諸条件を整備するのが手続的規制である（労契法16条）[8]。また、集団的労働法に目を転じると、労働組合法（以下、「労組法」）が、一定の事項について労働組合からの団体交渉の申入れに応じる義務を使用者に課すこと等によって労使間における情報・交渉力格差を是正し、労使自治を機能させるための制度を整備している（労組法7条2号等）。これも、雇用の悪化やその懸念等に対してどのような措置をとるべきなのかという内容面自体は法定せず、それを労使が自主的に決定するための諸条件を定めるものなので、手続的規制として位置付けることが可能である[9]。

　以上のように、労働法規制については、裁判所による直接的・強行的な介入を前提とする実体的規制と、個別的・集団的な労使自治を基礎とする手続的規制が存在する。これらのうち、組合組織率が低下し集団的な次元における労使自治の担い手が不足していることや[10]、個別的な次元においては情報・交渉力で劣後する個々の労働者が自らの利益保護を主体的に行うことに限界があり、判例法理・立法の展開を見ても、国家による直接的な保護の必要性が強調される傾向にあること[11]等に照らすと、実際上は、実体的規制が労働法規制の中心的位置を占めているのが現状であると言える[12]。この点、

7　水町勇一郎「法の『手続化』——日本労働法の動態分析とその批判的考察」法学65巻1号（2001年）2-3頁。

8　整理解雇規制が実体的規制と手続的規制の双方を含む点について、西谷敏『労働法〔第3版〕』（日本評論社、2020年）470頁等。

9　労組法7条所定の不当労働行為制度については、違反した場合における行政上・司法上の一定のサンクションが設けられているものの、これはあくまでも実質的な労使間交渉の機会を担保するための規制であるので、国家による契約関係への直接的な介入を目的とするものではない。

10　道幸哲也「労働組合の公正代表義務」日本労働法学会誌69号（1987年）8頁以下、西谷敏『労働法における個人と集団』（有斐閣、1992年）52頁、片岡曻『労働法理論の継承と発展』（有斐閣、2001年）117頁。

11　例えば、整理解雇規制（労働契約法16条）についてみると、労働者個人に対する情報提供・説明も解雇の有効性を左右する要件又は要素ではあるが、中心的な要件又は要素として位置付けられているのは、解雇回避努力義務の履行の有無という実体的な要件又は要素である（土田・前掲注1）書908頁及び914頁）。

6　第1編　序　論

憲法上で国家が労働条件を法定すべき旨が定められ（日本国憲法27条2項）、実体的規制による私的自治への介入が法的にも許容されるものであり[13]、そしてそのような介入を行うが故に労働者利益を直接的に保護することができるのであるから、実体的規制の重要性は疑いようがない。

第3款　実体的規制の限界——特に雇用悪化の原因事項に対する規律について

　しかしながら、実体的規制は万能ではなく、次のような限界を有している。まずもって、実体的規制に関しては、その実効性を担保するといった観点から、特定の労働者像を典型モデルとして想定したうえで、そのモデルに該当する労働者の利益を最大限に保護できるような規制の在り方を議論せざるをえないという限界がある[14]。とりわけ我が国においては、新卒の総合職正社員を典型モデルとして設定したうえで、外部的な雇用調整手段である解雇を規制しつつ、内部的な雇用調整手段である配転や時間外労働等については比較的緩やかな規制を行うに留める形で、実体的規制による実効的な労働者保護が行われてきた[15]。しかしながら、近年、非正規労働者の増加や労働の専

---

[12] もちろん、手続的規制が重要な機能を果たしていることは確かであり、判例法・制定法における手続化の傾向が見られるとの見解もあるが（水町・前掲注7）論文5頁以下）、その後の展開を考慮すると、その傾向は限定的であるとの指摘があり（和田肇『人権保障と労働法』（日本評論社、2008年）268-269頁）、あくまで比重としては、実体的規制が中心であるのが実情であると言えよう（土田・前掲注1）書23頁参照）。

[13] 菅野＝山川・前掲注1）書33-34頁、三井正信『現代雇用社会と労働契約法』（成文堂、2010年）237-238頁等。この点、労働保護法と労働契約法を峻別したうえで、憲法27条2項による授権を前者に限定する見解が存在するが（荒木尚志＝岩村正彦＝村中孝史＝山川隆一編『注釈労働基準法・労働契約法　第1巻　総論・労働基準法（1）』（有斐閣、2023年）7-11頁［荒木尚志］）、これは個別的労働法の構造理解を精緻化する趣旨から主張されているものであり、民法に対する特別法として一般契約法理に対する修正を認めるのであるから、少なくとも、私的自治への介入が法的に許容されるとする結論部分については共通するところがあると言えよう。

[14] 水町勇一郎『労働社会の変容と再生』（有斐閣、2001年）192頁以下等参照。

[15] 荒木尚志『雇用システムと労働条件変更法理』（有斐閣、2001年）7頁以下、唐津博『労働契約と就業規則の法理論』（日本評論社、2010年）23頁以下等。また、正社員を軸にした日本の雇用システムと労働法規制の相互作用に関する基礎的分析として、菅野和夫「雇用システムと労働法制——長期雇用システムの補強から改造へ」1頁以下（特に9頁以下）参照。なお、日本の雇用システム自体の形成・発展の経緯については、仁田道夫『変化のなかの雇用システム』（東京大学出版会、2003年）11頁以下参照。

門化・個別化等を理由として労働者像が多様化したことで、このような典型モデルに該当しない労働者が増加してきている。これに伴って、実体的規制を十分に機能させることが困難な場面が想定されており、従来の労働法規制の在り方を再考する必要性が生じてきている[16]。このような限界に対しては、企画業務型裁量労働制（労働基準法38条の４）や高度プロフェッショナル制度（同法41条の２）が労使委員会の決議等を要件に画一的な規制からのデロゲーションを設けている等の現実の立法上の展開があり[17]、近年においても充実した議論が行われてきたところである[18]。また、比較法的な見地に立ち、各労使が締結する労働協約等による画一的規定からのデロゲーションを認めることで個別具体的な事案への対応可能性を担保しようとする研究も見られる[19]。

　他方で、より検討が不足していると思われるのは、実体的規制には、内容を審査すべき事実行為や法律行為等の存在を必要とするが故に[20]、雇用に対する悪影響が一定程度確実になった段階で機能することを前提に設計されているといった限界が存在するという点である。すなわち、整理解雇や労働条件の引下げといった不利益措置が講じられるプロセスを時系列で考えると、①日常的な経営決定が行われている中で、②業務の合理化施策としての自動化・省人化技術の導入や、経営上の危機回避のための事業所の閉鎖等、雇用

16　多様化する労働者像に対応するために実体的規制を細分化・複雑化させることは、労使双方の規制に対する理解を困難にし、特に行為規範の観点から見た規制の実効性を低下させてしまうのであり（荒木尚志「雇用社会の変化と法の役割」同ほか『岩波講座 現代法の動態3 社会変化と法』（岩波書店、2014年）26頁参照）、これを避けるためにはやはり特定の労働者像を念頭に制度設計を考えることが基本とならざるを得ないと解される。

17　菅野＝山川・前掲注1）書481頁以下、及び、485頁以下参照。

18　立法政策との関連において従業員代表制の議論を展開するものとして、菅野和夫「『労働法の未来』への書き置き」労経速2021年4月1日号（2021年）20頁以下。また、議論状況については、荒木＝岩村＝村中＝山川・前掲注13）書、皆川宏之「従業員代表制の展望──『働き方改革』を踏まえて」野川忍編『労働法制の改革と展望』（日本評論社、2020年）299頁以下、及び、後掲注）87に掲げる諸論文等参照。

19　桑村・前掲注5）書、籾井常喜「労働保護法と『労働者代表』制──その立法論的検討」伊藤博義＝保原喜志夫＝山口浩一郎『労働保護法の研究』（有斐閣、1994年）27頁以下等。

20　荒木尚志「労働立法における努力義務規定の機能──日本型ソフトロー・アプローチ？」中嶋士元也先生還暦記念編集刊行委員会編『労働関係法の現代的展開』（信山社、2004年）19頁。

8　第1編　序　論

の悪化に直接的に繋がりうる事項についての経営決定が行われた後、③整理
解雇等の不利益措置の決定がなされ、④それらの不利益措置が実行されると
いう過程が想定される[21]。ここで、実体的規制が及ぶのは③又は④の段階で
あり、例えば、整理解雇を行う場面を想定した場合には、赤字を計上する等
の経営上の失敗があったり、経営合理化のために事業所閉鎖や新技術導入等
を決定したりする段階で解雇回避努力等の実体的規制が及ぶことはなく、そ
の後に実際に労働条件の引下げや整理解雇等が行われる段階で初めてこれら
の規制が機能することが前提となっている。確かに、雇用の悪化がもたらさ
れる直接的な原因が不利益措置の決定・実行の段階に存するのは事実である
が、それらは唐突に行われるわけではなく、日常的な経営決定の蓄積によっ
て使用者における雇用環境の大局的な方向性が決定され、その中で雇用の悪
化を既定路線化する経営決定がなされるのであるから、実体的な規制には、
雇用悪化の根源的な原因事項に対する規律を及ぼすことができないという限
界があると言わざるを得ない。

　例えば、危機回避型の整理解雇の事例を想定すると、経営上の失敗の故に
企業の財務状況が悪化した結果、雇用を従前のまま維持することは困難であ
るといった状況が所与のものとなってしまっており、それ故に、使用者に期
待できる措置としては、希望退職者の募集を行ったり、配置転換等によって
全体としての雇用を維持したり、退職金の増額や再就職支援を通じて経済的
な不利益を軽減したりする等の事後的な緩和策に限定されてしまうのであっ
て、雇用に対する悪影響そのものを回避することはできない[22]。

21　西谷敏「雇用調整における組合参加の実態と問題点」日本労働協会編『80年代の労使関係』（日
本労働協会、1983年）641頁においては、雇用調整は、通常、①企業戦略の決定（新たな生産・販
売計画、合理化計画、事業所閉鎖、子会社の設立等の決定）、②要員計画の策定（企業・事業場・
職場での増員又は減員の数、調整のための具体的方策等の策定）、③実施条件の決定（希望退職の
際の上乗せ退職金の金額や人選の基準等の決定）、④具体的な人選、⑤アフターケア（希望退職者
の再就職のあっせん、配転先での不満の処理等）という五つの段階を経て行われるものであると分
析されている。本書では、これを参考としつつも、雇用の悪化に間接的に繋がるに止まる日常的な
意思決定と、それに直接的に繋がる経営決定では、後者の方がより経営関与の必要性が強調されう
る点に照らし、上記①の段階を本文の通り二分することとし、また、実体的規制の限界を指摘する
観点から、上記⑤の段階を省きつつ、上記③と④の段階を不利益措置の決定と実行という各項目に
整理した。

また、整理解雇にまで至らなくとも、合理化策の導入等によって労働者に深刻な悪影響がもたらされる可能性がある。その例として、近年問題となりつつある AI（Artificial Intelligence：人工知能）を活用した自動化・省人化ツールの導入に着目すると、複数の熟練工の技能をウェアラブルデバイスやモーションキャプチャーを用いてデジタル空間上に写し取り、それを深層学習のための学習データとして用いることで現実に存在するどの熟練工よりも優れた技能を有する AI（より厳密には学習済みモデル）を作成し、それによって産業機械を効率的に制御するという合理化施策等が想定される[23]。これによって生身の人間が作業を行うという業務自体が企業から消失する場合、技能データを収集された労働者は、自らが創意工夫を凝らしながら習得してきた技能を活用して働くことができなくなるという不利益を被ることになる[24]。その後、経験を生かすことのできない業務への配置転換が実施されたり、熟練工としての技能面での優位性を失ったことによって人事考課における評価が低下して賃金額が減少したりするなどの様々な不利益措置が講じられることも想定されるが、実体的規制はこれら不利益措置には及ぶものの、その原因事項となっている AI を導入する旨の経営判断自体を規制の対象とするものではない。

22　雇用の喪失を前提とする経済的不利益緩和措置の実施をもって解雇回避努力義務を履行したと評価する裁判例（ナショナル・ウエストミンスター銀行［第3次仮処分］事件・東京地決平成12・1・21労判309号50頁等）は、実体的規制が必ずしも雇用の悪化自体を防止できるものではないことを示すものと言える（不利益緩和措置にかかる裁判例の状況については、土田・前掲注1）書911頁）参照）。

23　岡村優希「労働者の個人情報の収集・利用に係る同意概念——労働法と個人情報保護法の交錯」季刊労働法272号（2021年）149頁以下参照。また、AIの技術的特性や労働分野における活用事例については、亀石久美子＝池田美穂＝下條秋太郎＝折目吉範＝岡村優希「AI技術の労働分野への応用と法的課題」季刊労働法275号（2021年）2頁以下参照。なお、新技術の導入場面において経営関与を通じた事前型の労働者意思の反映が求められる傾向は、何もAIが問題となる文脈に限られるものではなく、実態としては従前から見られるものである（仁田道夫『日本の労働者参加』（東京大学出版会、1988年）14頁以下、外尾健一『外尾健一著作集第5巻：日本の労使関係と法』（信山社、2004年）290頁以下）。

24　このことは同時に労働者の人格権侵害の問題も生じさせることになる（音声という特定の文脈についてではあるが、人間の持つ特徴をAIに学習させて利用することに関する人格権侵害の問題を指摘する研究として、荒岡草馬＝篠田詩織＝藤村明子＝成原慧「声の人格権に関する検討」情報ネットワーク・ローレビュー22号（2023年）24頁以下参照）。

10　第1編　序　論

第4款　手続的規制による実体的規制の限界の補完

1．手続的規制の潜在的な可能性

　これに対して、手続的規制は、集団的・個別的なレベルにおける労使間での自治を基礎とした自律的な利益調整を機能させることに主眼を置く規制であり、内容審査の対象となるべき法律行為や事実行為の存在を必ずしも必要とするものではないため、実体的規制の内包する上記の限界に拘束されることなく、より早期の段階における規律が可能である[25]。

2．現状の手続的規制の課題

　しかしながら、現在のところ、我が国においては、労働法制が実体的規制を中心としていることに伴い、本来、手続的規制に期待できるはずのそのような早期の規律が必ずしも十分に行われているとは言えない状況がある。以下では、この課題を具体的な制度との関連でより明確にするために、経営上の意思決定による影響が明瞭な領域の労働立法として、整理解雇法制と企業再編（会社分割）法制を取り上げて検討する。

（1）整理解雇規制に見る手続的規制の課題

　整理解雇の有効性は、人員削減の必要性、解雇回避努力義務、被解雇者選定の相当性、及び、説明・協議義務といった4要件（要素）によって判断されるものと解釈されており[26]、前三者は実体的規制に、後者は手続的規制に位置付けられるところ、中心的な要件（要素）として位置付けられる解雇回避努力義務[27]の内容を見ると、この要件（要素）は解雇の回避を重視するものであるが、希望退職者の募集や配転・出向等[28]をむしろ積極的に許容するものであるため、前述の通り、雇用に対する悪影響自体を回避することを企

25　前述した合理化施策の導入に関して、経営関与が労使利益の事前型の調整に有益であることにつき、林武一「中労委からみた団交方式と労使協議制の諸問題」日本労働協会編『団体交渉と労使協議制——その方式をめぐって』（日本労働協会、1964年）43頁以下、岡村優希「AI技術と集団的労働法上の課題——集団的利益調整の位置付けと不当労働行為制度の解釈に着目して」季刊労働法275号（2021年）65頁以下等参照。

26　土田・前掲注1）書902頁以下。

図するものではない。

　そして、手続的規制として位置付けられる説明・協議は、このような実体的規制の内容を対象とするものと解されているので[29]、事前型の規制を行うことが困難となっている。例えば、解雇回避措置として希望退職者募集等を行った事例[30]において、裁判所は、解雇の実施が具体化した段階で使用者が組合と人員整理について団体交渉を行い、希望退職募集の人数や選定基準、退職の条件について協議していること等をもって協議義務を尽くしたと評価しており、整理解雇に至る原因となる経営上の意思決定についての協議を要求しているわけではない。また、この他にも、大学における学生募集停止を契機とする整理解雇の事例[31]では、募集停止決定についての意見聴取や協議が行われておらず、再就職支援等に重点を置いた説明・協議が行われたに過ぎない場合であっても、組合に対する雇用に関する相応の説明を尽くしており、使用者には解雇権の濫用を基礎付ける手続違反があったとは認められないとして、事前型の手続的規制が要求されるものではない旨の見解が示されている。

　以上のように、整理解雇規制においては、実体的規制が解雇実施段階で機能するものとされていることに対応して、手続的規制も解雇の原因事項であ

27　このような位置付けは、解雇の場面において最後の手段原則」（ultima ratio Grundsatz）が妥当することを理論的根拠とするものである（土田道夫「解雇権濫用法理の正当性──『解雇には合理的理由が必要』に合理的理由はあるか？」大内伸哉＝大竹文雄＝山川隆一編『解雇法制を考える〔増補版〕』（勁草書房、2004年）93頁。根本到「解雇法理における『最後的手段の原則（ultima ratio Grundsatz）』と『将来予測の原則（Prognoseprinzip）』──ドイツにおける理論の紹介と検討」日本労働法学会誌94号（1999年）195頁等参照）。

28　どのような措置が求められているかについては、小宮文人『雇用終了の法理』（信山社、2010年）52-59頁等を参照。

29　例えば、土田・前掲注１）書914頁においては、「（説明・協議義務の）内容は、人員削減の必要性、整理方針・手続・規模、解雇回避措置の内容、被解雇者の選定基準とその適用、解雇条件など、他の３要素に広く及び、整理解雇に関する労使自治的解決を促す機能を営んでいる」として、実体的規制の内容が手続的規制における説明・協議の対象事項を決定すべき旨が述べられている。説明・協議の対象事項については、今野順夫「整理解雇と説明・協議義務」伊藤博義＝保原喜志夫＝山口浩一郎『労働保護法の研究』（有斐閣、1994年）133頁も参照。

30　池貝鉄工事件・横浜地判昭和62・10・15労判506号44頁。

31　学校法人専修大学事件・札幌地判平成27・9・18労働判例ジャーナル47号55頁。

12 第1編 序 論

る経営決定を対象とするものであるとは解釈されていない状況にある。

(2) 組織再編法制に見る手続的規制の課題——特に会社分割に着目して

使用者側の経営判断によって労働者利益が大きな影響を受けうる局面として、企業再編が挙げられる。この点、企業組織を変更する手段としては、合併、会社分割、株式交換・株式移転、及び、事業譲渡等が挙げられるが[32]、労働法分野における規制が立法化されているのは会社分割のみであるので、以下では、この制度について検討することとする。

会社分割とは、株式会社又は合同会社が、その事業に関して有する権利義務の全部又は一部を、吸収分割の場合は分割後他の会社に、新設分割の場合は分割により設立する会社に承継させることをいう（会社法2条29号及び30号）。

そして、当該会社が有していた権利義務のどの部分が会社分割によって承継されるのかは、基本的には、吸収分割契約（吸収分割の場合）又は新設分割計画（新設分割の場合）の定めによって、それぞれ決定されるとされている[33]。すなわち、使用者は、これらの契約・計画を定めることで、承継対象となる権利義務の範囲を決定できるとともに（部分承継）、ここで承継対象とした権利義務については、債権者の同意を要することなく当然に承継させることができる（包括承継）[34]。このような手段を用いることで、使用者は、多数の権利関係を一括して処理し、企業組織の変更を迅速に実施することができるといった経営上の利益を享受することができる。

しかしながら、上記の部分的包括承継ルールが意味するのは、労働契約の承継の有無が、使用者側のみによって（すなわち、労働者の意思とは無関係に）決定されるということである。これにより、労働者側には、一方で、本人の意に反して雇用関係が強制的に承継されてしまうという「承継される不利益」が生じる可能性があり、他方で、本人が希望しているにもかかわらず承継の対象から除外されるという「承継されない不利益」が生じるという懸

---

32 江頭憲治郎『株式会社法〔第9版〕』（有斐閣、2024年）871頁。
33 田中亘『会社法〔第4版〕』（東京大学出版会、2023年）668頁。
34 原田晃治「会社分割法制の創設について（下）——平成12年改正商法の解説」旬刊商事法務1566号（2000年）4頁以下。

念も存在する[35]。

そこで、これらの不利益に対処すべく、「会社分割に伴う労働契約の承継等に関する法律（以下、労働契約承継法）」が立法化されており、一定の要件のもとで労働契約を自動的に承継させるという実体的規制が設けられている。すなわち、労働契約承継法は、①承継事業に主として従事する労働者（主従事労働者）に係る労働契約のうち、分割契約（計画）に承継する旨の記載があるものについては、承継会社に当然に承継されると規定することで使用者の迅速な組織再編を可能にしつつも（3条）、②主従事労働者でありながら、分割契約（計画）に労働契約が承継される旨の記載がない者に対して異議申出権を認め、その行使によって労働契約が承継されると規定することで「承継されない不利益」に対処するとともに（4条）、③主従事労働者でないにもかかわらず、分割契約（計画）に労働契約が承継される旨の記載がある者に対して異議申出権を認め、その行使によって労働契約の承継が否定されると規定することで「承継される不利益」に対処している（5条）。

その上で、このような実体的規制の適用にあたり、労使間での自主的な利益調整を行うために、一定の事前型の手続的規制も設けられている。すなわち、①労働契約承継法が、使用者に対して、過半数組合又は過半数代表者と協議等を行うことで労働者の理解と協力を得るように努めなければならないとする努力義務を課すとともに（7条措置）、②商法等改正法附則が、使用者に対して、主従事労働者及び主従事労働者ではないが分割契約（計画）で承継対象とされている労働者との間で、個々の労働契約の承継に関する事項についての強行的な協議義務を課している（5条協議）。

これらのうち、努力義務を定める7条措置においては、当該会社分割を行うことの背景事情等の幅広い事項が対象となるのに対して、強行的な義務を課す5条協議においては、対象事項が、実体的規制の規律対象である雇用に関する事項、すなわち会社分割に関する事項[36]、本人の希望聴取、労働契約

---

35 岡村優希「会社法と労働法①——事業取得型M&A（合併・会社分割・事業譲渡）」土田道夫編『企業法務と労働法』（商事法務、2019年）106頁以下、溝杭佑也＝土田道夫「会社分割時の労働契約承継における事前協議の意義と課題」同志社法学65巻1号（2013年）213-214頁参照。

14 第1編 序 論

の承継の有無、承継及び非承継の場合の業務内容、並びに、就業場所その他
就業形態等[37]に限定されている。

　ここで問題となるのが、雇用に直接的に関係するわけではないものの、使
用者の経営の見通し等の経営事項のように、長期的にみれば雇用に対する影
響が懸念されるような事項についてまで5条協議の対象となるのかという点
である。

　これについては、日本アイ・ビー・エム（会社分割）事件[38]において、最
高裁の判断が示されている。すなわち、最高裁は、「…［使用者］は、…
［承継会社］の経営見通しなどにつき…［労働者］らが求めた形での回答に
は応じず、…［労働者］らを在籍出向等にしてほしいという要求にも応じて
いないが、…［使用者］が上記回答に応じなかったのは…［承継会社］の将
来の経営判断に係る事情等であるからであり、また、在籍出向等の要求に応
じなかったことについては、本件会社分割の目的が合弁事業実施の一環とし
て新設分割を行うことにあり、分割計画がこれを前提に従業員の労働契約を
…［承継会社］に承継させるというものであったことや、前記の本件会社分
割に係るその他の諸事情にも照らすと、相応の理由があったというべきであ
る。そうすると、本件における5条協議に際しての…［承継会社］からの説
明や協議の内容が著しく不十分であるため、法が5条協議を求めた趣旨に反
することが明らかであるとはいえない」として、将来の経営判断に係る事情
という経営事項が5条協議の対象とはならないと判断した。

　この判断に見られるように、労働契約承継法においては、労働契約の承継
の有無に係る強度の実体的規制が設けられている反面、強行的な手続的規制
は、実体的規制の内容に対応して雇用に関する事項に限られたものとなって
おり、経営事項についての労働者の関与が制限されている状況にある。

36　具体的には、会社分割の効力発生日以後当該労働者が勤務することとなる会社の概要、効力発
生日以後における分割会社及び承継会社等の債務の履行の見込みに関する事項等が挙げられる。

37　分割会社及び承継会社等が講ずべき当該分割会社が締結している労働契約及び労働協約の承継
に関する措置の適切な実施を図るための指針（平成十二年労働省告示第百二十七号）第2の4
（1）イ。

38　日本アイ・ビー・エム（会社分割）事件・最二小判平成22・7・12民集64巻5号1333頁。

3．手続的規制による経営決定に対する規律——実体的規制の補完

　以上のように、労働法規制の中心的位置を占める実体的規制では経営事項に対する規制が不十分であるところ、これを直接的に規制する潜在的可能性を有するはずの手続的規制の内容も、そのような実体的規制の内容に対応した事後対応的・謙抑的なものにとどまっているのが現状である。これは、内容審査の対象となるべき法律行為や事実行為の存在を必要としない手続的規制に対して、必然的ではない形で制約を加えてしまっていることを意味する。ここで求められるのは、実体的規制とは独立した規制として手続的規制を捉えたうえで、その固有の役割を検討することである。そして、経営上の意思決定が雇用の悪化の根源的な原因となりうるという前述の点を踏まえるならば、これを労働法規制の枠外で行われる所与のものとして捉えるのは適切ではなく、交渉・協議可能な暫定的事項として、労働者がその決定プロセスに関与する権利を法的に認めることが重要であり、これによって実体的規制を補完し、全体として、より実効的な労働法規制の在り方を模索することが可能となる。このような問題関心から、本書においては、経営上の意思決定に対する労働者の手続的関与を法的に保障するための法制度（以下、経営関与法制と呼ぶ）に着目し、その理論的研究を行うこととする。

16　第1編　序　論

第2章　我が国における経営関与をめぐる法的な議論状況

　我が国において、経営関与を個別に定める専用の立法は行われていないが、経営関与法制として位置付けることのできる一般的な法制度自体は存在する。以下では、本書が取り組むべき検討課題を明らかにするために、そのような法制度をめぐる議論状況を整理し、その限界点を把握する。

第1節　団体交渉制度

第1款　経営関与法制としての団体交渉

　我が国において、経営関与のための一般的な法制度として唯一のものと言えるのが、労働法組合法（以下、労組法）所定の団体交渉制度である。
　周知の通り、団体交渉とは自主的に組織される労働組合（労組法2条）と労組法上の使用者（労組法7条2号）との間で行われる交渉のことをいうところ、そこで取り扱われる対象事項としては、賃金や労働時間等の労働条件に該当するものが典型例として挙げられる[39]。しかしながら、団体交渉制度においては、以下で検討する通り、このような純粋な労働条件事項だけでなく、一定の条件を満たす経営事項も対象事項として扱われている。それ故、団体交渉制度は、労使間の自律的な交渉を通じて労働者利益を経営に反映させるための制度枠組みを提供するものと言えることから、経営関与をめぐる法制度として位置付けることが可能である[40]。

---

39 三宅正男「団体交渉権」日本労働法学会編『労働法講座第2巻　団結権及び不当労働行為』（有斐閣、1956年）351頁。

第2章　我が国における経営関与をめぐる法的な議論状況　17

第2款　経営関与法制としての団体交渉の特徴

　このようにして団体交渉を経営関与の一環として捉えて場合には、手続における自主性・任意性、対象事項の限定性、及び、手続における労使の基本姿勢の三点において、次のような特徴が見られる。

1. 自主性・任意性

　第一に、団体交渉については、経営関与のための手続の導入・運営が労働者側の任意性に委ねられているという特徴が存在する。

　団体交渉を実施するためには、その主体となる労働組合の存在が必要となるところ、団結権があくまでも労働者側に固有の権利として保障されていることに起因して（憲法28条）労働組合は「労働者が主体となって自主的に労働条件の維持改善その他経済的地位の向上を図ることを主たる目的として組織する団体」であると定義されている（労組法2条本文）。この定義において示されているのは、労働組合を組織するためには労働者側の自主的な発意が必要であり、使用者はもとより、法による強制すらも排除されるということである。それ故、団体交渉による経営関与は、手続の開始前のごく初期の段階から、専ら労働者の自主性・任意性に委ねられるという特徴を内包している。

　そして、労働者の自主的な発意によって労働組合が組織されたとしても、実際に経営関与を行うか、また、どのような経営関与を行うかについては、労使間の自治に委ねられている。すなわち、法は、団体交渉が労働者側の権利として位置付けられていることに照らし（憲法28条）、使用者に対しては、組合から申し入れられた交渉に応じる義務（団交応諾義務）を課すに留まり、たとえ事業所の閉鎖や企業再編等のような雇用の悪化が懸念される経営決定を行う場合であっても、そのことをもって、自らが組合側に団体交渉を申し

40　林信雄「団体交渉と労使協議制」石井照久＝有泉亨編『労働法体系2　団体交渉・労働協約』（有斐閣、1963年）53頁、及び、道幸哲也「団体交渉権の法的構造」日本労働法学会編『講座21世紀の労働法第8巻：利益代表システムと団結権』（有斐閣、2000年）68頁等を参照。

18　第1編　序　論

入れるべき義務を課すものではない。また、法は組合の要求に応じて誠実に
交渉すべき義務（誠実交渉義務[41]）を課すに留まるのであって、たとえ組合
が団体交渉の申し入れを行ったとしても、実際にどのような交渉を行うのか、
すなわち、交渉の頻度・場所、担当者、議題や合意条件等に至るまで、どの
ような要求を行うのかは、基本的には組合の裁量に委ねられるべき事項であ
る。したがって、団体交渉による経営関与には、組合を組織する場面に加え
て、手続の開始から運用の段階に至る場面においても、労働者側による任意
性といった特徴が内包されていると言える。

2．対象事項の限定性

　第二に、団体交渉を通じた経営関与には、団交応諾義務の観点から、対象
とすべき経営事項について一定の制約があるといった特徴が見られる。

(1) 経営関与と団交事項の類型論

　周知の通り、団体交渉の対象となる事項としては、義務的団交事項と任意
的団交事項の二種類が存在するところ、両者の間には使用者に対して、団交
応諾を義務付けられるのかという観点から、重大な差異が見受けられる。す
なわち、前者の義務的団交事項が使用者に団交応諾義務を課すことができる
事項であるのに対して、後者の任意的団交事項は、そのような制度的な保障
の枠外にあって、交渉に応じるか否かが使用者の裁量的判断に委ねられてい
る事項であるという差異が存在する[42]。

　このような特徴からすれば、経営関与においてより重要となるのは、前者
の義務的団交事項であると考えられる。経営関与には、経営上の意思決定プ
ロセスへの労働者の関与を認めるものであるが故に、使用者側が有している
経営上の裁量を制約してしまうという側面があるので、経営裁量を確保した
いと考える使用者には、労働者による経営関与に対して消極的な姿勢をとる
インセンティブが生じうる。そのため、任意的団交事項のように団交応諾に
ついての制度上の義務付けがない場面においては、労働組合が経営関与のた

41　誠実交渉義務の具体的内容については、西谷・前掲注8）書684頁以下等を参照。

42　西谷敏『労働組合法〔第3版〕』（有斐閣、2012年）296頁以下。

めの交渉を申入れたとしても、使用者が任意に応じるとは限らず、結果とし
て、経営関与の可能性が閉ざされてしまうことにもなりかねない。これに対
して、義務的団交事項は、使用者に対して団交応諾義務を課すものであり、
これに違反した場合における行政上・司法上の様々なサンクションが備えら
れている（労組法7条2号等参照）。このような一種の圧力装置が背景にあ
ることで、使用者は、労働組合による団体交渉の申入れがあれば、それが自
己の経営裁量を制約しうるものであって歓迎されるものではないとしても、
これに応じざるを得なくなり、経営関与の可能性が担保されることになる。
したがって、本書の検討対象である労働者の経営関与をめぐっては、義務的
団交事項について考察することが肝要となる。

(2) 経営関与と義務的団交事項

そこで、義務的団交事項の内容を見ると、「労働条件に密接な関連性を有
する事項」[43]であるのかを基準とした制約が課せられているものの[44]、経営事
項が労働条件に影響を及ぼすことが少なくないということもあり[45]、判例・
裁判例においては、比較的広範囲にわたって、経営事項を義務的団交事項と
して認める判断がなされている。

その典型例として挙げられるのが明治屋事件判決[46]である。本件は、使用

43　栃木化成救済命令取消事件・東京高判昭和34・12・23労民集10巻6号1056頁。

44　なお、光岡正博「交渉事項と団交応諾義務」日本労働法学会編『現代労働法講座第4巻　団体
交渉』（総合労働研究所、1981年）189頁以下が示す通り、過去には、義務的団交事項の範囲を確定
するための基準を巡って、学説上で鋭い対立が見られた。具体的には、「団体交渉権を個人労働者
の労働力売買契約に分解・還元して、その保障範囲を使用者を相手方とする経済的要求（労働条件
事項）に限定する」といった契約説、「団体交渉権についてはこれを対使用者および経済的要求
（労働条件の維持改善に関する事項）に限定する」といった協約説、及び、「労働法ならびに労働
基本権を、労働力交換過程の領域から解放された、人間の尊厳理念に導かれる、新しい共同決定の
原理が支配する領域として把握し、その結果団体交渉権の保護範囲も必然的に使用者以外の相手方
と政治的要求その他労働条件の維持改善に直接関係ない事項＝要するに労働者の人間的生存に必要
な事項まで含む」とする参加権説の三説が大きく対立していた。本書では、このような学説上の争
いに深入りするのではなく、判例法理の展開や、それを受けた現在の学説状況を前提とした検討を
行う。

45　浅井清信『集団的労働法理の展開』（法律文化社、1968年）、片岡曻『法からみた労使関係のル
ール』（労働法学研究所、1962年）199-200頁。

46　名古屋地判昭和38・5・6労民集14巻5号1081頁。

20　第1編　序　論

者が経営合理化を行うために一部の業務を専門業者に請け負わせることを決定したところ、労働組合が、このような請負の実施は必然的に労働者の配置転換を伴うものであるから義務的団交事項に該当すると主張したのに対して、使用者が、当該請負の実施は経営判断として行われたものであるとして団交を拒否したという事例であり、このような団交拒否が不当労働行為に該当するかが問題となった。

　本件において、裁判所は、「下請化そのものについてみれば、労働者の待遇と直接関連を持たない限り企業経営の必要上使用者が一方的になし得るものであるから、…団体交渉の対象となす必要はないものということができる」としつつも、「しかしながら右請負化の実施によって組合員の職場変更が行われ、これによってその労働条件が変更される場合には右組合員の職場変更が団体交渉の対象となり得るのみならず、職場変更を必要とさせるに至った請負制度の実施そのものについても、その実施態様等右職場変更に関する交渉に必要な限度において使用者の団体交渉義務を認めるべきである」として、請負の実施の是非が義務的団交事項に該当すると判断した。ここでは、純粋な経営事項は団体交渉の対象とはならないという限界を示しながらも、経営事項が労働条件に影響することに着目したうえで、職場変更や労働条件の変更だけにとどまらず、請負の実施といった経営事項そのものが義務的団交事項に該当しうるとの判断が示されている。

　このような判断は他の例でも見られるところである。例えば、職場再編成[47]による人事異動が行われたことを受けて、組合が当該再編成自体の撤回をめぐって団体交渉を申し入れたところ、使用者がそのような事項は会社の専権事項に属するものであって団体交渉の対象とはならないとしてこれに応じなかったという事例[48]において、「職場再編成問題は、従業員の待遇ないし労働条件と密接な関連を有する事項であるから、団体交渉の対象となり得ることはもちろんであ［る］」として、職場再編問題のような経営事項であ

47　具体的には、どのような製品を、どのような作業工程・組織で生産するのかという生産計画の変更があった事例である。

48　前掲注43）・栃木化成救済命令取消事件。

っても、義務的団交事項に該当するとの判断が見られる。

以上のように、労働条件との関係性を踏まえ、経営事項であっても、比較的広範囲にわたって義務的団交事項への該当性を肯定する判断が示される傾向にある。

(3) 経営関与の文脈における義務的団交事項の限界

しかしここで改めて留意しなければならないのは、義務的団交事項として認められる経営事項には労働条件に影響を及ぼすものであるのか否かという観点からの厳然たる制約があるという点である。

これを端的に示す例を挙げると、解雇や転籍を不可避的に伴うような事業譲渡等が行われた事例が存在し[49]、ここで裁判所は、「［本件譲渡の当否それ自体に］組合員の労働条件を左右する部分があると認められる。したがって、…［本件譲渡に関する事項］のうち、…組合員の労働条件に係る部分は、義務的団体交渉事項に該当すると解される」として、事業譲渡等を行うという経営上の意思決定全般が義務的団交事項に該当するのではなく、その範囲を労働条件に係る部分に限定する解釈を行っている。この点、学説においても、義務的団交事項として扱われるのは厳密には経営事項そのものではなく、その背後にある労働条件・処遇ではないかという指摘が見られるところである[50]。

また、労働条件・処遇ではなく、会社分割後の将来の経営見通しが義務的団交事項に該当すると判断した事例[51]もあるが、これは、多額の債務を承継する新使用者の経営状況に懸念を持った組合が、分割後の経営見通しの根拠となる財務諸表等の客観的資料の開示を求めていたにもかかわらず、使用者がそれを拒否したことが不当労働行為に該当するかが争われていたという紛争状況を踏まえての判断である。そのため、すでに顕在化していた労使紛争に資する範囲での経営見通しに限って義務的団交事項への該当性が肯定されたに過ぎず、会社分割を行うという経営上の意思決定がそれ自体として直接

---

49 日本プロフェッショナル野球組織事件・東京高決平成16・9・8労判879号90頁。

50 土田道夫『労働法概説〔第5版〕』(弘文堂、2024年) 404-405頁。

51 モリタほか事件・東京地判平成20・2・27労判967号28頁。

的に義務的団交事項として認められているわけではない。

　以上、ここまで検討してきたように、経営事項については、比較的広範に義務的団交事項として認められる傾向にあるとはいえ、それが労働条件に関するものであるか否かという観点からの限界が存在するのであり、必ずしも純粋な経営上の意思決定が義務的団交事項となっているとは言えず、その意味において、団体交渉を通じた経営関与の余地は一定の制約を受けている。

3．労使の基本姿勢——対立的構図

　第三に、団体交渉を通じた経営関与には、争議行為という実力行使手段を背景として対立的に実施されるといった特徴がある。団体交渉は、労働組合が自らの利益のための要求を使用者に受諾させることを目的に行われるものであるが、情報・交渉力の点において優位に立つ使用者に対して、その要求を受諾させることが困難な場面が想定される。そこで、組合側には、このような使用者に対抗すべく、ストライキ等の争議行為を実行しようとするインセンティブが生じる。この点、通常の契約法制からすれば、自力救済の禁止の観点から、実力行使を行う権限は原則として国家に独占されているので、自らの要求を受諾させるためにそのような行為を行えば、不法行為や債務不履行等の民事責任が、また、場合によっては刑事責任すらも生じうる。しかしながら、労働組合が団体交渉における目的を達成するために行う争議行為については、それが正当なものである限りは、団体行動権を保障する憲法28条によって民事上・刑事上の責任が免除され、さらには、円滑な団体交渉の実現を否定するような行為が私法上違法とされ、不法行為を構成することすらもありうる[52]。

　このようにして、団体交渉は、一定の要件のもと、その目的達成のための実力行使を法認されているという点で法秩序の中でも特異な性質を有する制度であるということができる。団体交渉を通じた経営関与には、上記のような実力行使（一種の自力救済）を背景に実施されるという意味において、労使間における対立的構図を前提としているという特徴が見出される。

---

52 石川吉右衛門『労働組合法』（有斐閣、1978年）15頁。

第2章　我が国における経営関与をめぐる法的な議論状況　23

4．小括

　以上のように、団体交渉を通じた経営関与には、第一に、関与する主体が主に労働組合に限られ、手続の開始・運用が労働者側の自主性・任意性に委ねられているという点において、第二に、対象となるべき経営事項の範囲については労働条件との関連性という観点から制約を受けるという点において、第三に、目的を達成するための実力行使が法認されているために労使間の対立的関係性を前提としているという点において、その特徴を見出すことができる。

第2節　労使協議

　労働者が経営に関与するための法的手段としては、上記の団体交渉制の他に、労使協議が挙げられる。なお、実態として、労使協議と団体交渉が明確に区分されずに運用される現象も見られるが[53]、法理論的分析を行う観点からは両者を峻別すべきであるため、ここでは、団体交渉の内実を有する労使協議（このような労使協議には第一章における検討が妥当する）を除いて検討を行う。

第1款　労使協議を通じた経営関与の法的根拠の有無と基本的性格

　労使協議についてまず指摘すべきは、実定法上の根拠を有する団体交渉制とは異なり、労使協議を規律する一般的な法律が存在しないということである[54]。すなわち、整理解雇規制における説明・協議（労契法16条）や会社分割規制における協議（商法等改正法附則5条）に見られるように、特定の場面においては労使協議の法的根拠となりうる規定があるものの、このような個別法の対象とならない場面においては、そもそも、労使協議を規律すべき実定法上の根拠が存在するとはいえない状況にある。その上、それらの個別法が必ずしも経営事項に対する労働者の手続的関与を保障するものになって

53　藤林敬三『労使関係と労使協議制』（ダイヤモンド社、1963年）117頁。
54　石井照久『団体交渉・労使協議制』（総合労働研究所、1972年）179頁。

24　第1編　序　論

いないのは前述の通りである。

　そのため、労使協議を通じた経営関与は、基本的には、法律による直接的
な規律とは異なる次元で、すなわち、労使の任意的・自主的な取組みのもと
で、実施されることになる[55]。より具体的には、労働協約という労使間の自
主的な法規範によって実施される場合や、労使慣行（慣行的事実）[56]によっ
て事実上実施される場合が想定される。

　そして、労使協議の有する任意性・自主性に起因して、経営関与がどのよ
うな労使の態度を前提とするかについての多様性が生じうる。この点、労使
間における対立的な関係性のもとに実施される労使協議も想定されなくもな
いが[57]、団体交渉のように争議行為を法的に許容するものではないので、対
立的な関係性が不可避的に内包されるというわけではない。とりわけ経営関
与の文脈においては、企業の利益を拡大させることは、一方で労働者側にと
っては賃金原資を充実させる点で、また、他方で使用者側にとっては営利追
求に資する点で、双方にとってメリットをもたらすものであり、そのような
共通の目的の実現に向けて企業を合理的に運営していくための協調的・協力
的関係性を観念することが可能である[58]。このようにして、労使協議を通じ
た経営関与には、労使間の関係性の在り方について、団体交渉を通じた経営
関与と対照的な基本的性格を有している一面があると言える。

55　荒木・前掲注4）書683頁。

56　一般に「労使慣行」と呼ばれるものには、労働契約の内容を規律するものと、そのような直接
的な規律力を有さないものがあり、後者は特に「慣行的事実」と呼ばれている（土田・前掲注1）
書189頁参照）。本書で扱っているような経営関与のための労使協議は、労働条件を直接規律する場
面を問題とするものではないので、その根拠とすべき労使慣行は、慣行的事実に該当すると考えら
れる。

57　久本憲夫「日本の労使交渉・労使協議の仕組みの形成・変遷、そして課題」日本労働研究雑誌
661号（2015年）7頁では、実際に過去に対立的な労使協議が存在した事実がある旨の指摘がなさ
れている。

58　久保敬治『労使間の交渉手続』（有斐閣、1964年）114頁以下参照。本文献においては、団体交
渉と労使協議を区別する立場につき、労働組合が両者の手続の当事者となっている状況を踏まえる
と、実際上は明確に区分することが困難ではないかとの疑問が呈されているものの（この点につい
ては吾妻光俊「団交と協議——制度上の分離の可能性について」日本労働協会雑誌54号（1963年）
9頁も参照）、専ら理論的な観点からの区別可能性までは否定されていない。

第2章　我が国における経営関与をめぐる法的な議論状況　25

第2款　労使協議を通じた経営関与の具体的内容の多様性

1．経営関与手続の具体的内容決定と労使自治

　労使協議を通じた経営関与の具体的内容については、上記の任意的・自主的な性格によって、それぞれの企業や事業場ごとに異なったものとなっている[59]。すなわち、①そもそも経営関与を認めるか否か（具体的には、労使協議の対象として経営事項を含めるのか、それとも労働条件事項に限定するのか）[60]、②経営関与の主体としてどのような組織体を想定するのか（具体的には、労働組合が労使協議の主体となるのか、それとも組合とは異なる代表が主体となるのか）[61]、③どのような強度で経営関与を認めるのか（具体的には、単なる情報提供に留まるのか、それとも協議や共同決定までを要求するのか）[62]など、労使協議を通じた経営関与において基本的と考えられる事項についても、画一的な内容が定まっているわけではなく、各労使の自主的な判断（＝労使自治）に委ねられている[63]。

59　野村平爾『野村平爾著作集第3巻 団体交渉と協約闘争』（労働旬報社、1978年）165頁。

60　経営に対する労働者関与がかなり強固に認められていた例としては、石井鉄工所蒲田工場の事例が挙げられる。ここでは、協議対象事項として、「人事、資金、資材、道徳、其の他経営ニ関スル事項」が挙げられており（労働省『資料労働運動史（昭和20-21年）』（労働行政史刊行会、1951年）7-11頁）、労働条件に直接関係しないような経営事項が広く協議の対象とされていたことが見て取れる。その他にも、三菱製鋼は、「経営協議会は左の事業を行う。（イ）生産予定数量の決定、（ロ）技術の向上並に機械設備の補修改善に関する事項、（ハ）経営及び利益の向上、配分並に工場資金に関する事項、（ニ）資材材料燃料の獲得配分、（ホ）労働力の獲得配分並に労務管理に関する事項、（ヘ）食糧その他の厚生物資の獲得並にその配分、（ト）輸送能力に関する事項、（チ）工場安全管理並に従業員の健康保持増進に関する事項、（リ）その他生産上の隘路打開に関する事項の立案企画」として、多岐にわたる経営事項を具体的に列挙したうえで、協議を通じた広範な経営関与の余地を肯定していた（中島正道「戦後激動期の『下からの経営協議会』思想——イデオロギーと労働組合に関する一考察」清水慎三編著『戦後労働組合運動史論——企業社会超克の視座』（日本評論社、1982年））。

61　この点については、日本経済団体連合会「新たな時代の企業内コミュニケーションの構築に向けて」（2006年5月16日）10頁において、「労働組合を主たる代表としない労使協議制度」という表題のもと、その具体的な仕組みが検討されている。

62　経営関与の具体的な態様については、木元進一郎『労働組合の経営参加〔新訂増補版〕』（森山書店、1986年）参照。

63　石井・前掲注54）書179頁、労働省労政局労働法規課編『労使関係法運用の実情及び問題点　労使関係法研究会報告書第2分冊』（日本労働協会、1967年）132頁以下参照。

26　第1編　序　論

2．経営関与手続の実態把握──経営協議会指針を参照して

　実務上、そのようにして決定される手続の内容に大きな影響を与えたと指摘されているのが、中央労働委員会が1946年に公表した「経営協議会指針」である[64]。本指針においては、労使協議を経営関与のための手段として正面から認めた上で[65]、その具体的な内容について下記の通り述べられている。

(1)　手続導入の法的根拠──労働協約の活用

　まず、出発点として、本指針は、前文において、労使協議については、それぞれの労使が置かれた具体的な状況に応じて、労働協約を根拠として制度化することが妥当であるとしている。すなわち、本指針は、「経営協議会はその附置せらるべき各事業の特殊性に応じ労働協約を以て適宜にその内容を決定するを妥当とし、一律的の規律を決定し強いてこれに準拠せしめようとすると、反ってとかくの無理を生じて制度本来の機能を十分に発揮し得ないこととなり易い」として、各事業の置かれた具体的事情を斟酌して実効性を担保する観点から、法律による画一的な規制を行うよりも、労働協約という、労使自治に根差した自主的規範による導入が望ましいとの基本方針を示されている。

(2)　手続の担い手──団体交渉との境界の曖昧化

　そのうえで、本指針は、「経営協議会は…労働者をして事業の経営に参加せしめるため使用者と労働組合との協約によって設けられる常設の協議機関である」と定義しつつ、労使の代表から成る経営協議会の労働者側委員について「組合員従業員全員から信任を得て」いることを要求し、その上、経営協議会における決議を「労働協約と同一の効力あるものと解すべき」と位置付けている。

64　本指針の内容については、禹宗杬「経営協議会指針の意義と示唆」日本労働研究雑誌661号（2015年）30頁以下参照。本指針は、労使協議の実態を調査したうえで、中労委の労使双方の代表の納得を得て作成されており、そのような作成プロセスを踏まえると、当時の典型的な経営関与手続の一例を示すものと言える（松岡三郎「戦後日本における経営参加＝労使協議制」季刊労働法25号（1957年）42頁参照）。
65　本指針は、「経営協議会は産業民主化の精神に基づき労働者をして事業の経営に参加せしめるため…設けられる常設の協議機関である」としており、労使協議を経営関与として位置付けるものと理解されている（禹宗杬「経営協議会指針の意義と示唆」日本労働研究雑誌661号（2015年）31頁）。

第2章　我が国における経営関与をめぐる法的な議論状況　27

　これらの記述は、労使協議を経営関与の一環として理解しつつも、そのような協議を労働組合に依拠するものとして構成していることを示している[66]。すなわち、労使協議を通じた経営関与は、形式上は経営協議会という労働組合とは別個の組織体によって実施されるものと位置付けられてはいるものの、労働組合こそが労働者利益を代表する機関として正当な地位を有するという社会認識が極めて強かったという当時の社会状況を反映して、実質的には労働組合に依存するものとして構成されており、手続の担い手に着目する限りにおいては、団体交渉と労使協議との境界線が曖昧化する可能性が生じている[67]。そのため、経営関与が実効的に機能するか否かは、労使協議と団体交渉のいずれかを問わず、労働組合の在り方に一元的に依存することになる[68]。

(3) 経営関与の対象

　本指針では、労使協議の対象事項について、「協議会の権限、即ち労働者に許される経営参加の程度は各事業の特殊性に従い協約を以て適宜にこれを定むべきである。事業の性質又は当該組合の実力により条理上自から一定の限界があるべきであるが、現行法上その限界を定めた強行法規は存在しない。従来の実例によると、…協議事項として最も普通なるは…主として直接労働者の利害と関係ある事項であるが、協議会の本質上権限をこれらに限定せねばならない法的根拠は存在しない」として、労働者の利害に直接関係しない事項が協議対象となりうる旨が述べられており、労働者の経営関与を広範に認める余地があることが示されている。この点は、労働条件との関連性の観点から経営関与の対象となるべき事項に制約のあった団体交渉とは異なる点である[69]。

(4) 本指針の実務上の影響

　上記の内容を含む指針は、法規範ではなく、法的拘束力を有するものではないものの、実務上強い影響力を有しており、経営関与のための労使協議制

66　禹・前掲注65）論文31頁参照。

67　隅谷三喜男「経営協議会」大河内一男編『労働組合の生成と組織——戦後労働組合の実態』（東京大学出版会、1956年）249-262頁。

68　栗田健「現代社会における労働組合の役割」季刊労働法92号（1974号）15頁では、労働組合の交渉力の強弱が経営関与手続の導入の有無に影響する実態が見られる旨が指摘されている。

の普及に大きく寄与したと分析されている[70]。実際にも、労使協議制度が広く普及していた1980年代前後において、労使協議制の大部分は労働協約を根拠として導入されていると分析されるとともに[71]、上場会社の実に6割近くで団体交渉と労使協議の錯綜が見られ[72]、多くの企業で経営事項が協議対象となっているといった調査報告がなされている[73]。

3．小括

　以上のように、労使協議を通じた経営関与には、第一に、労使間での協調関係を前提にできる点において、第二に、経営関与の根拠となるべき一般的な実定法上の規定がない点において、第三に、労働協約という労使間の自治的規範を根拠とする場合が多く、それ故に労使協議の具体的内容が様々であるが、労働組合に依存的な実態が見られる点において、その特徴を見出すことができる。

---

69 この点、労働条件との関係性が肯定されやすい傾向にある点を踏まえると、経営関与の対象事項という観点においても、労使協議と団体交渉の境界線が曖昧になっているとの指摘がなされているが（松岡三郎「経営参加をめぐる労働法上の争点」季刊労働法92号（1974年）24頁以下）、労働協約という自治的規範を法的根拠とする本指針の文脈においては、対象事項の制約の観点から、理論上の差異は依然として残されていると解される。

70 濱口桂一郎「労使協議制の法政策」季刊労働法214号（2006年）206-207頁、禹・前掲注65）論文32頁参照。

71 手塚和彰「団交と協議・参加」日本労働法学会編『現代労働法講座第4巻　団体交渉』（総合労働研究所、1981年）306頁。なお、このように労使協議を通じた経営関与が労働協約を基礎とする場合が少なくないということは、同時に、経営関与の導入が労使間の団体交渉に依存することを意味するので、組合組織率の低下に伴う上述の団交制度の問題の影響を受けることになる。

72 日本生産性本部労使協議制常任委員会編『新環境下の労使協議制──労使協議制実態調査報告』（日本生産性本部、1981）によれば、団体交渉を労使協議の前段階として位置付ける「連結型」をとる企業が35.4%、両者を特に区別しない「混合型」をとる企業が26.7%にのぼり、両者を明確に区別する「分離型」をとる企業は37.7%と4割弱に止まっていた。

73 労働大臣官房統計情報部編『労使コミュニケーション調査報告』（労働大臣官房統計情報部、1978年）21頁では、「経営の基本方針（6.3%）」、「生産販売基本計画（11.0%）」、「会社組織・機構の新設・改廃（16.4%）」、「生産・事務の合理化（33.4%）」といったように、多くの経営事項が労使協議の対象となっている旨が報告されている。

第3章　本書の課題と構成

　これまで展開してきた議論を踏まえて、本書が取り組むべき課題を明らかにするとともに、その課題に取り組むための適切な方法論について検討する。

第1節　本書の課題

1．総論的課題
——組合依存からの脱却と労働者の自由意思の実質的担保の必要性

　本書の根幹的な問題意識は、冒頭で述べた通り、現在の労働法規制の中心的位置を占めている実体的規制は、内容審査の対象となる法律行為や事実行為の存在を必要とすることに起因して、整理解雇等の不利益措置の決定・実行段階に至ってはじめて機能するものであるため、雇用の悪化をもたらす根源的な原因事項である経営上の意思決定に対して規律を及ぼすことができないという限界がある、という点にある。これに対して、手続的規制は、労使間での集団的・個別的な自治を基礎とした自律的な利益調整を主眼とする規制であって、内容審査の対象となるべき法律行為や事実行為の存在を必ずしも必要とするものではないため、上記の限界に拘束されることなく、より早期の段階において経営事項を対象とする根源的なアプローチを可能とするものである。本書が経営関与法制に着目する理由はここにあり、実体的規制と手続的規制を相互補完的に機能させることで、労働法規制全体の実効性を向上させることを企図している。

　この点、確かに、我が国において、経営関与にかかる議論が展開されてきた経緯があるのは前述した通りであるが、これまでの検討から明らかなように、それらは、自主的に組織される労働組合の存在にその多くを依っているという点に限界が見られた。すなわち、団体交渉による経営関与は、その当

30　第1編　序　論

事者として労働組合の存在を必要としており、他方で、労使協議による経営
関与も、整理解雇や会社分割等の個別立法がある領域を別とすれば、手続導
入のための労働協約を締結する主体として、また、手続の実質的な担い手と
して、労働組合の存在を必要とするという顕著な傾向を見せていた。

　ここで、労働組合をどのように組織するのか、また、どのように手続を導
入して運用するのか等が労働者側の自主性・任意性に委ねられており、法に
よる介入が必要最低限に抑えられているのは前述の通りである。例えば、団
体交渉においては、法は、団交応諾義務や誠実交渉義務を課し、使用者によ
る不当な団交拒否や不誠実な交渉を違法とすることで、労使間での実質的な
交渉の機会を担保しているが、そもそも組合が存在しない場合や、組合によ
る交渉の申入れがない場合には、規制は特段及ばない。さらに、労使協議に
おいては、そのような規制すらも一般的には存在せず、手続のほとんど全て
の事項が労使自治に委ねられ、法による介入はそれほど期待できない状況と
なっている。

　しかしながら、我が国の現在における組合組織率の低下を視野に入れれば、
このような組合依存の制度の在り方では、経営関与の機会を十分に保障する
ことが困難なものとなる。もちろん、労働者の自主的な選択として、労働組
合を組織せず、経営関与も行わないという場合にまで、法が強行的な立法介
入を行い、経営関与を強制することは望ましいとは言えないが[74]、現在の組
織率低下の背景には、雇用の個別化や非正規労働者の増加といった社会にお
ける構造的な要因が指摘されるところであり[75]、適切な情報や手段を提供さ
れていれば組合を組織して経営関与を欲したであろう労働者が、そのような
情報や手段に恵まれないが故に、非自発的に経営関与を行わない（＝行えな
い）といった状況も想定される。現在の規制の在り方では、このような状況
でさえも、労働者の自己決定[76]の結果として放任されることになる。しかし
ここで重要なのは、労働者が、真の自由意思をもって、経営関与の実施・不

74　大内伸哉『労働条件変更法理の再構成』（有斐閣、1999年）14-15頁参照。
75　組合組織率低下の要因に関する議論状況ついては、労働政策研究・研修機構「社会経済構造の
変化を踏まえた労働条件決定システムの再構築」労働政策研究報告書 No.56（2006年）120頁以下
［木原亜紀生］等参照。

実施を自発的に選択できるようにするための制度的基盤を整備することであり、このような基盤を整備することなしに、労働者の選択を重視することは、形式的な選択の自由の名のもとに、実質的な自己決定の機会を奪う結果を招いてしまうという懸念がある[77]。

　そこで、本書においては、現在の組合依存の経営関与の在り方では、このような労働者の自己決定の機会を実質的な意味において担保するための手続的規制としては不十分であるとの認識のもと、これに代わる規制の在り方を検討していくことを課題とする。

2．具体的な制度設計に関する課題

　それでは、どのような制度によってそのような新たな経営関与法制を実現すべきなのか。

(1) 経営関与手続の決定方法に関する課題
——労使による自律的な決定を担保する仕組み

　経営関与手続の具体的な内容に先立ってまず検討すべきは、手続をどのような方法で決定するのかという問題である。これについては、経営関与の時期や対象事項等の手続の内容面の詳細を法律によって画一的に定める方法も想定されるが、他方で、法による具体的な内容決定は行わず、それを労使に委ねる方法もあり得る。

　ここで、団体交渉を通じた経営関与はもちろん、労使協議を通じた経営関与についても、団体交渉の結果として締結される労働協約を法的根拠として実施されることが多いという前述の実情を踏まえると、我が国の現状における経営関与手続の内容決定は、後者のアプローチに重心を置くものと言える。

---

76 ここで言う「自己決定」の概念は、西谷敏『労働法における個人と集団』（有斐閣、1992年）77頁以下を踏まえ、自己を含めた集団的利益についての決定を広く含むものとして用いており、より具体的には、経営関与を行って労働者側の利益を集団的に擁護するか否かを自己の判断において決定することを意味している。

77 竹内（奥野）寿「企業内労働者代表制度の現状と課題——解題を兼ねて」日本労働研究雑誌630号（2013年）4頁では、労働組合による利益代表の機能には利益の同質性が求められる等の限界があるとして、それを克服し、多様な利益状況に置かれている労働者を代表するための従業員代表機関が必要とされる余地があるとして、本書と同様の方向性が示唆されている。

32　第1編　序　論

　確かに、労働組合による団体交渉は集団的利益調整プロセスの中核に位置
し、労働基本権の一内容として保護されるものであり、その重要性は論を俟
たないところである。しかしながら、とりわけ経営関与の文脈に関しては一
定の限界があり、上記のような既存の決定方法は必ずしも実効的に機能する
とは限らないと言わざるを得ない。すなわち、前述の通り、経営関与につい
ては、合理的な企業運営を行うという共通の目的のために、労使間における
協調的・協力的な関係性が求められるものであるが、団体交渉は、法理論的
観点から見ると、争議行為を背景とする労使間の敵対的な関係性を潜在的に
内包するものであるところ、経営上の意思決定に労働者が関与することは経
営者側の経営裁量を制約する可能性があるのは事実であり、株主利益の最大
化[78]を基本方針とする経営者側と、自らの利益保護を企図する労働組合側と
の間で交渉が整わない可能性があるため、上記の敵対的な関係性が顕在化す
ることが想定される[79]。この場合に、労働組合側が争議行為を背景に自らの
要求を貫徹し、経営者側にとって負担感のある手続が結果として採用される
可能性があるが[80]、そのような専断的な手続をもとに労使が経営事項につい
て協力・協調することは困難であると解される。もちろん、我が国において
は、実態としては、労働組合が使用者に協力的であるという傾向が見られる
こともあるが[81]、理論上は、組合には争議行為を行うことが法的に許容され
ており、実力行使を背景として自らの要求を貫徹させるための機会が保障さ
れており、労使関係が時代背景や具体的な状況に応じて敵対的な形で展開す

78　田中亘「会社法制と企業統治──企業所有の比較法制度分析」中林真幸＝石黒真吾編『企業の
経済学──構造と成長』（有斐閣、2014年）73頁以下参照。

79　経営関与の文脈において、労使で行動原理が異なる点につき、石井照久『労働法の研究Ⅱ　経営
と労働』（高陽堂、1967年）50-51頁。なお、経営関与の範囲をめぐる労使間の利益対立は、いわゆ
る経営権の概念についての議論を生じさせている。経営権についての議論状況は、片岡昇『法から
みた労使関係のルール』（労働法学研究所、1962年）184頁以下等参照。

80　この点、経営関与手続が協約によって導入される以上、労働組合の団結力の強弱が経営関与の
範囲を左右するとの指摘がある野村平爾『野村平爾著作集第3巻　団体交渉と協約闘争』（労働旬報
社、1978年）187頁。また、団体交渉が敵対的な関係性の経営関与を生じさせうる点につき、宮島
尚史「労働者の経営参加の権利構造──社会経済的背景と若干の国際比較をふまえて」日本労働法
学会誌51号（1978年）20頁以下参照。この点、過去に実際にそのような事実が見られた点につき、
藤林・前掲注53）書147頁以下参照。

ることがありうる[82]。

この点を踏まえると、経営関与手続の内容決定を労使に委ねるにしても、敵対的に実施されうる団体交渉とは異なる方向性において、協調的な関係性を旨とする経営関与に適合的な決定プロセスを設計する必要があると言える。もっとも、ここで留意すべきは、協調的な手続の導入を指向するとは言いつつも、前述の通り、経営関与をめぐって労使間での意見の相違があるため、完全な自主的な交渉では合意に至ることが困難であり、結果として経営関与手続の導入ができないという懸念があるという点である。それ故、ここでは、労使間での協調的関係性を維持しながら、労使間での合意の形成を支援するための法的な仕組みをどのようにして整備するのかが課題となる。

(2) 経営関与手続の法定の方向性——時期・対象事項に関する課題

翻って、経営関与手続の内容を法定するという方向性に目を遣ると、経営関与の実効性を確保する観点から、対象事項と関与時期のそれぞれについて検討が必要である。

まず前者についてであるが、団体交渉を通じた経営関与からの示唆を得ると、義務的団交事項について見られたような労働条件と関係性を有する事項への限定を付することなく、端的に経営事項そのものを関与の対象に含める必要がある。また、労使協議を通じた経営関与の議論も参照すると、解雇や会社分割といった特定局面については立法上の根拠が存在しないと言えなくはないが（労契法16条、商法等改正法附則5条）、これらによっては経営事項そのものを対象とした協議を行うことが困難であるという限界があるのは前述の通りである。ここでは、雇用の悪化をもたらす原因となりうる経営上の意思決定の存在が一般的な場面に比して明確であるから、それを経営関与の対象に含めるべき契機がより具体的に存すると言える。

---

81 荒木尚志「日米独のコーポレート・ガバナンスと雇用・労使関係——比較法的視点から」稲上毅＝連合総合生活開発研究所編著『現代日本のコーポレート・ガバナンス』（東洋経済新報社、2000年）254-255頁、大内伸哉「労使関係の分権化と労働者代表」日本労働研究雑誌555号（2006年）9頁、坂本重雄「従業員代表制と日本の労使関係——団交・協議・過半数代表制」日本労働法学会誌79号（1992年）27頁以下。

82 林・前掲注40）論文45頁。

34　第1編　序　論

　次に、後者については、経営上の意思決定がなされ、それによる施策の影響が既成事実化した後の段階に至ってしまうと、雇用に悪影響を与える前に経営関与の機会を保障することができず、その実効性に欠けるところが出てきてしまうため、それよりも前の段階における早期の経営関与を可能とする議論が必要になると考えられる。具体的には、整理解雇を行うという経営決定など、雇用を直ちに悪化させる経営上の意思決定がなされた段階に至っては遅きに失するのは言うまでもなく、事業所の閉鎖や省人化のための新技術の導入という、雇用を将来的に悪化させる可能性があるに過ぎない経営上の意思決定についても、その決定がなされるタイミングで経営関与を認める方向性での検討が求められる。

　その際には、労働者側から経営関与の開始を発意することが必ずしも容易ではないということも考慮しなければならない。この点、団体交渉を通じた経営関与から示唆を得るべく振り返ると、前述の通り、この文脈では、使用者側から経営関与手続を開始させる義務が生じるわけではない。すなわち、使用者側に生じるのは労働組合からの経営関与（＝団体交渉）の要求に応じる義務（＝団交応諾義務）であることから、義務的団交事項に該当する経営事項であっても、それに係る団体交渉の申入れがない段階において自ら交渉開始を発意する義務はもちろん、組合側が団交の必要性の有無を検討するのに必要となる情報を提供する義務が生じるものでもない。しかしながら、経営上の意思決定に関する情報は通常は使用者の側に偏在しているため、何らかの情報提供なしには、労働組合側は経営関与のための団体交渉を申し入れる端緒をつかむことができず、経営関与を行うか否かの選択を主体的に行うことが困難になってしまうと考えられる。これを踏まえて経営関与の在り方を考えるならば、労働者側からの完全に自主的な発意に依存しない形で経営関与手続を開始できるような制度設計を行うことが、上述したタイミングでの適時の経営関与の機会を保障するうえで必要になるものと解される[83]。

　このように、経営関与手続を法定する場合においては、関与の対象事項と関与時期の双方の観点から実効性を確保することが重要であり、前者については経営事項を対象に含めることが、また、後者については、経営決定が既成事実化する前での関与を認めること（そしてその前提として手続開始を労

働者の完全に自主的な発意に依存させることのない仕組みを構築すること）が、それぞれ必要になると解される。

3．小括

　以上のように、本書は、経営関与に関する労働者の自己決定の機会を実質的に担保するという観点から、現在の組合依存の経営関与に代わる規制の在り方を検討することを総論的な課題としつつ、各論的には、第一に、労使自治に根差した経営関与手続の内容決定について、労使の協調的な関係性を確保した形での手続の決定プロセスの在り方を明らかにすることを、また、第二に、法律による経営関与手続の内容決定については、経営事項を端的に関与対象に含めつつ、経営上の意思決定が既成事実化する前の段階での関与を認めるための法的基盤をどのようにして整備するのかを検討することを、それぞれ課題とする。

第2節　本書の構成——研究方法の選択

第1款　比較法研究の有用性

　まず指摘しておかなくてはならないのは、1980年代頃をピークとして、経営関与をめぐる議論自体に対する関心が薄れ、学説・裁判例上の議論が停滞していると思われる点である。上記で検討してきた議論は、いずれも、主にこれ以前において展開されたものであり、それ以降の際立った発展があるとは言い難い状況にある[84]。

　その背景として挙げられるのが、雇用の個別化や労働者像の多様化等によ

83　この要請に団体交渉で応えることは必ずしも容易ではない。というのも、例えば、経営関与をより徹底させるのであれば、労働組合からの申入れがない状況下でも交渉を義務付けるといった方策も想定されるが、このような見解は、団体交渉が労働者に保障されている労働基本権（憲法28条所定の団体交渉権）を基底とするものであるという基本的性格に悖るものであって、採用することができないからである。この要請に応える法制度の在り方を検討することは、団体交渉とは異なる方向性における経営関与法制を指向する本書の立場を前提とするからこそ可能になるものと解される。

36　第1編　序　論

る労働組合の組織率の低下である[85]。前述の通り、団体交渉による経営関与
は、その当事者として労働組合の存在を必要としており、また、労使協議に
よる経営関与も、手続の導入・運営を行うべき主体として、労働組合の存在
を必要するといった顕著な傾向を見せていた。このような状況下にあっては、
組合の組織率の低下が、経営関与の実施される可能性を狭め、結果として、
経営関与をめぐる議論の停滞を招くことになったと考えられる。

　その背後で、重大な発展を遂げたのが、契約法理を基軸とする労働契約法
（雇用関係法）上の議論である。すなわち、団体交渉を通じた自律的な利益
調整が労働組合の組織率の低下等によって十分に機能しなくなったことに伴
い、それを代替ないし補完する手段として、裁判所の直接介入による労働者
保護の重要性が増大したのである[86]。

　このようにして、労務指揮権の行使に対する濫用規制や就業規則の変更に
よる労働条件の不利益変更の規制等において、契約内容に係る裁判所の直接
的な介入を前提とする実体的規制が発展していくこととなり、現在に至って
いる。もちろん、手続的規制を重視する動向も見られるが、実際上の機能と
して、雇用関係法上の実体的規制が、労働法規制の中で中心的位置を占めて
いるという点については前述したところである。

　しかしながら、前述の通り、実体的規制は雇用に対する悪影響が一定程度
確実なものとなった時点で機能するものであり、労働者利益を保護するうえ

84　労働法学会においても、1978年に「経営参加と労働法」と題するシンポジウムが開催されるほ
どに議論の関心が集まっていたものの、それから半世紀近くが経過した現在に至るまで、経営関与
を正面から取り上げたテーマ設定は行われていないように見受けられる。但し、研究が皆無という
わけではなく、労働法学会でも1992年に「従業員代表制論」と題するシンポジウムが開催され、労使
協議制の議論の中で経営関与についても検討する研究等が存在する（中村和夫「労使協議制の現状
と機能」日本労働法学会誌79号（1992年）93頁以下）。また、組合組織率・組織範囲の現事情を踏
まえて、経営事項についての情報提供・協議を保障するための従業員代表制の立法が必要であると
指摘するなど、本書と基本的な方向性において共通点を有する議論も見られる（竹内（奥野）寿
「従業員代表制と労使協定」日本労働法学会編『講座労働法の再生 第1巻 労働法の基礎理論』（日
本評論社、2017年）175頁以下）。
85　組織率低下の背景については、労働政策研究・研修機構「社会経済構造の変化を踏まえた労働
条件決定システムの再構築」労働政策研究報告書 No.56（2006年）120頁以下［木原亜紀生］等参照。
86　厚生労働省「今後の労働契約法制の在り方に関する研究会報告書」（2005年）2‐3頁、荒木尚
志＝菅野和夫＝山川隆一『詳説労働契約法〔第2版〕』（弘文堂、2014年）5頁以下参照。

で限界が存在する。これを克服するためには、雇用を悪化させる原因となりうる経営事項に対して、影響を受ける労働者自身が関与することが肝要となるのであって、このような観点から独自の機能を付与された手続的規制を整備すべき必要性は高いものと考えられる。

この点、本書は、労働組合に依存した現状の経営関与の在り方とは異なる方向性での立法論ないし解釈論を構想するものであり、いわゆる従業員代表制を視野に入れているところ、従業員代表制については、現在でも継続的に議論が展開しており、比較的充実した研究の蓄積がある[87]。しかしながら、それらの多くは、主として労働条件決定や実体的規制からのデロゲーション等について検討するものであるので[88]、上述のように、経営関与という手続的規制によって雇用の悪化の原因事項そのものにアプローチして実体的規制の限界を補完し、労働法規制の全体としての実効性向上を企図するという視点に立つ本書とは轍を異にするものである[89]。

以上のような状況からすると、我が国における学説上・判例上の議論をもとにした検討には一定の限界があるものと言える。そこで、本書においては、経営関与をめぐる議論に蓄積の見られる海外の法制度を検討し、そこから日本法への示唆を得るという比較法的見地に基づいた考察を行うこととする。

第2款　比較法対象の選定

それでは、具体的に、どのような法制度を比較法対象とするのが有用なのであろうか。以下では、そのための選定基準を明らかにしたうえで、具体的な対象について検討する。

---

87 従業員代表法制をめぐる議論状況については、毛塚勝利「わが国における従業員代表法制の課題——過半数労働者代表制度の法的整備のための検討課題」日本労働法学会誌79号（1992年）129頁以下、小嶌典明「従業員代表制」日本労働法学会編『21世紀の労働法 第8巻 利益代表システムと団結権』（有斐閣、2000年）50頁以下、竹内（奥野）寿「職場における労働者代表制——その一環としての従業員代表制の立法整備を考える」日本労働研究雑誌703号（2019年）18頁以下、道幸哲也「従業員代表制の常設化と労働組合機能（上）（下）」季刊労働法272号（2021年）112頁以下及び同273号（2021年）178頁以下、藤川久昭「労働法学における従業員代表制論」季刊労働法169号（1993年）173頁以下等参照。

38　第1編　序　論

1．選定基準

　上述した本書の検討課題からすれば、次の六点を比較法対象の選定基準と
して挙げるべきであると考えられる。

　第一に、経営関与手続の導入・実施に関して労働者の自由意思による自己
決定の機会を実質的に保障するための議論の蓄積があることが必要であると

88　西谷敏「過半数代表と労働者代表委員会」日本労働協会雑誌356号（1989年）2頁以下、労働政
策研究・研修機構編『労働条件決定システムの現状と方向性——集団的発言機構の整備・強化に向
けて』（労働政策研究・研修機構、2007年）、大内伸哉「労働条件の変更プロセスと労働者代表の関
与」日本労働研究雑誌527号（2004年）19頁以下、浜村彰「労働契約法制と労働者代表制度」労働
法律旬報1615・16号（2006年）38頁以下、同「従業員代表制をめぐる三つの論点」山田省三ほか編
『労働法理論変革への模索——毛塚勝利先生古稀記念』（信山社、2015年）695頁以下、渡辺章「労
働者の過半数代表制と労働条件」日本労働法学会編『21世紀の労働法 第3巻 労働条件の決定と変
更』（有斐閣、2000年）137頁以下、川口美貴「『過半数代表制』の性格・機能」日本労働法学会誌
79号（1992年）60頁以下、荒木尚志「労働者像の変化と法政策のあり方——法学の立場から」野川
忍ほか編著『変貌する雇用・就労モデルと労働法の課題』（商事法務、2015年）50頁以下、桑村・
前掲注5）書、藤内和公「従業員代表立法構想」岡山大学法学会雑誌53巻1号（2003年）1頁以下、
同「労働契約法制における労働者代表制度をどう構築するか」季刊労働法212号（2006年）39頁以
下、中村圭介「従業員代表制論議で忘れられていること」ジュリスト1066号（1995年）136頁、濱
口桂一郎「労働者代表法制のあり方」仁田道夫＝日本労働組合総連合会編著『これからの集団的労
使関係を問う——現場と研究者の対話』（エイデル研究所、2015年）28頁以下、籾井常喜「労働保
護法と『労働者代表』制——その立法論的検討」伊藤博義＝保原喜志夫＝山口浩一郎編『労働保護
法の研究——外尾健一先生古稀記念』（有斐閣、1994年）27頁以下、唐津博「労働契約と集団的
労働条件規制——労働契約法と労働契約に対する集団的規制の主体・方法」西谷敏＝根本到編『労働
契約と法』（旬報社、2011年）181頁以下等、多数の重要な研究が存在する。
89　この点、従業員代表制の議論がそもそも経営関与の文脈で展開されたという歴史的な経緯があ
るとの指摘がなされているのは事実であるが（沼田稲次郎「経営参加法（仮称）の検討を開始せ
よ」季刊労働法102号（1976年）2頁以下等。議論状況については、毛塚勝利「日本における労働
者代表制の現在・過去・未来」季刊労働法216号（2007年）5頁以下参照）、当時は労働組合が十分
に機能していた時期である。これに対して、本書は、組合組織率が低下している状況を所与のもの
としたうえで、実体的規制の限界を補完するという観点から、経営関与制度の現代的意義を考察す
るものである。加えて、組合組織率・組織範囲の現事情を踏まえて、経営事項についての情報提
供・協議を保障するための従業員代表制を指向する研究があるのは前述の通りであるところ（竹内
（奥野）寿「従業員代表制と労使協定」日本労働法学会編『講座労働法の再生 第1巻 労働法の基
礎理論』（日本評論社、2017年）175頁以下）、これは、本書と基本的な方向性において共通点を有
するものであり、また、大内伸哉『労働者代表法制に関する研究』（有斐閣、2007年）は、経営関
与を含めた従業員代表性についての広範かつ詳細な研究を行うものであるが、本書は、より具体的
な検討課題を設定した上で、EU法との比較法的考察を通じた詳細な研究を展開しようとするもの
である。

考えられる。上述した通り、我が国においては、手続の導入・実施について、労働組合に依存した形で、労働者側の自主性・任意性が重視されていた。しかしながら、その前提となるべき労働者の自己決定を実質的に保障するための制度的な基盤が十分ではないといった課題があった。そこで、比較法対象を選択するにあたっては、手続の導入・実施の段階において、労働者の自由意思による導入・不導入又は実施・不実施にかかる自己決定を担保するための手続的な保障が充実していることを基準とすべき要請が働くものと解される。

　第二に、経営関与手続の内容の決定に関して、労使による自律的な決定を担保するための議論の蓄積があることが要請されると解される。上述の通り、手続の内容決定は労使間における対立的・敵対的な関係性を前提とする方法によることは適切ではなく、それと同時に、経営関与をめぐる労使の立場の違いから自律的な交渉が整わないという事態への対処が必要となるのであった。これを踏まえると、経営関与に適合的であると解される労使間での協力的・協調的な関係性を担保した形での決定プロセスを備えつつ、利益状況の異なる労使間での合意形成を支援するための議論の充実している法制度を比較対象として取り上げることが求められると考えられる。

　第三に、経営関与の時期及び対象事項に関する議論の蓄積があることが必要である。上述した通り、我が国においては、経営関与の対象事項が限定的であり、また、関与時期が遅きに失するという制約も存在する。そのため、どのような範囲において経営事項を関与の対象に含めるのか、また、どのようなタイミングで経営関与を認めるのかという点について、経営関与の実効性確保の観点から議論が行われている法制度を参照することが適切であると思われる。

　第四に、経営関与に関する多様な局面を視野に入れた法体系を採っていることが必要であると解される。上述した通り、経営関与の手続の内容決定については、法律による場合と労使の自治に委ねる場合が想定される。また、どのような局面で経営関与を行うのかにつき、団体交渉や労使協議に見られたような一般的な局面と、整理解雇や組織再編に見られたような特定の局面が存在する。このように、経営関与については、その内容決定の方法や内容

40　第1編　序　論

自体について一定の多様性が見られるため、それぞれの特性に応じた議論が必要と解される。その検討を行ううえでは、多様な局面における複数の経営関与制度を比較検討することが有益であると考えられるので、それに寄与するような体系性を有している法制度を選定対象とすべき要請が働く。

　第五に、労働者側に経営関与を認めるべき規範的な正当化根拠についての議論が存在することが必要であると考えられる。上述の通り、経営関与を肯定するということは、労働者の利益保護を拡大させる反面、使用者側の経営裁量を縮減させてしまうことに繋がる。この点、経営者がいかなる利益に配慮して経営を行うかにつき、残余権者である株主の利益を最大化すべきとする株主価値モデル（shareholder model）とそれ以外の利害関係者（ステークホルダー）の利益にも配慮すべきとする多元主義モデル（stakeholder model）の二つのモデルが存在する[90]。会社法上は、効率的な企業経営のためには残余権者である株主にコントロール権を留保することが重要であるとして、前者に合理性を認める立場が有力であるが[91]、これは必ずしも株主の短期的な利益追求のみを指向するものではないところ、経営者の策定した経営計画を実行に移すためには、指揮命令に従って、割り当てられた業務に従事する従業員の存在を必要とするのであり、これらの者の労務提供なしには株主も自らの利益を増加させることができない（相応の配当や株式の売却益を得られない）という点を踏まえれば、従業員というステークホルダーの利益を無視することは適切ではないと解される[92]。そして、そのような実質論を法的に受容するためには規範的な正当化根拠が必要となるため、この点にかかる検討が行われていることを条件として、比較法対象の選定を行うこととする。

　第六に、企業の意思決定機関に対する労働者の直接参加の制度が設けられ

90　石田眞「コーポレート・ガバナンスと労働法」季刊企業と法創造6号（2006年）25頁以下参照。
91　田中・前掲注78）論文73頁以下参照。
92　島田陽一『雇用システムの変化と労働法政策の展開』（旬報社、2023年）87頁以下、毛塚勝利「企業統治と労使関係システム」石田眞＝大塚直編『労働と環境』（日本評論社、2008年）47頁以下、大内伸哉「コーポレート・ガバナンス論の労働法学に問いかけるもの――従業員利益を守るとはどういうことか？」日本労働研究雑誌507号（2002年）19頁以下、宍戸善一『動機付けの仕組としての企業――インセンティブ・システムの法制度論』（有斐閣、2006年）21頁以下等参照。

ていることが望ましいと考えられる。上述の通り、我が国における経営関与
は、団体交渉・労使協議ともに、対立的か協調的かといった違いはありうる
ものの、労働者側と使用者側が対峙しているという二項的な構図を前提とし
ているところ、これは、経営決定を行う主体となる使用者側と、その影響を
受ける客体となる労働者側とを分離してとらえるものである。このような分
離が使用者側（主体）と労働者側（客体）との間でのコミュニケーションの
必要性を生じさせることで、関与すべき時期が遅れたり、対象事項が制限的
になったりするといった問題が生起しうるのであるから、経営関与によって
雇用悪化の原因事項に直接アプローチするという本書の課題に取り組む際に
は、このような構造的な制約が存しないような別次元での方向性を模索する
ことも要請されるのではないかと考えられる。ここで、二項的構図を前提と
しない方向性として想定されるのが、労働者が意思決定機関の構成員として
参加する形での経営関与であり、比較対象の選定にあたっても、そのような
制度が設けられていることが望ましいといえる。

　以上のように、本書においては、経営関与手続の導入・実施に関する労働
者側の自己決定の機会の確保、手続の内容決定に関する労使の自律的な決定
の担保、経営関与の時期及び対象事項に照らした実効性の確保、経営関与に
関する体系的な法制度の在り方、経営関与を認めるべき規範的な正当化根拠
の設定、及び、企業の意思決定機関への直接参加による経営関与の実効性向
上についての議論の蓄積があることを基準として、比較法対象の選定を行う。

２．EU 法研究の有用性

　以上の選定基準に照らすと、EU 法上の被用者関与制度（employee
involvement）を比較法対象として取り上げるのが適切であると考える。そ
の具体的内容については次編以下で分析を行うが、ここでは、EU 法の制度
が上記選定基準に適合的であるという観点に着目した検討を行う。

　第一に、本制度においては、体系上、欧州労使協議会指令と欧州会社制度
上の被用者関与指令が立法化されており、経営関与導入のための充実した手
続的規制が設けられている。ここでは、関与手続の導入・運用の各場面につ
いて、それぞれに適合的な労働者側の利益代表機関が法定されており、労働

組合に依存しない形での経営関与の在り方が示されている。また、経営関与の導入について、法による画一的な規律を行うのではなく労使自治に委ねることを制度の基本理念としたうえで、情報提供等の労使自治を十分に機能させるための多様な規制が設けられている。これらの点は、上述した労働者の自己決定の機会を実質的に保障するための制度的な基盤を整備すべきとする本書の課題と極めて親和性が高いものであって、上記選定基準にもより良く合致するものと解される。

第二に、上記両指令においては、経営関与手続の内容決定を労使間の自律的な決定に委ねながらも、法において標準的な内容の手続を策定し、交渉が整わない場合にはそれを適用するという制度を採用している。この標準的な手続は必ずしも労使の置かれた具体的状況に適合的であるとは限らないため、それを避けるために、労使は交渉が決裂しないように協力ながら、自らに適した手続の在り方を議論することになる。これは、労使間の協調的・協力的関係性を維持しながら合意形成を支援すべきとする本書の検討課題にとって有益な示唆をもたらすものであり、上記選定基準に適するものと思われる。

第三に、本制度においては、整理解雇や事業再編といった特定場面については手続の詳細を法定するという立場が取られており、そこでは、経営関与の対象事項や時期といった手続上の重要事項について明文規定が設けられるとともに、その具体的内容についての解釈論の蓄積が見られる。それ故、対象事項と時期に着目して経営関与の実効性を向上させるための方策を検討するという本書の課題と親和的であり、上記選定基準との適合性も高いものと考えられる。

第四に、本制度においては、体系上、一般的な射程を有する上記指令（欧州労使協議会指令・欧州会社被用者関与指令）に加えて、整理解雇や事業譲渡といった特定場面に適用されるべき特別法にあたる指令が定められている（集団的整理解雇指令・企業譲渡指令等）。そして、それら特別法の間においては、関与事項や時期等の点で差異が見られるとともに、それら特別法と上記一般法との間においても、同様の点で差異が見られる。それ故、本制度は、上記選定基準で挙げた比較検討が可能な体系性を有していると言えるので、比較法対象として重要であると考えられる。

第3章　本書の課題と構成　43

　第五に、本制度は、EU 基本権憲章上に定められた経営関与に係る基本権を具体化するものと位置付けられている。そのような基本権規範における権利保障の在り方とそれを具体化する指令との関係性等についての議論は、経営関与を認めるべき規範的な正当化根拠をどのようにして設定していくのかという本書の課題に示唆をもたらすものであり、上記選定基準に適合的であると言える。

　第六に、本制度においては、労働者・使用者といった伝統的な二項的構図を前提とするものに加えて、そのような構図を前提とせず、労働者を経営機関に直接参加させるための立法も行われている。その規制内容は萌芽的なものではあるが、体系上このような双方の制度を備えている点で、上記選定基準に合致するものであり、経営関与を複合的な視点から考察することが可能になると考えられる。

　そして、最後に、本書における検討課題は上記のように多岐にわたることから、全体として、研究のための素材が豊富に存在することが要請される。この点、EU 法には、後述する通り、EU 法上の明文規定や EU 司法裁判所による判例法理に加えて、それを国内実施する各加盟国の法制度や国内司法機関の解釈論を参照できるという利点がある。これにより、特定の国家における法制度を検討する場合に加えて、より多くの議論を参照することができ、研究の幅を広げることが可能となっている。このような法制度上の特質からも、EU 法を研究すべき意義は大きいものと解される。

　以上のように、EU 法上の被用者関与制度（employee involvement）が上述した本書の課題と親和的であり、比較法対象の選定基準にもより良く適合すると考えられることから、本書においては、この制度を比較法対象として取り上げることとする。

第3款　本書における検討順序

　上述した検討を行うため、本書は、本編を含む四編で構成されている。

　本編に続く第2編では、まず基本権規範における経営関与にかかる基本権保障の在り方について検討した上で、EU 法上の被用者関与制度のうち、体系上、労働法分野における規制として位置付けられる集団的整理解雇指令、

企業譲渡指令、及び、欧州労使協議会指令について検討する。これに対して、第3編では、同制度のうち、体系上、会社法分野における規制として位置付けられる欧州会社における被用者関与制度について検討する。その上で、第4編では、これまでの議論を総括して、日本法に対してどのような示唆がもたらされるのかを検討する。

第 2 編

EU 労働法分野における被用者の経営関与制度

本編では、被用者・使用者といった伝統的な二項的構図を前提に、情報提供・協議手続（information and consultation）を通じて、被用者を企業外部から経営に関与させることを旨とする労働法分野における EU 法を検討する。

第 1 章　情報提供・協議制度の総説

まず、本格的な検討に入る準備作業として、EU 労働法における情報提供・協議を通じた経営関与制度の立法背景を概観するとともに、その全体像を明らかにする。

第 1 節　情報提供・協議制度の立法化の史的展開[1]

第 1 款　経済法的観点に基づく立法の展開

現在の欧州連合（European Union, EU）は、欧州経済共同体（European Economic Community, EEC）を前身としている。この共同体は、1958年に発足し、人、物、サービス及び資本の自由移動といった経済面の統合を目指すものであったが、その設立の根拠となったローマ条約（Treaty establishing the European Economic Community）においては、社会政策（Social Policy）と題する独立した章（Title Ⅲ）が設けられていた。そこで

1　EU 労働法の立法政策の史的展開については、濱口桂一郎『新・EU の労働法政策』（労働政策研究・研修機構、2022年）1 頁以下で詳細な分析がなされている。また、労使自治概念を基軸として EU 労働法の展開過程を分析する研究として、川口美貴『国際社会法の研究』（信山社、1999年）316頁以下参照。なお、EU 労働法においては、情報提供・協議を通じた経営関与は、会社機関への参加を通じた経営関与と（程度の差はあるものの）並列的に発展してきた部分があるので、この文脈においては、後者の議論も含めて検討する。

は、「加盟国は、労働者の生活及び労働条件を向上させる方向性で均等化 (equalisation) するため、これら条件の改善を促進する必要性があることについて合意する」(117条1項) として労働条件等の向上が欧州統合の目的に含まれうる点に言及したうえで、「加盟国は、そのような発展が、社会制度の調和化 (harmonisation) を促進する共通市場の機能からだけでなく、それに加えて、本条約所定の手続並びに法律及び行政規則の近接化 (approximation) からも生じるものである」(同条2項) として、上記目的を達成するために、欧州レベルで一定の法的規律を行うべき旨が明らかにされている。その上で、取り組むべき具体的な項目等が挙げられているが、これらの規定は欧州レベルでの共通的な立法を行うための権限を基礎付ける根拠とはなり得ないプログラム規定に過ぎず[2]、経営関与に関する具体的な法制度が立法化されるまでには至らなかった。

　ところがその後、1970年代における一連の取組みによって、経営関与制度の立法化の道が開かれることになった。ここでは様々な動向が見られるものの[3]、その公的な議論の出発点として重要なのが、EC委員会によって1973年4月に策定された「社会行動計画指針 (Guidelines for a social action programme)」[4]である。この指針は、「共同体における社会政策は、もはや、経済成長がもたらす社会的な悪影響 (ill-effects) を緩和するための単なる手段としてではなく、…それ自体が価値のある目的として評価されなければならない」として、欧州レベルでの社会政策の必要性を強調した上で、具体的に取り組むべき課題として、大きく、①完全でよりよい雇用 (Full and better employment)、②労働者の生活及び労働条件の向上 (improvement of living and working conditions)、並びに、③ソーシャルパートナーの経済的・社会的意思決定への参加 (Participation of the social partners in

---

2　濱口・前掲注1)書2頁。

3　例えば、社会政策の協調を発展させるべきであるとした1969年のハーグ首脳会議を受けて、EC委員会によって策定された「EC社会政策計画のための準備指針 (Preliminary guidelines for Community social policy programme)」(Bulletin Supplement 2/1971) が挙げられる。ここでは、労使間の交渉を基礎とする社会政策の在り方が示唆される等、萌芽的ながらも重要な指摘が行われている。

4　Bulletin of European Communities Supplement 4/73.

economic and social decisions）の三つを挙げている。これらのうち、経営関与との関係で重要と考えられる③をみると、「各加盟国においては、意思決定過程に対するソーシャルパートナーの参加の程度が向上しているといった傾向が強くなってきている。このような傾向は、域内の人々を、自らの日常生活に影響をおよぼすような社会的・経済的な意思決定に参画させる必要性が向上していることから生じている。このことは、意思決定過程それ自体への関与（＝会社機関等への参加）の程度を向上させることだけでなく、情報提供及び協議手続の改善を必然的に伴うものである」として、欧州レベルにおける経営関与（情報提供・協議、及び、経営参加）を制度化すべき旨が述べられている。

　この指針については、理事会による審議・修正を経たうえで、EC委員会が「社会行動計画（Social action programme）」[5] として公表するに至った。この社会行動計画は法的拘束力を有するものではなかったが、当時、ECには経済法的観点から共同市場（現：域内市場）における競争条件を整備するための一般的な立法権限が存在し（EEC条約100条（現：TFEU115条））、それを活用する形で経営関与制度の立法化が行われた。具体的には、上記指針の内容について、大量解雇（mass dismissals）に関する指令を採択すべきことを政策課題として明示したことで、集団的整理解雇指令（本編第3章）の採択が促進され、また、上記指針が述べた③に対応して、「共同体における経済的・社会的意思決定に対する労使の関与の促進」、及び、「企業活動（life of undertakings）に対する労働者関与の改善」を課題として挙げたことにより、企業譲渡指令（本編第4章）の採択にも繋がった。これら両指令が整理解雇や事業譲渡等といった特定場面における被用者関与を行うための法的根拠となっているのであり、上記指針及び計画は、情報提供・協議を通じた経営関与の立法化プロセスにおいて重要な役割を果たしたと言える。

第2款　立法の停滞と立法権限の拡充

　しかしながら、1979年にイギリスでサッチャー政権が誕生したことを受け

5　Bulletin of European Communities Supplement 2 /74, COM（73）1600.

50 　第 2 編　EU 労働法分野における被用者の経営関与制度

て、EU 労働立法は停滞した。というのも、上記政権が労働者・労働組合の権限拡大について謙抑的な姿勢をとっていたところ、当時の労働立法（指令）は理事会の全会一致（EEC 条約100条）による採択を必要としていたので、他国が賛成する指令案であっても、上記政権が反対することによって立法化できないという状況に陥ったからである。このような状況に対処するため、単一欧州議定書（Single European Act）が採択され、全会一致ではなく、特定多数決による労働立法が可能となった。もっとも、その内容は労働安全衛生分野に関する限定的なものに止まり（EEC 条約118条 a 号）、一般的な経営関与制度の立法化に直接繋がったわけではなかった[6]。

　その後も、政策的な側面における議論が続けられ、1989年には、労働者の基本的社会権に関する EC 憲章（Community charter of fundamental social rights for workers、以下社会憲章）が採択された。ここでは、労働者の社会的権利に関する様々な項目が挙げられているが、経営関与に関して見ると、第17項目において、「労働者に対する情報提供（information）、協議（consultation）、及び、参加（participation）は、様々な加盟国において実施されている慣行を考慮しつつ、適切な道筋に沿って発展させられなければならない」（第一文）として、経営関与制度導入の必要性が説かれた後で、「このことは、とりわけ、複数の加盟国において事業所（establishments）又は会社（companies）を有する会社又は会社グループ（groups of companies）において妥当する」（第二文）として、域内で国際的に展開する企業・企業グループにおける経営関与の導入が特に重要であるとされている。加えて、続く第18項目では、「そのような情報提供、協議、及び、参加は、適時にお

――――――――――――

6　もっとも、「EC 委員会は、欧州レベルでの労使間対話（dialogue）を、労使双方が望ましいと考える場合に、協約（agreement）に基づいた関係をもたらしうるように発展させることに努めるものとする」（旧118条 b ）として、欧州レベルでの協約締結といった方向性を示している点については、後の EU 労働法の立法手続の展開をもたらす契機となり、欧州労使協議会の制定や企業譲渡指令の改正等に繋がる等、経営関与制度を発展させたという意義がある。また、労働安全衛生の分野においても、一定の情報提供・協議及び労働者参加制度が設けられている（労働健康安全枠組み指令（Council Directive 89/391/EEC of 12 June 1989 on the introduction of measures to encourage improvements in the safety and health of workers at work, OJ L183/ 1 ）11条）点においては、一定程度、経営関与に関する制度の発展がもたらされたということもできる。

いて（in due time）、特に次のような場面において実施されなければならない」として、上記の経営関与が行われるべき時期が明らかにされるとともに、その具体的な場面についても言及されている。

その内容としては、第一に、「労働条件や労働組織の観点からして、労働力に対して大きな影響を及ぼす技術革新（technological changes）が企業に導入される場合、第二に、労働者の雇用に対して影響力を有する企業における事業内容の変更（restructuring operations）や合併（merger）がある場合、第三に、集団的な整理解雇手続が実施される場合、第四に、越境的労働者（transfrontier workers）が、自らを雇用している企業の雇用方針の転換によって影響を受ける場合に、上記経営関与が行われるべきであるとされている。このような内容を有する社会憲章は、その後の EU 労働立法の発展を促す契機となるとともに、法解釈の基準となりうるといった点で、被用者関与制度に対する一定の影響力を有しているものの、政治的な宣言（declaration）であるという性格から、直接的な法的拘束力を有しておらず、立法権限を基礎付けることができないという限界を内包していた。

そこで、社会政策が停滞する要因となっている全会一致原則を見直し、特定多数決による一般的な労働立法の可能性が模索されるに至った。この議論は、統合市場政策、共通外交安全保障政策、及び、司法・内務協力の三つを柱とする EU を創設するためのマーストリヒト条約の採択（1992年）に際し行われた。ここでは、一定の動揺はあったが、初期段階より、特定多数決による情報提供・協議制度の採択を認める方向性で議論が推移し[7]、結果として、社会政策協定（Agreement on Social Policy）にその旨の規定が設けられた。この協定はマーストリヒト条約本体とは別個に策定されたものであって、それ自体が条約としての効力を有するものではなく、別に採択された社会政策議定書（Protocol on Social Policy）による法制度化を必要とするものであったが、このような複雑な規範体系がとられたのは、反対の立場をとっていたイギリスに対する適用を除外する必要性があったためである（イギ

---

7 参加については、当初は特定多数決事項とする構想があったものの、その後の利害調整の困難さから、全会一致事項に留め置かれることとなった。

リスのオプトアウト)。そして、このような社会政策協定が発効すると、直ちに、国際的文脈における一般的な情報提供・協議手続を定める欧州労使協議会指令(本編第5章)が立法化されるに至った。

その後、アムステルダム条約の発効によるイギリスのオプトアウトの見直し及び情報提供・協議制度の立法過程における欧州議会の権限強化、国内的な情報提供・協議手続を定める一般情報提供・協議指令の採択、情報提供・協議を労働者の基本権として保障することを企図するEU基本権憲章(Charter of Fundamental Rights of the European Union)の採択[8]、並びに、各EU法の改正といった動きを経て、現在に至っている。

第2節　情報提供・協議手続の全体像及び本編の構成

以上のような多年にわたる立法経緯から、EU法における情報提供・協議に関する法制度は多岐にわたり、体系上、複雑な様相を呈している。そこで、本節では、情報提供・協議に関する法制度の全体像を示すことを通じて、検討対象とすべき制度を明らかにすることとする。

はじめに、EU労働法における情報提供・協議手続については、大きく、特定の場面を規律対象とする制度(特別法)と、より一般的な場面を対象とする制度(一般法)の二種類が存在する[9]。すなわち、前者の特別法としては、①集団的整理解雇指令、②企業譲渡指令、③企業買収指令、④労働健康安全枠組み指令、⑤母性保護指令、⑥労働時間指令、⑦パートタイム労働指令、⑧有期労働指令、及び、⑨派遣労働指令が挙げられる。また一方で、後者の一般法としては、⑩欧州労使協議会指令及び⑪一般情報提供・協議指令

---

[8] 本憲章27条においては、「労働者又は労働者代表は、適切なレベルにおいて、適時に(in good time)、EU法並びに国内法及び慣行に定める場合及び条件のもとで、情報提供及び協議を受けることを保障されなければならない」として、情報提供・協議を受ける権利を基本権として保障する旨が定められている。その内容は、本編第2章で検討する。なお、EU基本権憲章の採択経緯については、安江則子「EUリスボン条約における基本権の保護——ECHRとの関係を中心に」立命館法學323号(2009年)185頁以下に詳細な分析がある。

[9] この整理は、Karl Riesenhuber, *European Employment Law: A Systematic Exposition*(Intersentia Publishing 2012), pp.638-641を参考にした。

第1章　情報提供・協議制度の総説　53

が挙げられる。

　ここに見られるように、情報提供・協議については、特別法と一般法の双方にわたって、様々な法制度が設けられているわけであるが、その展開は前述のEU法の立法手続の発展と歩みを共にするものである。すなわち、上記制度のうち、全会一致原則が維持されていた時期に採択されたのは①②の二つに過ぎず、④⑤⑥は単一議定書によって労働安全衛生分野の立法が特定多数決事項とされたことを契機とするものであるし、残る③⑦⑧⑨⑩⑪は、マーストリヒト条約の社会政策協定によって特定多数決事項の範囲が拡大したことを受けてのものである。上記で検討してきた通り、情報提供・協議制度の必要性は比較的早期の段階から指摘されてきたものの（社会行動計画指針等参照）、各国の（特にイギリスの）利益調整上の困難から立法に至らないことが多かったが、このようなEU法の立法手続の発展（特定多数決事項の拡大）によって、多種多様な制度が立法化されることとなった。

　これらの制度のうち、本書においては、①②（特別法）及び⑩（一般法）を検討対象とするのが適切であると考えられる。まず、労働者保護がより前面に出てきやすい労働安全衛生分野の④⑤⑥と比べると、①②は、経営裁量を尊重すべき要請がより働きやすいリストラクチュアリングの局面（整理解雇・事業譲渡等）を規律対象とするものであるので、労働者保護と経営裁量の調和を課題とする本書により適合的であると解される。加えて、①②については、比較的早期の段階で立法化されたということもあり、欧州司法裁判所（以下、「CJEU」という）[10]による解釈論の蓄積が豊富であるといった利点も挙げられる。この点、同様にリストラクチュアリングの局面（企業買収）を対象とする制度として③も挙げられるが、そこでは①⑩⑪等といった他の制度における情報提供・協議を妨げない旨が規定されるにとどまり、具体的な内容が特段定められているわけではないことから（14条）、検討対象には適さないものと考えられる。また、非典型労働を対象とする⑦⑧⑨は、上記リストラクチュアリングを対象とする①②よりも、これら非典型労働者

───────────────
10 EUにおける裁判所制度の発展や概要については、中西優美子『EU司法裁判所概説』（信山社、2022年）6頁以下等参照。

54 第2編 EU労働法分野における被用者の経営関与制度

の保護を行うといった性格が強いばかりか、規定内容が抽象的で解釈論の蓄積もあまり豊富ではないといった制約を有しているため、検討対象として適しているとは言えないものと解される。これらの点から、本書においては、特別法としては①②を検討対象とすることにする。

他方で、一般法についてみると、⑩が国際的に活動する大企業・企業グループを適用対象とするものであり、情報提供・協議手続の導入段階におけるCJEUの解釈論の展開が見られることから、本書の課題を検討するのに適していると考えられる。これに対して、⑪については、現在のところ、このようなCJEUの解釈論の展開が特段見られるわけではないことから、検討対象にはあまり適さないものと考えられる。したがって、一般法については、⑩を検討対象とすることが適切であると解される。

以上のように、情報提供・協議制度は、EU法の立法手続の発展に伴って、多様な制度から構成されるに至っているが、適用場面の特性や解釈論の蓄積の有無等に照らすと、本書においては、特別法としては①集団的整理解雇指令と②企業譲渡指令を、また、一般法としては⑩欧州労使協議会指令を、それぞれ検討対象とすべきであると考えられる。

これらの指令は、経営上の意思決定に係る使用者側の裁量を狭めうるものであり、基本権として保障されている事業活動の自由（EU基本権憲章16条）を制約しうるものであるが、EU法においては、被用者側に情報提供・協議を通じた経営関与の機会を保障することにつき、基本権上の基礎付けがなされている（同27条）。このような基本権上の議論を検討することは、経営関与を正当化するための法的な実質的根拠を明らかにすることに寄与するものであるとともに、上記各指令の基本的性格を明らかにし、解釈の指針を得ることも可能になる。そこで以下では、まず基本権規範についての検討を行うこととし、その上で、適用場面が具体的な特別法上の制度を取り上げた後、より広い射程を持つ一般法について考察していくこととする。

第2章　基本権としての経営関与

第1節　情報提供・協議の意義——基本権保障の文脈に着目して

　EU法において、情報提供・協議を受ける権利は、単なる二次法上の権利としてだけではなく、基本権としての保障を受けている。すなわち、EU基本権憲章27条において、労働者又はその代表が、使用者側からの情報提供・協議を通じて、自らに影響を及ぼしうる経営上の意思決定の形成過程に関与することが保障されている。これは労働者利益の手続的な保護に寄与するだけでなく、効率的な事業運営を可能にするという意味において、使用者側の利益にも寄与するものであり[1]、経営関与に関する各指令は、本規定を具体化するものとして位置付けられる[2]。

　まずもって指摘されるべきは、情報提供・協議の権利は、基本権としては比較的新たなカテゴリーに属するという点である。そもそも、自らが影響を受けうる意思決定の形成過程に関与するという権利は、選挙権（suffrage）の文脈において、伝統的な基本権としてかねてより承認されてきたものである。ここでの意思決定とは、公共の利害に関するもの、すなわち政治上の意思決定を意味するものであり、純然たる私的な経済活動における経営決定を視野に入れたものではなかった。しかしながら、個人の尊厳（individual's dignity）の保護や、参加型民主主義（participatory democracy）ないし産業民主主義（industrial democracy）の実現の観点から、意思決定過程への関与を私人関係（private relationship）についても拡張していくことが求め

1　Jarass GRCh, 4. Aufl. 2021, EU-Grundrechte-Charta Art. 27 Rn. 2, 10.

2　*Ibid*, Rn. 6.

られた[3]。以下では、このような情報提供・協議権の基本権的側面について
分析することで、その意義を明らかにしていく。

第2節　EU 基本権憲章と欧州社会憲章

第1款　概説

　現在の欧州において、情報提供・協議を通じた労働者（worker）の経営
関与の権利を基本権として保障する主要な規範としては、EU 基本権憲章
（EU Charter of Fundamental Rights）[4]と欧州社会憲章（European Social
Charter）[5]の二つが存在する。これらのうち、EU 法体系に属するのは前者
の EU 基本権憲章である。そして、同憲章は、リスボン条約によって一次法
である基本条約と同等の法的価値を有すると認められ（EU 条約6条1項1
文）、二次法である各指令の解釈指針となりうることから[6]、本書でも直接
的に検討すべき要請が高い規範といえる。

　これに対して、後者の社会権憲章は、そもそも EU 法の枠外に位置する欧

3　Csilla Kollonay Lehoczky, '*The Fundamental Right of Workers to Information and Consultation
under The European Social Charter*' in F. Dorssemont and T. Blanke （eds）, *The Recast of The
European Works Council Directive* （Intersentia Publishing 2010）, p.3; Bruno Veneziani, '*Article
21 The Rights to Information and Consultation*' in N. Bruun et al. （eds）, *The European Social
Charter and The Employment Relation* （Hart Publishing 2017）, pp.382-385.

4　Charter of Fundamental Rights of the European Union ［2012］OJ/C326/391. なお、過去には、
法的拘束力を有しない政治的宣言として採択された1989年の労働者の基本的社会権に関する共同体
憲章（Community Charter of the Fundamental Social Rights）においても、情報提供・協議に関
する権利が保障されていた（17条及び18条）。

5　European Social Charter （revised）ETS No.163. なお、本書で直接的な検討対象とするのは、
1996年に改正された版の社会憲章である（社会憲章の沿革については、渡辺豊「社会権の実効性確
保における実施措置の意義と役割――欧州社会憲章における集団申し立て制度を中心にした検討」
一橋法学4巻2号（2005年）631-634頁、窪誠「ヨーロッパ社会憲章の発展とその現代的意義」国
際人権12号（2001年）35頁以下等参照）。

6　EU 基本権憲章が二次法の解釈指針になりうる点については、Koen Lenaerts, '*Exploring the
Limits of the EU Charter of Fundamental Rights*' （2012）8(3) European Constitutional Law
Review 375, p.376や、黒岩容子『EU 性差別禁止法理の展開――形式的平等から実質的平等へ、さ
らに次のステージへ』（日本評論社、2019年）203頁等参照。

州評議会（Council of Europe）が制定したものであって、前者とは規範体系上の位置付けが根本的に異なる。もっとも、情報提供・協議に関する権利を基本権として保障するという根源的な点が共通していることに加えて、EU運営条約151条が欧州社会憲章に言及していることや、EU基本権憲章が欧州社会憲章の内容を確認するものであるとされていることなど（EU基本権憲章前文第5段）に照らすと、EU基本権憲章の解釈を行う際には、欧州社会憲章の規定内容を十分に踏まえる必要がある[7]。そこで、以下では、EU基本権憲章を検討する前提として、欧州社会憲章についても取り扱うこととする[8]。

第2款　欧州社会憲章における保障

1．欧州社会憲章の規定内容

　欧州社会憲章では、「企業内部において情報を提供され、協議を受けるという労働者の権利の実効的な行使を保障するために、締約国は、国内法及び慣行に従って、労働者またはその代表が次のことを行えるようにする措置の採用または促進を行う」と規定されている（21条本文）。そのうえで、情報提供については、「企業に不利益を与えうる特定の情報の開示を拒絶するか、

---

[7] Busby Nicole & Zahn Rebecca, *'The EU and the ECHR: Collective and Non-discrimination Labour Rights at a Crossroad?'* (2014) 30(2) The International Journal of Comparative Labour Law and Industrial Relations 153, pp.159-160; Petra Herzfeld Olsson, *'Possible Shielding Effects of Article 27 on Workers' Rights to Information and Consultation in the EU Charter of Fundamental Rights'* (2016) 32(2) The International Journal of Comparative Labour Law and Industrial Relations 251, pp.266-267; Bob Hepple, *'The EU Charter of Fundamental Rights'* (2001) 30 (2) Industrial Law Journal 225, p.226.

[8] その他にも、後述する社会憲章上の情報提供・協議権に係る規定（21条）がEWC指令に至るEU法の発展過程で登場するフレデリング指令案（Proposal for a Council Directive on Procedure for Informing and Consulting the Employees of Undertakings with Complex Structures in particular Transnational Undertakings［1980］OJ C297/80, COM(80)423）の原型となっていたり、反対に、上記規定がEU指令（Directive 2002/14/EC of the European Parliament and of the Council of 11 March 2002 establishing a general framework for informing and consulting employees in the European Community［2002］OJ L80/29）の原型になっていたりと、EU法と社会憲章は相互に事実上の影響があると指摘されている（Andrzej Marian Świątkowski, *Labour Law: Council of Europe* (2nd edn, Wolters Kluwer 2016), p.257）。その意味でも、本書において、社会憲章を検討する必要性があろう。

又は、そのような情報を機密とすることができるという条件のもとで、定期的に又は適切な時期に（regularly or at the appropriate time）、包括的な方法において、彼ら／彼女らを雇用する企業の経済及び財務状況についての情報提供を受けること」（同条 a 号）が、また、協議については、「労働者の利益に実質的に（substantially）影響しうるものとして提案された決定について、それらの中でも、特に企業における雇用状況に重大な影響を及ぼしうる決定について、適切な時期に（in good time）、協議を受けること」（同条 b 号）が、それぞれ保障されている。

2. 発展過程——団体交渉権からの分化

　このような規定が当初から設けられていたわけではなく、欧州社会憲章においては、団体交渉の保障が先行していた。すなわち、1961年に採択された原初版の社会憲章[9]では、「団体交渉権（right to bargain collectively）」の標題のもと、「団体交渉権の実効的な行使を保障するため、締約国は、労使間の共同協議（joint consultation）を促進する義務を負う」と定められていた（第2部6条1項）。ここでは、情報提供の権利が明確に規定されていないのみならず、協議についても、あくまで団体交渉権を保障する手段として規定されたに過ぎず、独立した基本権としての保障がなされたわけではなかった[10]。しかし、その後、1988年の追加議定書[11]が「企業内部において情報提供・協議を受けるという労働者の権利（right of workers to be informed and consulted within the undertaking）の実効的な行使を保障するため…」と個別的に定めたことで、情報提供・協議の権利が、団体交渉から独立した固有の権利として保障されるに至った（第2部2条）。そして、その内容は、上記の通り、1996年の改正版において欧州社会憲章の本体に規定されることになる。

9　European Social Charter ETS No.035.

10　Csilla Kollonay Lehoczky, *supra* note 3, pp.8 - 9.

11　Additional Protocol to the European Social Charter ETS No.128.

3．基本権として保障する趣旨——参加型民主主義概念

　情報提供・協議の権利が基本権として独立的に保障されるに至った背景には、個人の尊厳の保護に加えて、参加型民主主義（participatory democracy）の実現という要請があった。

　この概念の具体的内容については多種多様な見解が存するが、それらに共通するのは、労働者の経営決定への関与が、労使双方の協力に向けた努力と相互理解によって、企業レベルにおいて生じうる紛争を回避するための法的手段としての意義を有するものであるという点である[12]。この概念の原型はILO勧告に見ることができると分析されていることから[13]、以下では、その内容を参照しながら検討を行う。

　ここで注目されるべきは、参加型民主主義概念のもとで想定される労働者の関与が、団体交渉やその他の労働条件決定メカニズムとは独立したものであるという点である[14]。通常、団体交渉を通じた労働条件の向上は、企業の利益を労働者側にどれだけ多く分配するかという視点に立ったものであり、労使の利益が対立する場面を念頭に置いたものとなるのが通常である（このことは争議行為との接続が図られている点からも明らかである）が[15]、ここではそのような対抗的・競争的な利益調整が行われるのではない。

　むしろ、この概念のもとでは、労使が共通する利益を追求することが想定されている。すなわち、労使間のコミュニケーションは、企業における労使の相互理解と信頼の風土を形成し、それが企業の効率性や労働者の向上心にとって有益となるものであることから、労使双方に利益をもたらすものと理解されているのである[16]。これを実効的たらしめるためには、利害関係に重

---

12 Bruno Veneziani, *supra* note 3, p.384.

13 *Ibid.*

14 ILO Recommendation concerning Consultation and Co-operation between Employers and Workers at the Level of the Undertaking, 1952（No.94），article 1.

15 このような団体交渉の性格については、Roger Blanpain, *Involvement of Employees in the European Union*（Kluwer Law International 2002），p.5において、「階級闘争的モデル（class-conflict model）」として言及されている。

16 ILO Recommendation concerning Communications between Management and Workers within the Undertaking, 1967（No.129），part I, article 2(1).

大な影響を及ぼしうる決定がなされる前の段階において、労働者代表との協議を経て決定された措置をもって、企業活動の様々な側面や労働者の社会的条件に関する情報の迅速な開示及び交換が可能な限り完全かつ客観的に行われるとともに、それをもとにした協議が行われるべきであるとされている[17]。

　以上のように、欧州社会権憲章において、情報提供・協議に関する権利は、参加型民主主義概念のもと、協調によって労使双方が利益を享受することを可能とするために、団体交渉から独立した固有の意義を持つ基本権として承認されるに至っている。

第3款　EU基本権憲章における保障

1. 基本権憲章の規定内容

　EU基本権憲章においては、経営関与が経営裁量（managerial prerogative）や財産権（right of property）を制約しうる点で重大な影響を有しているにもかかわらず、加盟国間で憲法レベルでの多様性が見られるなど、その意義や射程が不明確であるという困難があったが、上記の参加型民主主義の理念を引き継ぎ、情報提供・協議に関する権利の基本権的保障が行われている[18]。すなわち、基本権憲章27条において、「労働者またはその代表は、適切なレベルで（at the appropriate levels）、EU法並びに国内法及び国内慣習に規定される場合及び条件において、適切な時期に（in good time）、情報を提供され、かつ、協議を受けることを保障されなければならない」と定められている。

　ここで情報提供とは、労働者側が自らの立場を決定し使用者側と協議を行えるようにするための前提となる情報を提供することを言い、協議とは、使用者側と意見交換を行うことで、労働者側が経営上の意思決定プロセスに関与することを保障する手続ことを言う[19]。もっとも、いわゆる共同決定は27

---

17 *Ibid*, article 2(2), 2(3) and 3.

18 Bruno Veneziani, '*Article27: worker's right to Information and Consultation within the Undertaking*' in F. Dorssemont et al. (eds), *The Charter of Fundamental Rights of the European Union and The Employment Relation* (Hart Publishing 2019), pp.430-431, 440; Draft Charter of Fundamental Rights of the European Union Charter 4473/00 Convent 49, pp.26-27.

条の規定の対象外であり、労働者側の意見が経営決定に確実に反映されるところまでは保障されていない[20]。そして、これらの手続が事後的に履践されたとしても、経営関与の実効性担保が困難であるため、適時に、すなわち事前型の手続としての導入が必要であり、これが「適切な時期に」という規定の意味するところである[21]。

２．経営関与の実質的根拠

ここで、EU 法が欧州社会権憲章で示された参加型民主主義の理念を踏襲する旨指摘したが、以下ではこのような民主主義概念を EU 法の文脈でさらに敷衍すべく、EC 委員会の公表した「欧州共同体における被用者参加と企業構造」[22]と題するコミュニケーションを参照したい。これは、経営関与法制を EU レベルで設ける必要性を明らかにすべく、各加盟国の法制度を比較検討するものであり、民主主義概念と経営関与法制の関係性について、次のような分析を行っている。

加盟国においては、民主主義規範（democratic imperative）、すなわち社会的・政治的機構（social and political institutions）の行う決定によって重大な影響を受ける者は、その決定の形成過程に関与しなければならないとする概念が広く見られるようになった。これを企業について見てみると、その重要な利害関係人としては、株主（shareholder）と被用者が存在するところ、特に、後者の被用者は、前者の株主と同等かそれ以上に、企業運営に対する関心を抱いている。その理由としては、被用者の置かれた立場の特殊性が挙げられる。すなわち、被用者は、自らを雇用している企業から収入を得ているというだけではなく、その日々の生活の大部分を当該企業に捧げている。

---

19 Meyer/Hölscheidt/Hüpers/Reese, 6. Aufl. 2024, GRC Art. 27 Rn. 23-24.

20 *Ibid*, Rn. 8, 12, 19, 24.

21 *Ibid*, Rn. 23.

22 Employee participation and company structure in the European Community, Bulletin for the European Communities Supplement 8 /75, COM (75) 570. なお、本文書では、産業民主主義（industrial democracy）という文言が用いられており、参加型民主主義とは名称が異なるものの、民主主義的要請が経営関与法制の実質的根拠を提供するものであることには相違なく、EU 法の文脈でより詳細な分析を行う際に本文書の検討は有益であると考えられる。

62 第2編 EU労働法分野における被用者の経営関与制度

それ故、企業が行う決定は、その被用者の短期的・長期的な経済的状況に対してはもちろんのこと、仕事から得られる満足感、心身の健康、家族やその他の活動に費やすことのできる時間と活力、並びに、人間としての尊厳や自律性に対してさえも重大な影響を有しうるものといえる。このことに鑑みると、被用者が、自らを雇用している企業の決定に対して、どの程度関与することを認めるのかが問題となる。

　この問題は、昨今の経済的・社会的情勢の変化がめまぐるしい状況においては、より重要なものとなる。現代は「変化（change）」によって特徴付けられる時代であり、今後も変化が継続するであろうという前提に基づいている。経済環境の変化は、原油価格の急騰に見られるように本来的な性質に関しても見られるところである。産業の問題についてみても、長らく確立したものと考えられてきた産業やその関連団体に対する根本的な技術的変化が起こっており、その結果として、企業は経済的・社会的に困難な状況に直面している。

　このような社会的な変化は、広い社会的・経済的観点から見れば望ましい側面もあるが、既存のシステムに対して既得権益を有している者にとっては、必ずしも歓迎すべきものとは限らない。特に、厳しい変化に対応するために効率性等が重視される社会的・経済的状況にあっては、上記の民主主義的要請に基づいた意思決定過程への関与は、意思決定の迅速性や柔軟性を減少させる可能性があることから、この関与に対して謙抑的な措置が取られる懸念が大きい。この意味で、上記の民主主義的要請と経済的・社会的な変化との間には緊張関係が見られることになる。

　しかしながら、このような厳しい状況があるからといって、民主主義の理念がないがしろにされることがあってはならない。労使関係（industrial relations）の困難な問題は、緊密に影響を受ける者が解決策を検討する過程に関与するメカニズムがある場合にはじめて、最も軋轢がない状態で、適正かつ公平な解決をみることができると言うべきである。企業は、基礎的な意思決定を行う機関ではあるとはいえ、決定を行う権限を有する者と、その決定を実際に実行に移す者との間の関係性を再構築することを避けては通れないのである。

そのうえで問題となるのが、被用者を意思決定に関与させるに際して、そのための具体的な制度をどのように設計するのかという点である。この点について加盟国を見れば、労使対話（social dialogue）を行うための多様なメカニズムが設けられている。

しかしながら、共通市場・域内市場を創出する目的からすれば、このような諸制度を、共同体・連合として統一化・近接化させることが必要となる。というのも、資本市場の流動性を高めるという会社制度上の要請があるからである。もっとも、このような経済的・社会的発展を過大に重視することはできず、労働法上の要請から一定の制約が設けられている。すなわち、EUにおいては、EU法を制定することで、各国の立法を統一化・近接化し、共通市場を樹立することが企図されているものの、これによってもたらされる経済発展は、域内全域における生活水準と労働条件の双方を向上させるという要請と両立するものでなければならないとされているのである（現EU機能条約151条参照）。たとえ、企業の意思決定構造との関係における被用者の役割が、企業、資本や被用者の国際的移動を妨げるだけでなく、共同体概念そのものを否定することになり得たとしても、そのことをもって、被用者を犠牲にすることはできないのである。この要請に応える効果的な手段は、被用者が、自らに多大なる影響を及ぼしうる経営決定そのものに関与していくといった、より強度の民主主義的基礎を認めることである。EUとしては、その国際的性質に鑑みて、被用者が、域内のどの国で雇用されているかにかかわらず、経営関与について同様の法的地位を享受できるようにしなければならない。

以上の検討に見られるように、EU法の文脈において、民主主義概念は、選挙等の公的な場面以外の私的な場面も含めて、自らの利益に重大な影響を及ぼす意思決定への関与を認めるべき概念であり、企業における経営決定がそのような重大な意思決定に該当することが、経営関与制度の実質的根拠として理解されているものと解される。

3．団体交渉に対する独自性

27条は基本権憲章の「連帯（Solidarity）」[23]の章の冒頭に置かれている。こ

こでも、社会憲章と同様に、情報提供・協議の権利[24]が、団体交渉権・行動権（Right of collective bargaining and action）とは別個のものとして規定されている点が看取される（28条）[25]。これは、本規定が、「対立よりも対話からより良い結果が期待できる（von einem Dialog Besseres zu erwarten sei als von Konfrontation）」ことを基本理念とし[26]、労使のコミュニケーションを通じて事業運営の効率化を図ることで、労使双方に利益をもたらすことを趣旨とするものであると理解されていること[27]や、労働法に特有の相互信頼に基づく協力の原則（Grundsatz vertrauensvoller Zusammenarbeit）に従い、労使に対して、自らの意見に固執するのではなく、他方当事者と意見の相違について真摯に話し合うことを求めるものであると解されていること[28]からも窺われる。

　もっとも、情報提供・協議の主体という面では、団体交渉との間に一定程度の相対性が見られる。EU各加盟国における労使関係には多様性が見られるところ、例えばドイツ等では、労働組合と従業員代表が並存し、それぞれが産業別レベル・事業所別レベルのいずれかにおいて固有の役割を担ってい

23　EUにおける連帯概念については、福田耕治「EU／欧州福祉レジームにおける連帯と社会的包摂──『時間銀行』の社会実験を事例として」同編『EUの連帯とリスクガバナンス』（成文堂、2016年）24頁以下等参照。

24　基本権憲章27条は、標題部において「権利（right）」という文言を用いているものの、条文においては、28条とは異なり、権利という言葉を用いていない（情報提供・協議が「保障されなければならない［must be guaranteed］」と定めるにとどまる）。このことに起因して、27条の水平的直接効果（horizontal direct effect）の有無の問題が生じることとなった。結論として、CJEUがこれを否定したため（Case C-176/12 *Association de médiation sociale v Union locale des syndicats CGT and Others* EU:C:2014:2）、学説上では批判的な観点も含め様々な議論が行われている（Filip Dorssemont, '*The Right to Information and Consultation in Article 27 of the Charter of Fundamental Rights of the European Union: Less than a Right and Less than a Principle, Just an Ordinary Provision Lacking Direct Effect*' (2014) 21(4) Maastricht Journal of European and Comparative Law 704, pp.704-722等参照）。なお、直接効果の意義については、中西優美子『EU権限の法構造』（信山社、2013年）179頁以下参照。

25　Bruno Veneziani, *supra* note 18, pp.441-442. この文献においては、上記のような独自性に照らして、情報提供・協議については、団体交渉よりも広い事項を対象に含めることができるとして、その機能範囲を広く解することが可能であると指摘されている。

26　Stern/Sachs/Lang, 1. Aufl. 2016, GRCh Art. 27 Rn. 6.

27　Jarass, a.a.O.（Fn.1）, Rn. 2, 10.

28　Stern/Sachs/Lang, a.a.O.（Fn.26）, Rn. 17.

る[29]。ここでは、情報提供・協議と団体交渉の別異性を強調して、情報提供・協議に関する権利を従業員代表にのみ保障するという方途も考えられなくはない。しかしながら、EUの全ての加盟国がドイツのような並存型の労使関係システムを有しているわけではなく、従業員代表と労働組合のいずれか一方のみを代表機関として想定している国も存在する。この点を考慮するならば、EU全域に適用される基本権憲章については、労働組合を情報提供・協議の主体から除外するのは適切でない[30]。

　また、基本権憲章27条の立法過程に照らしても、このような解釈を支持すべきであると解されている[31]。立法の途上においては、当初、情報提供・協議の対象が「企業において労働者に懸念を生じさせる事項（matters which concern them within the undertaking）」に限定されていたが[32]、その後、この文言は削除されるに至った[33]。このような修正が施されたのは、本条の適用範囲を拡大させるためである。すなわち、企業グループ単位で経営が行われている場合等においては、単独の企業の枠を超えた形で労働者利益に影響を及ぼす経営決定が行われうるという現実があることから、情報提供・協議の範囲に係る上記制約を取り除くことで、この現実に対応する必要があったのである[34]。こうした拡大的な方向性からしても、情報提供・協議の機会が制約されるのを避けることが適切であるから、労働組合を主体に含めるべきであると解されている[35]。

---

29 ドイツの二元的労使関係については、藤内和公『ドイツの従業員代表制と法』（法律文化社、2009年）273頁以下、名古道功『ドイツ労働法の変容』（日本評論社、2018年）2頁以下等参照。また、実態調査も踏まえた詳細な基礎的分析として、毛塚勝利「組合規制と従業員代表規制の補完と相克——企業内労働条件規制にみる西ドイツ協約優位原則の実相」蓼沼謙一編『企業レベルの労使関係と法』（勁草書房、1986年）213頁以下も参照。

30 Thomas Blanke, *'Workers' right to information and consultation within undertaking (Article 27)'* in Brian Bercusson (ed), *European Labour Law and the EU Charter of Fundamental Rights* (Nomos 2006), pp.285-286.

31 *Ibid*, p.286.

32 Draft Charter of Fundamental Rights of the European Union Charter 4422/00 Convent 45, p.8.

33 Draft Charter of Fundamental Rights of the European Union Charter 4487/00 Convent 50, p.12.

34 Thomas Blanke, *supra* note 30, p.263.

66　第2編　EU労働法分野における被用者の経営関与制度

　以上の検討から、EU基本権憲章上、労使が対立的な構図のもとに行う団体交渉と、労使間の協調的関係性を前提とする情報提供・協議は、理論的に峻別されているが、その主体という面では、労働組合という団体交渉を行う主体が情報提供・協議を受けることも想定されていることが明らかとなった。基本権憲章27条のもとでの労使自治については、経営関与を行う主体ではなく、手続そのものの特質に照らした性格付けが必要であると言えよう。

4．情報提供・協議に関する権利の集団的性格

　基本権憲章27条では、基本権を享受する主体として、労働者とその代表という二種類の主体への言及があり、それらが「または（or）」という接続詞で結ばれている。当初、両者をつなぐ接続詞としては「および（and）」が用いられていたところ、これによれば、同条の基本権は、労働者個人に対する個別的権利であるという側面と労働者代表に対する集団的権利であるという側面の二面性を有しており、労働者とその代表の双方に対する情報提供・協議が必要とされることになる[36]。

　しかしながら、この接続詞が上記のように変更されたことで、労働者個人に対する情報提供・協議を行うのみで足りると解する余地が生まれたと主張されている[37]。これに従えば、基本権憲章27条の集団的性格は一定程度後退することになる。もっとも、この見解も、同条においては「適切なレベルで」という要件が課せられていることから、個人レベルでの情報提供・協議で足りるのは極めて小規模の会社や事業所に関する事例に限られると限定的に解することで、個人的性格を強調することについては謙抑的な立場をとっ

35　なお、欧州社会憲章についての見解ではあるが、労働組合が存在しない場合に初めて従業員代表が機能するという法制度が採られている状況下で、多数の労働者が組合に加入していない場合等には、少数を組織するに過ぎない組合によって、多数の非組合員の情報提供・協議の権利が奪われてしまうことになる懸念があるとの指摘がなされている（Bruno Veneziani, supra note 16, p.392）。情報提供・協議の主体については、権利の実質的保障という観点から、各国の労使関係システムの多様性をどれほど認容するのかが問われていると言えよう。

36　Draft Charter of Fundamental Rights of the European Union Charter 4423/00 Convent 46, p.19.

37　Thomas Blanke, *supra* note 30, p.284-285.

ている[38]。

　他方で、情報提供・協議に関する権利については、個人的性格を持ち込むべきではないとする見解も看取される[39]。その内容は、大略、次の通りである。

　たしかに、個人情報の保護（基本権憲章 8 条参照）等のように、情報提供・協議においては、労働者の個人的権利の問題が対象事項になることもある。しかしながら、27 条は基本権憲章の「連帯」の章に置かれているところ、この概念は、一般的に集団的権利を想起させるものである。実際にも、情報提供・協議に関する二次法の解釈が問題となった事例において、CJEU は、労働者個人を権利主体に含めることは想定されていないとの見解を示している[40]。経営者層による裁量的な経営決定に対して、建設的な提案を行い、それによる不利益を緩和するに際しては、労働者の集団こそが、積極的な役割を担いうるのである。

　以上のように、情報提供・協議に関する権利については、その法的性格についても一定の議論がある。そこでは、個人的権利としての性格を付与するかについて鋭い対立が見られるものの、これを肯定する見解が労働者個人への情報提供・協議で足りる場合を限定的に捉えている点を考慮すると、少なくとも、27 条所定の権利は集団的権利として理解することが基本であると解することができよう。

第 3 節　小括

　これまで検討してきた通り、EU 法においては、情報提供・協議を通じた

38　もっとも、基本権憲章 27 条にいう「適切なレベルで」がどのような規範的内容を有しているのかについては、不明確性が残されているとの見解もあり（Bob Hepple, *supra* note 7 pp.228-229）、上記解釈が妥当かどうかについてはさらなる検討の余地がある。

39　Bruno Veneziani, *supra* note 18, pp.431-432.

40　次章で検討する集団的整理解雇指令（Council Directive 98/59/EC of 20 July 1998 on the approximation of the laws of the Member States relating to collective redundancies ［1998］OJ L225/16）に関する CJEU の先決裁定を参照（Case C-12/08 *Mono Car Styling SA v Dervis Odemis and Others* EU:C:2009:466）。

経営関与が基本権として保障されている。この権利は、参加型民主主義ないし産業民主主義の概念のもと、企業の合理的運営という共通の目的に向けて労使が協調することを想定する点で、労使の対立的な構図を前提に利益を奪い合うことを旨とする団体交渉とは異なるものであることが認識され、団体交渉権から分化する形で、保障されるに至ったものである。それぞれの指令が設ける各種の経営関与制度は、法体系的には、このような基本権保障を具体化するものとして位置付けられる。

第3章　特別法①
──EU 集団的整理解雇指令[1]における被用者関与制度

本章では、使用者の経営裁量と労働者利益との衝突が最も先鋭となりうる集団的整理解雇の問題に焦点を当てて、EU 法における被用者関与の在り方を検討する。

第1節　EU 集団的整理解雇指令の概要

EU 集団的整理解雇指令（以下、本章において「本指令」と言う）は、共同市場（現：域内市場）の設立・運営に係る一般的な権限規定である EEC 条約100条（現：EU 運営条約115条）に基づいて採択されたものであり、集団的整理解雇に関してより強度の保護を労働者に与えつつ、各加盟国法の近接化を促進することを目的としている[2]。

EEC 条約100条を権限として採択されたことから窺われる通り、本指令は、ソーシャルダンピングの防止という経済法的な観点、すなわち、低い労働基準を用いて国際的な経済競争において優位に立つことを不公正な競争と評価し、これを回避するために労働基準の近接化を図るという観点から採択されたものである[3]。ここで、本指令によって行われる加盟国法の近接化は生活

---

1 Council Directive 98/59/EC of 20 July 1998 on the approximation of the laws of the Member States relating to collective redundancies［1998］OJ L225/16.

2 Case 215/83 *Commission v Kingdom of Belgium*［1985］ECR-1039, para.2.

3 ソーシャルダンピングの意義と EU 労働立法への影響一般については井川志郎『EU 経済統合における労働法の課題──国際的経済活動の自由との相克とその調整』（旬報社、2018年）28頁及び57-59頁参照。これを本指令に即してみると、本指令は、主要な経営上のコストである人件費の調整を規律する解雇法制の近接化を行い、規制強度の低い加盟国を選んで解雇が行われるという意味でのソーシャルダンピングの防止を企図するものと言える（*See* AG WAHL's Opinion in Cases C-182/13, C-392/13 and C-80/14 EU:C:2015:65, footnote 30）。

水準及び労働条件の双方を向上させる方向性で実現されるべきものとされており（EU運営条約151条参照）、国内法上、より有利な規定を導入することはできても、本指令を根拠とした既存の労働者保護の水準の切下げは許されないものとされている（5条参照）。また、本指令は集団的整理解雇の局面における労働者保護を単純に推し進めるものではなく、EUレベルでの経済的・社会的発展との均衡が企図されている点にも留意しなければならない（前文2参照）。本指令における労働者保護には、使用者に過大な義務を課して経済発展等を過度に阻害しないようにするという観点から限界が存在するのである。

　以上の目的を達するため、本指令は、使用者に対して、大きく、次の三つの義務を課している。すなわち、第一に労働者代表との協議義務（2条1項及び2項）、第二に労働者代表への情報提供義務（2条3項）、第三に管轄機関への通知義務（3条）である。

　これらのうち、前二者は労使間での自主的・自立的な利益調整を行うための手続的規制に関するものであり、本書の問題関心からして中心的な検討対象となるものである。これらは相互に関連性を有しており、使用者による情報提供は協議において労働者代表が建設的な提案を行うための前提となる。これにより、労使間の情報格差を是正したうえで協議が行われるので、協議手続の形骸化を防止し、実質的な協議の機会を保障することが可能となる。

　これに対して、後者は、整理解雇を一定の行政的な監督権限に服させることを目的とするものであって、前二者とは基本的な性格を異にするものである。もっとも、管轄機関は労使間での問題解決に寄与する一面もあり、単なる行政上の監督に留まらない役割が期待されている。

　それぞれの内容については後に詳述するが、その全てに共通しているのは、集団的整理解雇に対して、解雇理由を限定する等の実体的な規制を設けるのではなく、一定の手続的な規制のみを設けるという点であり、それ故に、本指令は純粋な手続的性格を有するものと言えよう。

第2節　EU 集団的整理解雇指令の立法背景・立法史

　EC 委員会は、本指令の原案を作成する以前に、「EC 加盟国法における解雇の場合の労働者保護規定[4]」という報告書において、各加盟国の解雇法制に関する分析を行った。その内容は、大略、次の通りである。

　まず、総論的考察として明らかにされたのは、従来、集団的整理解雇は経済状況の悪化を理由に行われるのが主流であったのに対して、近年は組織再編や合理化等に関連して実施されるケースが増加しているという点である。このような状況のもとでは、労働者が技術進歩や経済発展の犠牲とならないようにするための社会政策が必要となる。その一方で、このような社会政策は、企業が新たな市場状況に迅速に対応することに対する過度の障害となってはならない。したがって、労働者の雇用保障という利益と使用者の行動の自由の確保という利益を調和させることが不可欠の課題となる。

　このような問題関心のもと、加盟国の集団的解雇法制を比較検討したところ、上記の要請を満たすか否は一様ではなく、解雇の局面における労働者保護には重大な差異が見られることが明らかとなった。しかしながら、経済統合において、このような差異を正当化することは困難となってきている。現代においては、欧州の労働市場の相互依存関係が深化するとともに、合理化、機械化や集中化等といった企業構造に関する変化も起こっており、経済統合が労働条件にもたらす影響は不可避のものとなっている。それにもかかわらず、異なる帰結を招く様々な規定が類似した事案に適用されうるとすることは、欧州レベルで労働者の権利を保障するという観点からして課題を残すものであり、各加盟国の解雇法制を近接化させる必要性が認められる。

　EC 委員会は、このような指摘をしたうえで、解雇法制において問題となる様々な点について基礎的な分析を展開している。ここでは、解雇に先立って行われる経営者側と労働者代表との協議の重要性に着目すれば、次のよう

4　Provisions protecting workers in cases of dismissal in legislation in the Member Countries of the European Communities（SEC〔72〕1516）.

72 　第2編　EU労働法分野における被用者の経営関与制度

な検討が行われている。

　まず、現状として、解雇に関する従業員代表及び組合の役割については、十分な法的基盤が整備されているとは言えない側面がある。このことは、労働者代表に対しては情報提供のみで足りるとする立法に関して顕著である。情報提供は、これを前提として行われる協議が存在してはじめて意義を有するものであり、使用者には、解雇理由や解雇条件について協議するだけでなく、解雇を予防するための措置も含めて協議することが求められている[5]。

　また、労働者代表の手続的関与は、実務上、集団的に解雇が行われる場合において特に重要なものとなるところ、行政機関への通知と関連付けて解雇の予告期間を定めたり、端的に解雇を行政による許可制のもとに置くこと等も、協議等の手続的規制にとっては重要である。

　以上のような基礎的考察を経て、EC委員会は本指令の原案を作成するに至った。ここでは、労働者代表に対する協議義務を定めたうえで、行政機関が協議を経ないまま行われた解雇を取消すことができるとする等、行政の強い監督権限が認められていたものの、これをもとに採択された最初の指令においては、協議義務をより重視する方向に修正が施されている[6]。その後、本指令については、1992年に、国際的企業グループの事例に対処すること等を目的として修正が施された。現行の指令は、このような改正を踏まえ、条文整理を行ったものである[7]。

5　この根底には、解雇が最終的な措置であり、その他の全ての可能性（例えば他の職務に配置転換することで労働者の雇用を企業内で維持すること等）が試みられた後に行われるべきであるとする分析が影響しているとみられる。

6　なお、上記の報告書では、労働者の利益保護の観点から立法の必要性が説かれているが、本指令が、EEC条約100条（現：EU機能条約151条）を法的根拠として、共通市場（現：域内市場）を機能させるという経済法的な観点から成立した点には留意しなければならない。

7　EU集団的整理解雇指令の史的展開については、濱口桂一郎『新・EUの労働法政策』（労働政策研究・研修機構、2022年）366頁以下において、詳細な分析がなされている。

第3章　特別法①——EU集団的整理解雇指令における被用者関与制度　73

第3節　指令の適用範囲

第1款　集団的整理解雇の定義

1．概要

　本指令は「集団的整理解雇（collective redundancy）」の定義規定を置いている（1条1項a号）。これによれば、集団的整理解雇の類型は、大きく二つに分けられる。第一は、雇用する労働者数を基準に算定される事業所（establishment）規模を参照する類型であり、第二は、このような事業所規模と無関係な類型である。

　第一類型のもとでは、30日以内[8]に、使用者が、①常時雇用する労働者[9]数が21-99人の事業所において10人以上の労働者を解雇すること、②常時雇用する労働者数が100-299人規模の事業所において全労働者の10％以上を解雇すること、及び、③常時雇用する労働者数が300人以上の事業所において30人以上の労働者を解雇することが、それぞれ集団的整理解雇に該当する。この類型のもとでは、20人以下とならない限り、事業所の規模が小さければ小さいほど、充足すべき労働者数の数的要件が低水準のものになるため、本指令の適用範囲が大きくなっている[10]。

　第二の類型のもとでは、90日以内に、使用者が、常時雇用する労働者数に関係なく、一つの事業所において20人以上の労働者を解雇[11]することが集団的整理解雇とされる。この類型のもとでは、第一類型とは反対に、事業所の規模が大きければ大きいほど、算定の対象となる労働者数が多くなるため、

8　CJEUは、本指令の実効性確保の観点から、第一類型における30日、及び、第二類型における90日という期間的要件の充足性を回避する解釈論については謙抑的な立場をとっている（Case C-300/19 *UQ v Marclean Technologies, SLU.* EU:C:2020:898）。

9　CJEUは、常時雇用する労働者数は有期契約労働者を含めてカウントすべきであると判断している（Case C-422/14 *Christian Pujante Rivera v Gestora Clubs Dir SL and Fondo de Garantia Salarial* EU:C:2015:743）。

10　例えば29名の労働者を解雇する場合、事業所規模が300人以上であれば本指令が適用されないが、299名以下であれば本指令は適用され、使用者に情報提供や協議等に関する義務が生じる。

74　第 2 編　EU 労働法分野における被用者の経営関与制度

本指令の適用範囲が大きくなる。

　以上の類型のいずれを採用するかについては、加盟国の裁量に委ねられているが、どちらにせよ、本指令はあくまでも集団的な整理解雇のみを規制対象としているので、数名のみを対象とするような零細的な整理解雇には適用されない点に留意すべきである。また、本指令は解雇を規律対象とすべきものであるので、契約期間の満了により契約関係が終了した有期契約労働者の数は、上記の適用要件の充足性を判断すべき数には含まれない[12]。

2．整理解雇概念

　本指令の適用対象は集団的整理解雇（collective redundancy）に限定されている。集団性については上記の類型別の定義がなされているものの、整理解雇（redundancy）そのものについては、指令上に定義規定が置かれていない。

　そこで、この定義については、EU 法における統一的解釈の問題となるのか、それとも加盟国の裁量に委ねられているのかが問題となるが、CJEU は、Junk v kühnel 事件[13]において、「（各加盟国法から独立して）EU 法体系において自律的（autonomous）かつ統一的な（uniform）解釈がなされなければならない」として、前者の立場を採用している。かねてより、CJEU は、「EU 法の統一的適用の必要性及び平等原則から、EU 法の規定が、そこで用いられている文言の意味及び範囲を決定するために加盟国法を明示的に参照していない場合には、当該文言については、通常、EU において独立的

---

11 ここでいう解雇には、労働者個人とは無関係の事由に基づいて、使用者が、一方的かつ不利益を与える内容にて、雇用契約の本質的な要素に重大な変更を加えることも含まれると解されている（Case C-422/14 *Christian Pujante Rivera v Gestora Clubs Dir SL and Fondo de Garantía Salarial* EU:C:2015:743; Case C-149/16 *Halina Socha and Others v Szpital Specjalistyczny im. A. Falkiewicza we Wrocławiu* EU:C:2017:708; Case C-429/16 *Małgorzata Ciupa and Others v II Szpital Miejski im. L. Rydygiera w Łodzi obecnie Szpital Ginekologiczno-Położniczy im dr L. Rydygiera Sp. z o.o. w Lodzi* EU:C:2017:711）。

12 Case C-392/13 *Andrés Rabal Cañas v Nexea Gestión Documental SA and Fondo de Garantía Salarial* EU:C:2015:318.

13 Case C-188/03 *Irmtraud Junk v Wolfgang Kühnel* EU:C:2005:59, para.30.

（independent）かつ統一的な（uniform）解釈が行われなければならない」とする判例法理が形成されてきたところ[14]、Junk事件においては、このような先例に従い、本指令が整理解雇概念について加盟国法を明示的に参照していない点を捉えて、上記判断を行ったものと解される。

　そのうえで、CJEUは、本指令の実効性を担保するというEU法固有の観点から、「雇用契約を終了させるという意思の表示（declaration, Erklärung, manifestation）」が整理解雇を構成すると解釈している。これは、実効性担保のためには協議義務等の発生時点をどのようなタイミングに設定すべきなのかを検討する文脈で示された判断であるため、詳細は協議義務の発生時点に関する箇所で後述する。

　もっとも、次のように、契約を終了させる旨の全ての表示が整理解雇に該当するわけではない。

　第一に、整理解雇該当性を肯定するためには、解雇事由が対象となる個々の労働者とは無関係のものであることが要求されている。その理由は、本指令があくまでも集団的な解雇のみを規制するという意図を有しており、解雇に関する権利問題を一般的に取り扱うものではないという点にある[15]。したがって、被解雇者に内在する事由（傷病等）やその行動（同僚へのハラスメント等）による解雇については、本指令は適用されない[16]。

　第二に、本指令の適用対象はあくまでも解雇であり、労働者の発意による退職にまで適用が拡張されることはない。労働者の発意による場合にまで適用対象を拡大してしまうと、使用者が指令上の義務を履行する機会を確保することができず、指令の意図に反するからである[17]。したがって、たとえ、

---

14 Case 327/02 *Ekro BV Vee en Vleeshandel v Produktschap voor Vee en Vlees* EU:C:1984:11, para.11; Case C-287/98 *Grand Duchy of Luxemburg v Berthe Linster, Aloyse Linster and Yvonne Linster* EU:C:2000:468, para.43; Case C-55/02 *Commission v Portuguese Republic* EU:C:2004:605, para.45.

15 Karl Riesenhuber, *European Employment Law: A Systematic Exposition*（2nd edn, Intersentia Publishing 2022）, p.714-715.

16 *Ibid.*

17 Case 284/83 *Dansk Metalarbejderforbund and Specialarbejderforbundet i Danmark v H. Nielsen & Søn, Maskinfabrik A/S, in liquidation* EU:C:1985:61, paras. 7 -10.

76　第2編　EU労働法分野における被用者の経営関与制度

使用者の清算手続によって賃金支払がもはや保証されないことを理由として労働者が退職したような場合であっても、指令は適用されないので、使用者の協議義務等は生じないことになる[18]。

　第三に、上記のように当該解雇が個々の労働者とは無関係の事由に基づいて行われたものであり、かつ、使用者の発意によるものである場合であれば、解雇事由の内容は問われない[19]。したがって、法人である使用者が破産に関する判決を受けたこと等を理由として解散する場合に行われる解雇に対しても、指令の適用が肯定される[20]。この場合、当該使用者は、法人格が消滅する前に情報提供・協議等の義務を履行することが求められる[21]。もっとも、この場合、解雇予告期間に関する規定だけは適用除外となる（4条4項）。

　第四に、自然人である使用者が死亡した場合には、本指令は適用されない[22]。というのも、本指令上の使用者の義務は解雇よりも前に履行することが求められている以上、使用者が死亡した場合にはそれが期待できないからである。もっとも、学説上は、このような解釈は狭きに過ぎ、相続人（successor）が同様の義務を履行すべきであるとの批判が寄せられている[23]。

　第五に、本指令は、あくまでも使用者による一方的な契約終了を規制するものであるから、労働者の合意を得て行われる契約終了には適用されないとされている[24]。

　第六に、整理解雇という形式をとっていなくとも、使用者の発意によって、労働者個人には関係の無い理由で、5名以上の契約が同時期に終了する場合には、これを整理解雇とみなすという規定が導入されている（1条1項b

---

18 *Ibid.*

19 *See* Case C-55/02 *Commission v Portuguese Republic* EU:C:2004:605, para.50; Jointed Cases C-187/05 to C-190/05 *Georgios Agorastoudis and Others v Goodyear Hellas ABEE* EU:C:2006:535, para.28.

20 Jointed Cases C-235/10 to C-239/10 *David Claes and others v Landsbanki Luxembourg SA* EU:C:2011:119, paras.29-49.

21 *Ibid.*, paras.50-58.

22 C-323/08 *Ovidio Rodríguez Mayor and Others v Succession vacante de Rafael de las Heras Dávila and Sagrario de las Heras Dávila* EU:C:2009:770, para.53.

23 Karl Riesenhuber, *supra* note 15, p.716.

24 *Ibid.*, p.714.

号）。このみなし整理解雇の人数を含めて、本指令の適用の有無が判断されることになる。

以上のように、細部にわたる議論が存在するが、総じて、本指令における整理解雇概念は、EUの法体系において自律的に決定されるべきものであり、加盟国における様々な解雇概念とは独立したものである点に留意しなければならない。

3．事業所概念

上記のように、整理解雇のいずれの類型においても、本指令の適用範囲を画し、労働者保護の程度を決定する際には事業所（establishment）概念が重要なものとなるが、その定義規定は指令自体には置かれていない。CJEUによれば、整理解雇概念と同様に、この概念はEU法上のものであって、加盟国法を参照することで定義付けすることはできないとされており[25]、EU法において自律的に（autonomously）解釈されることで、その法秩序における様式に従わなければならないとされている[26]。

もっとも、法解釈の際には文言解釈が基本になるところ、EU法である本指令には複数の言語版が存在し、そこで使用されている文言を見れば、事業所（establishment, stabilimento, Betrieb, établissement, estabelecimento）、事業（virksomhed）、労働中枢（centro de trabajo）、地域的単位（plaatselijke eenheid）や就業場所（arbetsplats）等といったように多種多様なものが用いられているので、文言から言語的に法的な概念定義を行うことは困難である。

CJEUの先例によれば、このような場合であっても、EU法として統一的な解釈を行わなければならないことから、法解釈の際には、当該規定の目的及びそれが一部を形成する法体系全体を参照しなければならないとされている[27]。本指令の事業所概念もこの先例に則って解釈されている。すなわち、

---

25 Case C-449/93 *Rockfon A/S v Specialarbejderforbundet i Danmark* EU:C:1995:420, para.25.
26 Case C-270/05 *Athinaiki Chartopoiïa AE v L. Panagiotidis and Others* EU:C:2007:101, para.23. また、第一類型における事業所概念と第二類型におけるそれは同一の意味に解すべきであるとされている（Case C-182/13 *Valerie Lyttle and Others v Bluebird UK Bidco 2 Limited* EU:C:2015:317）。

CJEU は、「本指令は EEC 条約100条（現：EU 機能条約151条）を採択根拠の一つとしているところ、この規定は加盟国が労働条件の向上及び労働者の生活水準の向上を促進することを維持しつつ各加盟国法の近接化を可能にするという必要性に関するものである」として EU 法体系を参照したうえで、「実際にも、本指令の前文によれば、本指令は、集団的整理解雇の際に労働者に対してより強度の保護を与えることを意図している」と判断し、本指令の目的を考慮している[28]。

　これらの考慮を前提とすれば、事業所概念の解釈の際には、できるだけ本指令の適用範囲を拡大し、労働者保護に寄与する方向性が模索されるべきである。したがって、第一類型のもとでは、20名以下とならない範囲で、できるだけ事業所の規模を小さく解釈し、第二類型のもとでは、これをできるだけ大きく解釈することがこの要請に適合的である。

　この点、CJEU は、雇用関係が、本質的には、労働者と労働者が義務を履行すべき事業との間に存在するつながりによって特徴付けられる点に照らして[29]、「事業所概念は具体的な事情において、解雇される労働者が自身の義務を履行するように割り当てられた単位（unit）を意味する」と解釈している[30]。この判断が示された事件において、使用者は、企業グループ単位での雇用管理を行っていたところ、事業所として認められるたには大規模な解雇の実施を決定する経営上の権限を有していることが必要であると主張していた。これに対して、CJEU は、仮にこのような解釈を採用すると、同一グループに属する複数企業が、整理解雇に関する決定権限を単独の意思決定機関に与えることで、指令の適用が制限されてしまう可能性があるが[31]、これでは、使用者が労働者保護のための手続を遵守する義務を回避することができる反面、多数の労働者は本指令のもとで保障されている情報提供・協議に関

27　Case 30/77 *Régina v Pierre Bouchereau* EU:C:1977:172, paras.13-14.

28　Case C-449/93 *Rockfon A/S v Specialarbejderforbundet i Danmark* EU:C:1995:420, para.29.

29　Case 186/83 *Botzen and Others v Rotterdamsche Droogdok Maatschappij* EU:C:1985:58, para.15.

30　Case C-449/93 *Rockfon A/S v Specialarbejderforbundet i Danmark* EU:C:1995:420, paras.31 and 34.

31　*Ibid.*, para.30.

第 3 章　特別法①——EU 集団的整理解雇指令における被用者関与制度　　79

する権利を否定されることになってしまうのであるから、事業所概念はこの
ような意思決定機関の所在とは無関係に判断されるべきであるとして、否定
的な見解を示している[32]。

　CJEU によれば、上記の解釈は、本指令の置かれた歴史的文脈からも支持
されうるものである。すなわち、整理解雇に関する最初の委員会提案は事業
（undertaking）という用語を用いたうえで、これを地域的雇用単位（local
employment unit）と定義していたところ（1 条 1 項）[33]、理事会がこの事業
（undertaking）という用語を事業所（establishment）と置き換えたが、こ
れは当初の定義の内容が過度に詳細のものであるとして削除されたことを意
味するにすぎないから、上記の解釈はこのような立法経緯に照らしても妥当
性を有するとされている[34]。

　その後、CJEU は、この判断を前提に、「事業所は、一定程度の永続性及
び安定性を有しており、一又は複数の一定の業務遂行を割り当てられたうえ
で、これらの業務を完遂するための労働力、技術的手段及び組織構造を有し
ている異なった自主独立体（entity）から構成されることもあり得る。この
ような自主独立体は、法的な自律性を有している必要はなく、また、経済上、
財務上、運営上及び技術上の自律性を有していなくとも良い」[35]として、さ
らに具体的な定義を明らかにした。

　このように、CJEU は、意思決定機関の所在と関連させた解釈を否定する
ことで、事業所規模を縮小させうる解釈論を展開している。この解釈は、第
一類型のもとでは、本指令の適用範囲を拡大して労働者保護に資すると評価
される一方で、第二類型のもとでは、適用範囲を限定してしまうとの懸念が
示されている[36]。

32　*Ibid.*, para.34.

33　なお、委員会の最終提案（Commission Proposal for a Directive on the harmonization of the
legislation of the Member States relating to redundancies COM（72）1400 final.）においても、事業
（undertaking）という用語が用いられている。

34　Case C-449/93 *Rockfon A/S v Specialarbejderforbundet i Danmark* EU:C:1995:420, para.33.

35　Case C-270/05 *Athinaïki Chartopoïïa AE v L. Panagiotidis and Others* EU:C:2007:101,
paras.27-28.

36　Catherine Barnard, *EU Employment Law* （4th edn, OUP 2012）, p.632-633.

80　第2編　EU労働法分野における被用者の経営関与制度

4．使用者概念・労働者概念

　本指令の人的適用範囲を判断する際に用いられている使用者（employer）概念・労働者（worker）概念についても定義規定が置かれていないが、この点については、事業所概念や整理解雇概念と異なり、加盟国の裁量に委ねられている（1条1項b号参照）。

　もっとも、加盟国の裁量には限界が存在する。すなわち、本指令が適用除外についての条項を特に設けていることからすれば（1条2項）、それ以外の例外を許容しないという意図がうかがえるから[37]、使用者について営利性の有無等を基準に適用除外の余地を認めることはできず[38]、また、労働者についても管理職であること等を理由に適用除外を認めることもできない。このように適用除外を認めることは、使用者・労働者概念の定義付けについての加盟国の裁量を根拠としても正当化できないものであるとされている[39]。

第2款　適用除外

　本指令は、限定列挙方式にて、適用除外を明示的に定めている（1条2項）。すなわち、(a) 有期雇用契約又は特定の職務を行うために締結された雇用契約のもとで実施される集団的整理解雇（但し期間満了前ないし契約終了前の整理解雇は除く）、及び、(b) 行政機関ないし公法によって規律される事業所等によって雇用されている労働者に対しては、本指令は適用されない。(a) の例外は期間満了等による契約の終了の場面に本指令の手続的規制がなじまないことに起因するものであるが、(b) の例外は、主に域内市場の環境整備を行うという本指令のEU法としての性格から導かれるものに過ぎず、本指令の目的達成のためには、その範囲を狭く解すべきであるとして、経済活動を行う公企業については適用対象に含めるのが相当であると考えられている[40]。

---

[37] Karl Riesenhuber, *supra* note 15, p.713.

[38] Case C-32/02 *Commission v Italy* EU:C:2003:555, para.26.

[39] Case C-385/05 *Confédération générale du travail and Others v Premier ministre and Ministre de l'Emploi, de la Cohésion sociale et du Logement.* EU:C:2007:37, paras.43-48.

[40] Karl Riesenhuber, *supra* note 15, p.717-718.

第4節　使用者の義務

第1款　労働者代表との協議義務

　本指令は、使用者に対して、集団的整理解雇を計画する（is contemplating）場合には、労働者代表（worker's representative）との間で、適時に（in good time）、合意に達する目的を持って（with a view to reaching an agreement）、協議を開始することを義務付けている（2条1条）。

1．協議義務の発生時期

　本指令は、使用者が集団的整理解雇を「計画している（is contemplating）」場合には、適時に（in good time）、労働者代表と協議しなければならないと定めている（2条1項）。この点、実際に解雇に至るプロセスを見れば、使用者が、日々の業務執行・方針決定の中で事業継続上の困難を感ずる段階に始まり、解雇に繋がりうるような意思決定をしてもなお経営状況の改善が見られないことから、解雇を最終的に決定したうえでその計画を策定し、対象となる労働者に対して通知をし、予告期間の満了等によって最終的に契約を終了させる等といった複数の段階を経ると想定されるが、どのような段階に至れば、協議義務が発生するのであろうか。

　以下では、Junk v kühnel 事件[41]を基底として、この問題についての CJEU の解釈論を検討する。

(1)　当時の国内法の概要

　解雇制限法（KSchG）17条[42]のもとでは、使用者は、30暦日以内に大量の労働者を解雇しようとする場合、事業所委員会に対して、適時に、全ての関連する情報、とりわけ、計画されている整理解雇の理由、被解雇者の人数と

---

41 Case C-188/03 *Irmtraud Junk v Wolfgang Kühnel* EU:C:2005:59.
42 同条の基本的内容については、中内哲「EU指令の影響とドイツ労働法制の現状」日本労働研究雑誌590号（2009年）64頁参照。

種類、常時雇用されている労働者の人数、整理解雇の実施が計画されている期間、及び被解雇労働者の選定基準を通知しなければならない。加えて、使用者は、労働局（Agentur für Arbeit）に対して、事業所委員会に送付した書面及び事業所委員会の整理解雇に対する態度決定（Stellungnahme）を送付することで解雇に関する通知を行わなければならない。加えて、同法18条において、解雇には予告期間が定められており、解雇の意思表示を行ったとしても、原則として、一定期間が経過するまでは、契約を実際に終了させることはできない。

　また、事業所組織法（BetrVG）102条[43]に拠ると、使用者は、解雇に先立って、事業所委員会に対して、解雇理由等を通知したうえで（1項2文）、意見聴取（Anhörung）を行う義務を課せられており（同1文）、これらの義務に違反して行われた解雇は無効となる（同3文）。

　さらに進んで、事業所組織法111条は、集団的整理解雇を含めた事業経営上の変化をめぐる意思決定に関与する権利を事業所委員会に与えている。すなわち、事業所委員会は、使用者が一定規模以上の事業所において事業所閉鎖や合併等といった労働者に対して本質的に不利益を与えうるような事業所変更（Betriebsänderungen）を行う場合、当該変更の回避可能性や規模等について協議を受ける権利を保障されている。

(2) 事実の概要

　労働者は地域限定の介護人として使用者に雇用されていた。使用者は、当該地域における介護サービスに従事する 約430名の従業員を擁していた。

　2002年1月31日、使用者は、財務状況の悪化を理由として破産手続の開始を申立てた。

　同年2月5日に破産手続が開始し、同年5月1日には清算手続が開始され、清算人が任命された。

　同年6月19日付の書面において、清算人は、事業所委員会の委員長に対し

---

43 同条の詳細については、藤内和公『ドイツの従業員代表制と法』（法律文化社、2009年）167-170頁、細谷越史「ドイツにおける労働者の行為・態度に関する解雇法理の展開と日本法への示唆」大阪市立大学法学雑誌64巻1・2号（2018年）112-113頁等参照。

て、会社閉鎖の結果、予告期間の満了をもって、残存している全ての雇用契約を終了させる意思を有している旨を通知した。この書面には、被解雇者の氏名、住所、生年月日及びその他の関連する情報を記載したリストが添付されていた。

同年6月27日付の書面において、清算人は、労働者に対して、同年9月30日をもって雇用契約を終了させると通知を行った。

同年8月27日付の書面において、清算人は、行政に対して、同年9月30日をもって172名を整理解雇する旨の通知を行った。

労働者は、この整理解雇の有効性を争って、労働裁判所に提訴した。この訴訟においては、本件整理解雇が有効かという問題の前提として、集団的整理解雇の手続に関する規定への違反があったのか否かが問題となった。

労働裁判所は、これまでドイツ法において支配的であった見解によれば、集団的整理解雇に適用される規定は、雇用契約を終了させる意思表示の時点を参照しておらず、労働者が実際に解雇される時点、すなわち予告期間の満了時点を参照していると指摘した[44]。

労働裁判所は、解雇制限法17条及び18条並びに本指令のドイツ語版が「解雇（Entlassung）」という文言を用いていることに着目した。

労働裁判所は、ドイツ法が、解約告知（Kündigung）と解雇（Entlassung）を区別しており、前者は雇用契約の当事者の片方が一方的に雇用関係を終了させる意思表示をすることを指し、後者は使用者の意思表示によって雇用関係が実際に終了することを指すことを強調した。

その上で、労働裁判所は、ドイツ法における集団的整理解雇に関する規定を適用すれば、集団的整理解雇の存在は、雇用契約を終了させる意思表示を行った時点ではなく、予告期間の満了時点で認められるものであると結論付けた。これにより、使用者は、契約を終了させる意思表示を行った後、実際に契約が終了するまでの間に事業所委員会との協議や行政に対する通知を行えば足りるということになる。

---

44 ドイツ法における判例法理の状況の詳細については、H. Appel, DB 2005, 1002-1007（Anmerkung）, S.1002-1003参照。

84 第2編 EU労働法分野における被用者の経営関与制度

　しかしながら、労働裁判所は、労働者保護を図る本指令においては、整理解雇は使用者が契約を終了させる意思表示を行った時点で認められ、労働者代表との協議義務及び行政への通知義務は雇用契約を終了させる意思表示を行うよりも前に完全に履行される必要があるのではないだろうかと考えた。

　ここで、ドイツ法の解釈とEU法の解釈との間に齟齬が生じうることから、CJEUの判断を仰ぐべく、先決付託がなされた。

(3) 先決裁定要旨

　労働裁判所が確かめようとしているのは、本質的には、本指令2条乃至4条が、整理解雇を構成する事象は雇用契約を終了させるという使用者の意思表示から成ることを意味していると解釈されるべきなのか、又は、整理解雇の通知期間の満了に基づく雇用関係の実際の終了から成ることを意味していると解釈されるべきなのかどうかである。

　本指令のドイツ語版で用いられている「解雇（Entlassung）」という用語は、ドイツ法においては、雇用関係の実際の終了を意味するので、雇用契約を終了させる使用者の意思表示を意味するものではない。

　この点について、先例によれば、EU法の統一適用及びそれによる統一的解釈の必要性から、ある言語版の文言を単独に考慮することはできないのであって、特に全ての言語版に照らして、立法者の真なる意図及び達成すべき目的を基礎に解釈することが要求されていることに留意しなければならない。

　本指令に関して、ドイツ語以外の様々な言語版において「解雇（Entlassung）」の位置に用いられている文言は、ドイツ労働法によって参照されている事象と、雇用契約を終了させるという使用者の意思表示の両方を同時に含意しうるものである。

　本指令の2条1項が、使用者が集団的整理解雇を「計画している（is contemplating）」場合に、使用者に対して労働者代表と適時に協議する義務を課していることが留意されなければならない。また、本指令3条1項は、権限ある行政機関に対して「予定された（projected）あらゆる集団的整理解雇」の通知を行う義務を使用者に課している。

　使用者が集団的整理解雇を「計画している（is contemplating）」場合、及び、これを完遂する「計画（project）」を策定する場合というのは、未だい

かなる決定もなされていない状況のことを指す。これとは対照的に、労働者に対して、雇用契約が終了するという通知を行うことは、雇用関係を終了させるという意思決定の表示であって、通知期間の満了に基づいて雇用関係が実際に終了することはその決定の効果に過ぎない。

このように、EU 法で用いられている文言は、協議義務及び通知義務が、雇用契約を終了させるという使用者のいかなる決定にも先立って生じるということを意味している。

このような解釈は、労働者代表との協議手続に関して、雇用契約の終了を避け、又は、その数を減少させるという 2 条 2 項所定の本指令の目的によって裏付けられるものである。労働者代表との協議が使用者の決定の後に行われるとしてしまうと、この目的の達成が危ぶまれることになる。

したがって、本指令 2 条乃至 4 条は、整理解雇を構成する事象が使用者による雇用契約を終了させるという意思の表明（declaration, erklärung, manifestation）にあることを意味していると解釈されなければならない。

(4) 分析

本件先決裁定は、整理解雇概念の意義について、その意義をどのような時点で協議義務等が生じるのかという観点から解釈論を展開している。すなわち、CJEU は、EU 法体系における自律的・統一的解釈を行ったうえで[45]、整理解雇は、予告期間の満了によって実際に労働契約が終了することを意味するのではなく、使用者が雇用契約を終了させるという意思を表明することを意味すると判断している[46]。

そのうえで、CJEU は、解雇を計画している場合を、これよりも前の段階、すなわち「未だ、いかなる決定も下されていない状況のことを指す」と解釈している。したがって、使用者が、解雇を決定したうえで、これを対象となる労働者に通知する段階に至っては、計画段階を徒過するものとして扱われるし、予告期間の満了時に実際に雇用関係が消滅する段階に至っても同様で

---

45 この点、本指令が部分的にはドイツ法をモデルとしているところがあり、その解釈を参照する可能性があったことを踏まえると、CJEU が EU 法における自律的な解釈を展開したことは EU 法の統一的解釈に資するものであると評されている（Karl Riesenhuber［2005］ERCL 353（note），pp.353-354.

ある[47]。協議義務は、あくまでも、使用者が雇用契約を終了させると決定する前の段階で履行されなければならず、これらの段階で協議を行うことは遅きに失する[48]。その理由としては、本指令の目的が、雇用契約の終了を避け、又は、少なくとも、被解雇者の数を減少させる点にあることを考慮すれば、労働者代表との協議が使用者の決定の後に行われてしまうと、その達成が危ぶまれるという点が挙げられている。すでに決定された解雇を撤回させることは、まだ計画段階にある解雇を中止させることよりも難しいのであって、解雇回避という観点から協議を形骸化させないためには、労働者代表に対して、解雇が既決事項となる前の早期の段階で協議を行う必要性が認められる[49]。このような解釈は、本指令が達成しようとしている基本権保障（本指令がEU基本権憲章27条所定の経営関与の権利を具体化するものである点については、本編第2章参照）を担保し、本指令の実効性（effet utile）を確保するという意義を有するものである[50]。

　もっとも、使用者には、事業活動上、最も適していると考えられる経営方針を採用する自由が認められているのであるから、これに対して過度に干渉

---

46 Bauer/Krieger/Powietzka, DB 2005, 445-450（Anmerkung）, S.445. これにより、ドイツ国内において多年にわたって形成されてきた判例法理は修正を迫られることになり（J. Bauer/S. Krieger/A.Powietzka, BB 2006, 2023-2027（Anmerkung）, S.2023）、実際にその旨の判例変更が行われた（A.Sagan, Nationaler Vertrauensschutz nach Junk: Das Ende eines deutschen Alleingangs, NZA 2015, 341-344, S.341）。もっとも、このような判例変更について学説上では異論があり得るようであり（Ferme/Lipinski, ZIP 2005, 593-601（Anmerkung）, S.594; H. Reichold, ZESAR 2005, 470-476（Anmerkung）, S.475-476）、とりわけ、法解釈における一般論として立法者意思を尊重すべきであるという観点を踏まえ、それに反する解釈をEU法適合解釈を根拠として行うことに対する批判が見られる（M.Kliemt, Neue Spielregeln für Massenentlassungen durch die Junk-Entscheidung des EuGH?, Arbeitsgemeinschaft Arbeitsrecht im Deutschen Anwaltverein, 2006, S.1242）。

47 Karl Riesenhuber EWS 2005, 97-103（Anmerkung）, S.98.

48 Lembke/Oberwinter, NJW 2007, 721-729（Anmerkung）, S.724.

49 Karl Riesenhuber［2005］ERCL 353（note）, p.354; M. Ferme, W. Lipinski, NZA 2006, 937-946（Anmerkung）, S.941; Philippa Watson, *EU Social and Employment Law*（2nd edn, OUP 2014）, p.133.

50 Filip Dorssemont［2006］Common Market Law Review 225（note）, pp.234, 236. 本件における解釈論が本指令の実効性確保に資する点については、L. Idot, obs., Revue mensuelle LexisNexis JurisClasseur - Europe, Mars 2005, p.20でも言及されている。

することは避けなければならない[51]。また、労働者代表が協議手続に効果的に参加するという観点からしても、協議の対象となるべき事項が十分に具体的になっている必要性があるのであって、少なくとも、経営上の意思決定の結果として、集団的整理解雇が行われる可能性があるということが予見できる段階に至ることが求められる[52]。

そこで、CJEUは、その後の事例において、「EU法は、協議義務が、使用者において集団的整理解雇を行うという意思の存在に関連して生じることを想定している」として、対象となる意思決定に、解雇との関連性という限定を付している[53]。そのため、解雇との関連性が認められないような極めて早期の段階で、日常的な意思決定について、抽象的な協議義務が広範に生じることはないと言える[54]。

それでは、どのような意思決定であれば、集団的整理解雇と関連性を有していると言えるのか。この点、解雇を行うという直接的な意思決定のみが関連性を有していると限定的に捉える見解と、それ以前の段階で、解雇を直接的に決定するものではない通常の意思決定も関連性を有しうると広義に捉える見解が想定されるが、CJEUは、後者の立場を採用している。すなわち、CJEUは、集団的整理解雇を必要とする決定が既決となった段階に至ってしまうと、その回避のための代替案の検討が不可能になってしまい、本指令の目的が達成できないこと等を考慮して、集団的整理解雇が直接的な選択肢となっていない場合であっても、集団的整理解雇の計画を使用者自身に強いる（compelling）ような戦略上・営業上の決定がなされれば、直ちに、協議手

---

[51] C-44/08 *Akavan Erityisalojen Keskusliitto AEK ry and Others v Fujitsu Siemens Computers Oy* EU:C:2009:533, para.45.

[52] Opinion of AG Mengozzi in C-44/08 *Akavan Erityisalojen Keskusliitto AEK ry and Others v Fujitsu Siemens Computers Oy* EU:C:2009:241, para.54. 経営関与の時点を単純に早期化することが必ずしも本指令の実効性向上に寄与するわけではない点について、Emeric Jeansen, obs., La Semaine Juridique-Édition Sociale n° 44, octobre 2009, p.27; Gerrit Forst, EWiR 2009, 725-726（Anmerkung）, S.726参照。

[53] C-44/08 *Akavan Erityisalojen Keskusliitto AEK ry and Others v Fujitsu Siemens Computers Oy* EU:C:2009:533, para.39.

[54] Ronny Domröse, EuZA 2010, 396-408（Anmerkung）, S.400.

88　第2編　EU労働法分野における被用者の経営関与制度

続が開始されなければならないと判断することで、一定の限定を付してはいるものの、関連性を比較的緩やかに認める解釈論を採用している[55]。また、経営決定がなされる初期の段階においては、計画の詳細が決まっておらず、協議の前提となる情報が十分に提供されない可能性があるが、CJEUは、情報提供・協議を全体的なプロセスとして捉えており、そのプロセスにおける計画の進展に応じて手続が履践されるべきであるとの見解も合わせて示している[56]。このような解釈を通じて、労働者代表には、使用者の解雇の決定を受けてから行動するという受動的な役割ではなく、これよりも早期の段階で経営上の意思決定に対しても影響力を及ぼしうる能動的な役割を期待されていると言える[57]。この立場は、経営関与にかかる労働者の利益と使用者の裁量の双方を調和させるものであると評価される[58]。

　もっとも、上記の判断を前提とすれば、解雇につながるような意思決定がない以上は、たとえ、使用者が、事業の財務状況が悪化しているにもかかわらず、これを漫然と放置し、なんらの経営上の意思決定も行わないという放漫経営を行っていたとしても、協議義務が生じないことになる。ここでは、いずれ経営が行き詰まり、倒産等により会社が解散する可能性があることから、使用者の所為によって労働者が集団的に失職するという点において、集団的整理解雇と利益状況が類似するにもかかわらず、協議義務の存否において正反対の帰結となる。そこで、条文上明らかでないものの、本指令の実効性を担保する観点から、深刻な財務状況の悪化に至ると、直ちに、集団的整理解雇を予見（foresee）しなければならないという義務を、使用者に対して、黙示上（by implication）課すべきであるとの主張がなされた[59]。しかしながら、CJEUは、このような見解を採用するには至らず、集団的整理解雇を予

55　*Ibid.*, paras.42 and 48; F.Kessler, obs., RJS, 12/09, 2009, p.786.

56　R. Resch, ZESAR 2010, 35-43（Anmerkung）, S.42.

57　Stéphane Vernac, obs., Revue de Droit du Travail, mai 2010, p.285; Opinion of AG Mengozzi in C-44/08 *Akavan Erityisalojen Keskusliitto AEK ry and Others v Fujitsu Siemens Computers Oy* EU:C:2009:241, para.53.

58　A.C.L. Davies, *EU Labour Law*（Edward Elgar Publishing 2012）, p.223.

59　Case 284/83 *Dansk Metalarbejderforbund and Specialarbejderforbundet i Danmark v H. Nielsen & Søn, Maskinfabrik A/S, in liquidation* EU:C:1985:61, para.14.

見する黙示の義務の存在を認めなかった。というのも、本指令は集団的整理解雇の計画自体を義務付けているわけではない（計画がある場合の協議等を義務付けるに過ぎない）から、使用者が有している自由（集団的整理解雇を行うのかどうか、行うとすればいつ行うのか）に対して影響を与えるものでないし[60]、本指令旧1条2項が、判決によって事業活動が消滅する場合を本指令の適用範囲から除外していることと矛盾するからである[61]。このことから、本指令は、放漫経営が行われている場合、労働者が関与することで経営再建の方向性等を見出せる可能性があるにもかかわらず、当該使用者に対して、協議義務等を課すことができないという限界を有しているとの批判がなされている[62]。

　以上のように、CJEU の判断によれば、協議義務は、解雇が既決事項となった後で生じたとしても解雇回避という目的を達成することはできないのであるから、それよりも以前の早期の段階で、解雇が直接的な選択肢となっていなくとも、これを強いるような経営上の意思決定がなされた段階で直ちに生じるものであるとされている。

2．協議事項

　本指令によれば、協議義務の履行として認められるためには、少なくとも、①集団的整理解雇を避け、又は、影響を受ける労働者数を減らす方法及び手段、並びに、②とりわけ、解雇対象労働者の再配置（redeploying）又は再訓練（retraining）のための支援を目的とした付随的な社会的措置（accompanying social measures）をとることによって集団的整理解雇の結果を緩和する方法及び手段の二つを協議対象に含めなければならない（2条2項）。

　ここで、集団的整理解雇を避ける方法及び手段が初めに規定されていることは、本指令の起草者が、整理解雇が起こることを前提とはしておらず、少

---

60 *Ibid.*, para.15.
61 *Ibid.*, para.16. もっとも、裁判所の決定で事業が終了する場合の適用除外は1992年に改正されている。
62 Catherine Barnard, *supra* note 36, p.637.

なくとも、解雇を避けることが被解雇者に権利を付与するのと同等の重要性を有していると考えたことを示唆していると分析されている[63]。

(1) 解雇回避策について

集団的整理解雇を回避する方法を検討する際には、経営事項についても協議が必要か否かという点が問題となる。すなわち、解雇を根本的に回避するためには、解雇計画そのものについて協議するだけでは足りず、経営上の事項についても協議対象としたうえで、再建策等を具体的に議論する必要性があるが、その一方で、使用者の経営上の裁量（これはEU基本権憲章16条の保護する事業活動の自由の一内容を成す）に対する過度の干渉も避けなければならない[64]。この問題について、CJEUが直接的に判断した事例は存在しないものの、UK Coal Mining Ltd v National Union of Mineworkers (Northumberland Area) and another 事件[65]において、イギリスの雇用上訴審判所が、EU法適合解釈を行った。

(a) 国内法（イギリス法）の概要

イギリスにおいては、本指令を国内実施する制定法として、1992年労働組合・労働関係（統合）法（Trade Union and Labour Relations (Consolidation) Act 1992）が定められている。その188条[66]において、労働者代表との協議義務が定められている。すなわち、使用者が、一つの事業所（establishment）において、90日以内に剰員整理として20人以上を解雇することを提案しようとしている（is proposing）場合、使用者は、提案された解雇によって影響を受けうる全被用者、又は、当該解雇に関連して採用される措置によって影響を受けうる全被用者の適切な代表者全員と、当該解雇について協議するものとするとされている（1項）。

---

[63] *Ibid.*, at p.638.

[64] Case C-201/15 *Anonymi Geniki Etairia Tsimenton Iraklis (AGET Iraklis) v Ypourgos Ergasias, Koinonikis Asfalisis kai Koinonikis Allilengyis* EU:C:2016:972.

[65] UK Coal Mining Ltd v National Union of Mineworkers (Northumberland Area) and another [2008] ICR 163（EAT）.

[66] 本条は、1999年集団的剰員整理・営業譲渡（雇用保護）（修正）規則（Collective Redundancies and Transfer of Under-takings (Protection of Employment) (Amendment) Regulations 1999 S.I. 1999/1925）によって修正がなされている。本書ではこの修正版の条文に準拠する。

そして、協議対象については、解雇を回避する方法（188条2項a号）、被解雇被用者数を減少させる方法（同b号）、及び、解雇の結果を緩和する方法（同c号）の三つが法定されている。これらについて、使用者は、適切な代表者との間で、合意に達する目的を持って（with a view to reach agreement）協議しなければならない（188条2項）。

加えて、協議の前提となる情報を提供する義務も定められている（188条4項）。すなわち、使用者は、書面にて、提案理由（a号）、提案されている解雇の対象となる被用者の人数及び種類（b号）、当該事業所において雇用されているそのような種類の被用者の総数（c号）、被解雇被用者の選定理由（d号）、解雇が効力を生じる期間を含め、合意された全ての手続を十分に考慮した解雇の実施方法（e号）、並びに、解雇手当の計算方法（f号）についての情報を代表者に対して提供しなければならない。

(b) 事実の概要

使用者は、Ellington Colliery 炭鉱（以下本件炭鉱）を有しており、329名の被用者を雇用していた。本件炭鉱は、財政問題に直面する等の困難に見舞われてきたが、運営コストを最小限に抑える等してなんとか運営を続けていた。

2005年1月12日に大量の地下水が採掘面から浸水して運営の継続が困難となったことを受けて、使用者は、安全上の理由により本件炭鉱を閉鎖するつもりであることを労働組合に対して通知した。これに伴って集団的な整理解雇が必要となることから、労使間で協議が開かれた。

この協議において、組合側は、水門学者による本件炭鉱の安全性に関する報告書を含め、関連する資料の提出を求めたが、使用者側が応じることはなかった。その後も、複数回協議が行われたが、安全上の問題はなく、運営の再開が可能であるとする組合側と、安全上の理由から本件炭鉱は閉鎖するしかないとする使用者との間の議論は平行線を辿った[67]。組合側としては、も

---

67 組合側は、独自に専門家に依頼して調査したうえで、ポンプによる排水を行い、浸水によって故障した機械を修理する等すれば数ヶ月後には運営を再開でき、そのための費用についても政府から資金提供を受けることができると主張したりもしたが、使用者に聞き入れられることはなかった。

ともと厳しい財政状態にあったにもかかわらず浸水原因の特定や機械の修理等に多大なコストが必要となるところ、閉鎖の本当の理由は経済的問題にあるのではないかとの疑問を抱いていた。

そして、閉鎖理由についての実質的な協議が行われないまま、同年2月26日に、使用者は、158名の集団的整理解雇を実施した。

これを受けて、組合側は、雇用審判所に対して、使用者が協議・情報提供に関する法定の義務を履行していないとの申立てを行った。これに対して、使用者は、本件炭鉱の閉鎖は協議対象には含まれないから協議義務に違反するものではなく、また、情報提供は協議を円滑にするためのものであるから、閉鎖について虚偽の情報を与えたとしても、これはそもそも協議対象に含まれない事項についてのものであるから情報提供義務にも違反しないと主張した。しかしながら、雇用審判所は、閉鎖は協議対象には該当しないものの、解雇理由の一環として閉鎖理由に関する情報提供が必要であるとして、使用者の主張を退けた。これに対して、使用者が上訴するとともに、組合側も閉鎖が協議の対象外とされた点について交差上訴（cross appeal）した。

(c) 審判要旨

労働組合は、事業所を閉鎖するという決定を議論の埒外に置いてしまうと、整理解雇を回避する方法についての協議義務を形骸化したものにしてしまうと主張している。そのうえ、組合が疑問に感じているのは、閉鎖についての協議が存在し得ないとすると、提案された解雇の理由が事業所の閉鎖であるとの情報提供の意義はどこにあるのかという点である。労働組合は、本指令2条2項が適切に国内法化されていれば、事業所の閉鎖についての協議が必要であると主張している（使用者側もこの点は厳密には争っていない）。そのうえで、組合は、このことは、先例が解雇回避策についての協議義務はなく解雇そのものについてのみ協議すれば足りると判断していることから、国内法の解釈に十分に写し取られていないと主張している。

これに対して、使用者側は、使用者の義務が解雇回避についての協議にまで及ぶとしても、これは閉鎖理由についての義務を認めるものではないと主張している。というのも、本指令2条2項所定のEU法上の協議義務が解雇の計画された（contemplated）段階で生じるのに対して、イギリス法上の協

議義務は、解雇が提案された（proposed）状況下に限定されているからである。使用者側は、この違いは、単に協議義務の発生時点に影響するだけでなく、協議義務の範囲そのものにも影響を与えると主張している。計画されたとは何を指すのかという点に焦点を当てることは広範囲にわたる協議対象事項を認めることになる。

　我々は、組合の主張を受け入れる。EU法のもとにおいては本指令2条2項所定の義務が工場を閉鎖するという決定について協議することを必要としていると判断した先例が正しいことは疑いの余地がない。さらに、被用者の情報提供及び協議に関する規則[68]において事業の経済状況も含めてあらゆる種類の経営上の決定についての極めて広範な協議義務が課されていることを考慮すれば（同規則20条1項）、雇用の喪失に直面するまさにその場面で、協議義務が認められないのは奇妙である。集団的整理解雇が行われる場面で188条が適用されれば、このような極めて広範な協議義務が認められなくなるが（同規則20条5項）、ここで本指令上の義務の範囲がより限定的であるとしてしまうというのは奇想天外である。これでは、被用者の利益が最も決定的に関係するまさにその局面で協議義務が存在しないということを意味してしまう。

　しかしながら、問題は、188条にそのような結果を達成するための効果を付与することが可能かどうかである。一つの方法としては、「提案された」を「計画された」という意味に解することが挙げられる。この解釈は、国内法を本指令と完全に同列に置くものである。しかしながら、先例は、この解釈が、EU法に適合的に法解釈を行うための寛大な射程を有している点を考慮してもなお、（国内法解釈としての）適法性の限界を超えるものであるとの見解を示してきた。結論については以下で検討するが、まさに表現の問題にすぎない場合、国内裁判所が、これらの確立された（EU法についての）解釈から離れることは誤りである可能性がある。

　ここでの問題は、「提案された（proposed）」を「計画された（contemplated）」と解釈する場合の文言上の限界が、解雇につながるような

---

68 The Information and Consultation of Employees Regulations 2004（S.I. 2004/3426）.

94 第2編 EU労働法分野における被用者の経営関与制度

閉鎖についてまで、協議義務を拡張することを妨げるのかどうかであるが、我々は妨げるものではないと解する。閉鎖によって解雇が不可避的に又はほとんど不可避的生じると認められる場合には、閉鎖が提案された段階で解雇は提案されている。「提案された」と「計画された」という文言の違いが協議義務の発生時点に影響するものであるところ、協議義務は、閉鎖が一つの可能性として議論の余地を残している段階ではなく、暫定的なものであれ明確な意思として決定された段階で生じる。

しかしながら、提案された整理解雇の回避についての協議義務は、不可避的に、解雇理由についても協議することを要求する。その次には、閉鎖理由についての協議も要求される。もちろん、厳密には、協議対象となるのは、閉鎖そのものでなく、提案された解雇である。したがって、使用者が閉鎖を計画しているものの、解雇は回避されると考えている場合には、閉鎖の決定自体について協議することは必要とされていない。もっとも、閉鎖の文脈においては、このような状況はかなり例外的である可能性が高い。閉鎖と解雇が相互に密接に関連している場合、閉鎖理由についての協議義務は生じることになる。

(d) 分析

本判決は、解雇の決定そのものについてだけでなく、その原因となった経営上の意思決定（＝事業所の閉鎖）についても協議対象になると判断した。これにより、使用者には、閉鎖の経営上の合理性も含めて協議する義務が生じ、その帰趨によっては、閉鎖という決定そのものの撤回を余儀なくされる可能性もあることから、実務上の影響が大きいと分析されている[69]。

このような解釈の理由としては、EU法適合解釈も含め、次の三点が挙げられている。

第一に、協議義務形骸化の危険性について。本指令・イギリス法ともに、明文上、解雇回避策が協議対象として挙げられている。この点、解雇を本質的に回避するためには、事業所の閉鎖等といった解雇の原因となっている事

---

69 Anonymous, *'EAT delivers landmark collective redundancies ruling'* (2007) 841 IDS Employment Law Brief 2, p.2.

項について協議する必要があり、解雇が既決事項となったのちに策定される解雇計画について協議するだけでは、解雇の影響を緩和するだけで解雇そのものを回避するまでには至らない。そこで、本判決においては、労使間協議を実質的なものとするために、原因事項についても協議を要すると判断された。

　この判断は、情報提供義務の対象に解雇理由が含まれている点からも支持されている。すなわち、情報提供が協議の場で建設的な提案を行うための前提となるところ、ここで解雇理由についての情報提供が必要とされるのであれば、この情報を協議の段階において活用することが予定されていると理解するのが条文構造に適合的と解されるのである。

　第二に、被用者の情報提供及び協議に関する規則との比較について。同規則は、EU法である一般労使協議指令[70]をイギリスにおいて国内実施するために制定されたものである。ここでは、解雇等の特定の文脈ではなく、より一般的な文脈における協議・情報提供義務が課せられている（20条1項b号参照）。この規則は、協議等に関する一般法として位置付けられているため、本指令が適用される集団的整理解雇の場面においては適用が除外される（20条5項）。

　したがって、解雇法制において原因事項が協議の対象外とされてしまうと、平常時には同規則によって事業所の閉鎖等も含めた経営上の意思決定について広く協議義務が発生するのに対して、雇用が脅かされる解雇の場面においては、協議すべき経営事項が特定できているにもかかわらず、協議義務が生じないことになる。これでは、特別法に位置する整理解雇法制が、一般法よりも弱い手続的保障しか認めていないということになり、上記の一般法・特別法という規範体型に適合的とは言えない。このような事態を避けるためには、解雇の原因となった特定の経営事項についての協議義務を認める必要がある。

---

[70] Directive 2002/14/EC of the European Parliament and of the Council of 11 March 2002 establishing a general framework for informing and consulting employees in the European Community [2002] OJ L 80/29.

96 第2編　EU労働法分野における被用者の経営関与制度

　第三に、EU法との適合性の観点について。先例においては、「（本指令が、）ある特定の事業所を閉鎖しないことによって整理解雇を回避する方法についての協議を含意している」として、EU法上、事業所の閉鎖という経営上の意思決定も協議対象に含まれるという見解が示されていた[71]。もっとも、結論としては、「（適合解釈の前提となる）本指令の正確な意味内容についてのCJEUの判断が存在しない」としたうえで、国内法の文言解釈上の限界から、解雇そのものについて協議義務が発生するに過ぎないと判断し、事業所の閉鎖については協議対象としなかった。その後も協議対象についてCJEUの判断は示されておらず、最近までこの先例の判断が踏襲されていた。しかしながら、その後、対象事項そのものについてではないものの、義務の発生時点に関するJunk v kühnel事件が登場した。そこで、本判決は、協議義務の発生時点に関する判断が、協議対象の範囲にも影響しうるとしたうえで、これを判断の前提としている。ここでは解雇が既決事項となる前の段階で協議義務が発生するとされていたところ、その理由として、解雇回避のために実質的な協議がなされなければならないという点が挙げられていた。このような協議を行うためには、解雇措置そのものを対象とするだけでは不十分であるので、EU法に対する適合性を確保する観点からは、経営上の原因事項についても協議する必要性が生じる[72]。このように、本判決は、EU法適合解釈を行うことで、閉鎖といった経営事項についても協議義務が生じると判断するものと解される。

　もっとも、イギリス法においては、国内法化の際に、指令中の「計画する（contemplate）」という文言ではなく「提案する（propose）」という文言を使用しており、字義の上では後者が前者よりも後の時点を指すことから、文言解釈上はこのような判断が難しいという特有の状況が存在する。先例においてはこの限界に照らして原因事項が協議対象から外されていたが、本判決は、解雇を不可避的に伴うのであれば、閉鎖等の経営決定がなされた時点で

---

[71] Regina v British Coal Corporation and Another［1993］ICR 720, p.752.

[72] Stuart Neilson, 'The extent of the obligation to consult about the reason for redundancies' (2007) 82 Emp.L.B 7, p.8.

解雇も同時に決定されていると評価することで、文言解釈上の問題を回避している。それ故、閉鎖全てが一般的に協議対象となるのでなく、解雇を伴わない閉鎖については協議義務が発生しないことになる。ここに本判決の限界があるが、本判決は、事業所を閉鎖するにもかかわらず人員整理が伴わないような場合は極めて例外的であるとして、閉鎖についての協議義務が原則的に生じると判断し、労働者代表が使用者の経営判断に関与する余地を広く認める解釈論を展開している。

　以上のように、本判決は、協議義務の形骸化の防止、協議に関する規範体系及びEU法適合解釈といった三つの観点から考察を行ったうえで、整理解雇の場面における協議の対象として、事業所の閉鎖といった経営事項も含まれると結論付けた。この判断は、事業所の閉鎖以外にも広く妥当するものであると解されており、たとえ経営事項であったとしても、解雇の原因となるものであれば、協議義務が課せられることになる[73]。

(2) 解雇の影響の緩和策について

　本指令においては、解雇を回避することができない場合であっても、その影響を緩和する方策について協議することが要求されている。ここで想定されるものとしては、金銭的な補償を行うことや再就職を支援すること等が挙げられる。これは、ドイツにおける社会計画（Sozialplan）[74]を参考にしたものであると分析されている[75]。

　これにより、被解雇者の利益は一定程度保護されることになるが、雇用を喪失するという点で、依然として重大な不利益が残されることになる。指令上、解雇回避についての協議が一次的なものであり、解雇を前提とする緩和策についての協議は二次的なものであるとされている点に留意しなければならない。

---

[73] Hugh Collins et al., *Labour Law*（Cambridge University Press 2012）, p.613.
[74] ドイツにおける社会計画制度については、山本陽大『解雇の金銭解決制度に関する研究——その基礎と構造をめぐる日・独比較法的考察』（労働政策研究・研修機構、2021年）230頁以下等参照。
[75] Catherine Barnard, *supra* note 36, p.638.

98　第2編　EU労働法分野における被用者の経営関与制度

3．労働者代表概念

　労使関係をどのように構築するかについては各国の政策や慣行等に依存して様々なものが想定されるところ、本指令は、協議・情報提供の相手方となる労働者代表（workers representatives）の定義付けを加盟国の裁量に委ねている（1条1項b号）。

　この点、EUにおいては、労働組合のみを念頭に置いたシングル・チャンネルの労使関係システムを採用する国もあれば、労働組合に加えて従業員代表を制度化するデュアル・チャンネルのものを導入する国も存在し[76]、本指令は、EU法として、このような多様性を許容する制度設計となっている。

(1) 加盟国の裁量の限界

　もっとも、労働者代表概念についての加盟国の裁量には、Commission v UK事件[77]において、CJEUによる一定の限界が設けられている。

(a) イギリス法・事件の背景

　イギリスにおいては、伝統的に、労使自治が重視され、政府による立法介入は最小限度に抑えられてきた経緯があり、労使関係の自主性・任意性が強調されてきた（集団的自由放任主義（collective laissez-faire））[78]。

　この伝統から、当時のイギリス法のもとにおいて、協約を締結するためには、使用者が団体交渉の当事者としてふさわしいと考える団体に対してのみ与える「承認（recognition）」が必要とされている。

　このような伝統のもと、イギリスにおいては、前述の通り、集団的解雇指令を国内実施する制定法として、1992年労働組合・労働関係（統合）法（Trade Union and Labour Relations（Consolidation）Act 1992）が定められており、その188条で、労働者代表との協議・情報提供義務が定められている。

　ここでも、集団的自由放任主義の伝統から、使用者によって承認された労

---

76 EUにおける労使関係の多様性の概要については、濱口桂一郎「EU及びEU諸国の従業員代表制」Int'lecowk：国際経済労働研究68巻4号（2013年）13頁以下等参照。

77 Case C-383/92 *Commission v United Kingdom* EU:C:1994:234.

78 イギリスの労使関係の特質については、小宮文人『現代イギリス雇用法』（信山社、2006年）306頁以下等参照。

働組合のみを協議・情報提供の相手方としていた。それ故、承認組合が存在しない場合には、指令に定められている協議・情報提供が行われないということになる。

これに対して、欧州委員会は、イギリス法が協議・情報提供義務の範囲を狭めるものであって、指令の国内法化として適切とはいえないのではないかという疑問を抱き、CJEU の判断を仰ぐことにした。

(b) CJEU の判断の要旨

本指令 1 条 1 項 b 号の定めるところによれば、「労働者代表」という文言は、加盟国の国内法又は国内慣行によって定義が与えられるものである。

欧州委員会は、イギリスは、使用者が承認を拒絶した場合に、企業における労働者代表を指定する仕組みを定めておらず、本指令 2 条及び 3 条所定の義務の履行に成功していないと主張している。(これらの規定を)を実効性のあるものにする観点からすれば、加盟国は、特段の事情がない限り、労働者代表が企業において指定されることを確保するためのあらゆる措置を講じなければならず、これに失敗すれば、本指令所定の情報提供義務及び協議義務は履行されたとはいえない。委員会は、使用者が(承認についての)合意に至っていない場合に、企業における労働者代表の指定を妨げることで、イギリスがこのような要請を満たすことに成功していないと主張している。

イギリスは、伝統的に、企業における労働者代表が、使用者による自主的な労働組合の承認を基礎としていることから、労働組合を承認していない使用者は、指令所定の義務に従わないことになると認めている。イギリスは、本指令が、労働者代表の指定に関する国内法や慣習を修正する意図を有するものではないと主張している。また、イギリスは、指令の役割が集団的整理解雇における労働者保護に関するルールについての部分的な調和に限定されており、加盟国に対して、指令所定の義務に従うために、特定の労働者代表制度を設けることを要請するものではないと主張している。

(CJEU としては、)イギリスの主張は、受け入れることができない。

集団的整理解雇に対して適用されるルールを調和させることで、(EU 法は)異なる加盟国間において労働者の権利を同等程度に保護すること、及び、(EU レベルの)企業に対して、そのような保護ルールが生じさせるコスト

を調和させることの両方を意図している。

そのため、2条及び3条2項は、計画された集団的整理解雇、及び、被解雇者の人数や整理解雇の影響を減少させる可能性について、情報提供及び協議を行わなければならないという原則を定めている。

6条1項によれば、加盟国の…（国内法転換期限は）2年であるとされている。

イギリスの主張に反して、1条1項b号は、2条及び3条2項の解釈について、いかなる疑問をも呈するものではない。1条1項b号は、労働者代表の指定について、加盟国内で実施されている法制度へ単純に回帰することを認めるものではない。この規定は、加盟国に対して、2条及び3条2項所定の集団的整理解雇手続に参加しなければならない労働者代表を指定する仕組みを当該加盟国の事情に応じて決定するという役割のみを与えるものである。

イギリスの提示した解釈論は、加盟国に対して、国内法上、労働者代表が指定されている企業においてのみ、労働者代表が情報提供・協議を受けることを可能とすることから、加盟国が、労働者代表に対して情報提供・協議義務の実施されうる状況を決定することを認めるということになる。このような解釈により、加盟国は、2条及び3条2項の完全な効力を奪ってしまうことになるだろう。

CJEUは、かねてより、指令によって労働者に対して無条件に保障されている保護を妨げうる国内法が（EU法に）反すると判断してきたのである。

また、イギリスは、本指令が、加盟国に対して、国内法上の理由により企業が労働者代表を有していない場合にまで、指令の要求を満たすという目的のみで、労働者代表の特定の仕組みを定めることを要求しているわけではないと主張する。

確かに、本指令がそのような事態に対処するための規定を明文で有していないことは事実であるが、このことは、労働者が情報提供・協議を受けることで、自らの代表を通じて集団的整理解雇に関与する地位にあることを確保するために必要な全ての措置を取ることを加盟国に対して要請している2条、3条及び6条の効果に関係するものではない。

最後に、イギリスは、本指令が、労働者保護ルールの部分的に調和させる

のみであり、労働者代表についての国内法を修正することを要求するものではないとの事実に依拠することはできない。

確かに、本指令は、集団的整理解雇における労働者保護のルールの部分的な調和のみを行うものであるから企業における労働者代表のシステムの完全な調和をもたらすものではない。しかしながら、このような調和の制限的な特徴は、指令の規定、特に2条と3条から、実効性を奪うものではない。とりわけ、このことは、加盟国が、2条及び3条所定の義務に従うという観点から、労働者代表が指定されることを確保するための全ての適切な措置を取ることを妨げうるものではない。

イギリスは、使用者が当該企業において労働者代表を拒絶している場合において、集団的整理解雇によって影響を受ける労働者が2条及び3条所定の保護を享受できないことを認めてしまっている。

以上の検討から、使用者が2条及び3条所定の労働者保護を反故にできるようなイギリス法の規定は、これらの規定に反するものと認められる。

(c) 分析

本判決は、EU法への適合性の観点から、イギリスの伝統的な労使システムの修正を迫るものであり、大きな影響力を有している。

イギリスは、集団的自由放任主義の伝統から、労働組合が主体となるシングル・チャンネルの労使関係システムを採用していた。ここでは、使用者が承認した組合のみが協議・情報提供の相手型になるので、承認組合が存在しない場合には、これらを受ける労働者代表が存在しないことになってしまう。これでは、本質的には集団的性格を有しているにもかかわらず、使用者が自発的に承認を与えた労働組合でないことのみを理由として労働者代表該当性を否定できてしまうことになるので、本指令には適合しないと判断された。

もちろん、指令は、国内法化を通じて国内実施されることを予定するものであり、各加盟国法の多様性を一定程度認めているというのも事実であるが、CJEUは、加盟国は、指令の目的を達成するためのあらゆる措置を講じる義務を負っているのであり、国内法転換期限が過ぎているにもかかわらず、その目的の達成が危ぶまれるような規定を放置することは許されないとした[79]。

ここで留意されるべきは、CJEUが、組合のみのシングル・チャンネルの

102 第2編　EU労働法分野における被用者の経営関与制度

労使関係システム自体ではなく、使用者が協議の相手方を指定できるという
イギリスに特有の自主的承認制度の仕組みに限って否定的な立場を示したと
いう点である。したがって、大陸型の二元的労使関係を採らなくとも、適切
な労働組合に承認を与えることを強制する法制度を導入することで、EU法
への適合性を肯定しうると解されている[80]。しかしながら、イギリスは、非
承認組合に対して（当該組合からの請求もないのに）必ず承認を与えなけれ
ばならないとする制度を導入するのではなく、解雇の局面に限定してad
hocベースで選出される被用者代表制度を導入することで、労使関係におけ
る自主性に配慮しつつ、EU法への適合性を確保する方途を採用した[81]。そ
の経緯は次の通りである[82]。

　まず、1995年集団的剰員整理・営業譲渡（雇用保護）（修正）規則
（Collective Redundancies and Transfer of Under-takings（Protection of
Employment）（Amendment）Regulations 1995）が制定され、協議の相手
方となる労働者代表に関する法改正が行われた。ここでは、「適切な代表
（appropriate representatives）」という文言を用いたうえで、協議の相手方
として、承認組合に加えて、被用者代表の存在が認められた。もっとも、こ
の1995年法においては、協議の相手方として承認組合と被用者代表のいずれ
が選ばれるのかについて、使用者の裁量が認められていたところ、全国規模
の労働組合が、承認組合が存在しているにもかかわらず、被用者代表を選ん
で協議できるとすることは組合を軽視するものであるとして反対の立場を示
していた。

　その後、1999年集団的剰員整理・営業譲渡（雇用保護）（修正）規則

---

79 同様の視点は、男女間における賃金平等を実現するための国内法の整備が問題となった事例
（Case 61/81 *Commission v United Kingdom* EU:C:1982:258）において既に示されており、本件も
このような先例を引用して判断を行っている。

80 Paul Davies, '*A Challenge to Single Channel?*' (1994) 23 ILJ 272, p.277.

81 *See* Paul Davies and Claire Kilpatrick, '*UK Worker Representation After Single Channel*'
(2004) 33 ILJ 121, p.42.

82 本判決を受けてイギリスが被用者代表制度を導入するに至った経緯やその内容について詳細に
検討する先行研究として、唐津博「整理解雇と使用者の法廷協議義務（二）」南山法学25巻2号
（2001年）57頁以下。

（Collective Redundancies and Transfer of Under-takings（Protection of Employment）（Amendment）Regulations 1999）が制定され、この構造に修正が施された。すなわち、使用者はまずもって承認組合と協議しなければならず、被用者代表を協議の相手方として選択できるのはこれが存在しない場合に限られるとして、組合優位の制度に改められた。このように、被用者代表制度の導入はEU法という外圧を受けてのものであったが、指令の実効性が保たれている限りで、イギリスは、自らの裁量により、国内の議論に基づいて労使関係システムを構築することができた。

　以上のように、本指令上、労働者代表の定義付けについては、各加盟国の法的伝統や慣行等による多様性が許容されているものの、使用者の一存により協議・情報提供義務の範囲が限定されてしまうような立法がなされた場合には、裁量を逸脱するものとして、指令に違反するとの評価がなされる。

(2) 被解雇者個人との間の協議・情報提供

　本指令は、協議・情報提供の相手方として労働者代表を選定し、労使間での利益調整を集団的に行うことを企図している。もっとも、労働者代表に所属する全ての労働者が解雇されるとは限らないところ、当該労働者代表における被解雇者の構成比率が低い場合等には、一部の者に不利益が遍在する可能性もあるので、被解雇者個人との協議・情報提供が重要となりうる。

　この点に関して、Mono Car v Dervis Odemis[83]事件において、CJEUの判断が示されている。

　問題となったベルギー法においては、情報提供・協議の相手方として、一次的に企業審議会（conseil d'entreprise）における従業員代表が、これが存在しない場合に二次的に組合代表が、これが存在しない場合に三次的に労働者個人が定められていた。そのうえで、被解雇労働者は、従業員代表や組合代表が30日以内に使用者に対して手続違反を主張しなかった場合には、集団的な情報提供・協議手続に違反があることを主張できなくなるとされていた。手続違反の効果としては、予告期間の停止や労働者の復職が定められている。

　このような規定のもと、経営難による会社解散に伴って集団的整理解雇を

83　Case C-12/08 *Mono Car Styling SA v Dervis Odemis and Others* EU:C:2009:24.

実施しようとしている使用者に関して、情報提供・協議手続の適法性が問題となった事例が生じた。具体的には、従業員代表が存在するにもかかわらず、これに対する書面による情報提供・協議を行わないまま、組合代表との間で、解雇の影響の緩和策を合意したというものであった。この合意の内容を不服とする一部の被解雇労働者は、手続違反を理由として復職を求めるとともに、これにより生じた損害の賠償を請求した。しかしながら、上記の通り、従業員代表や組合代表が一定期間内に手続違反を主張しなかった場合には、労働者個人が手続違反を主張できないとなっていることから、国内裁判所は、この事件を審理する前提として、このような労働者個人の請求を制限する規定がEU法に適合するかについて、先決付託を行った。

　CJEUは、本指令の国内実施にあたって加盟国には裁量が認められるとしながらも、前述のCommission v UK事件を引用し、これには指令の実効性確保の観点から限界があるとした。そのうえで、本指令の各規定においては労働者個人ではなく労働者代表という文言が用いられているという文言解釈や、解雇回避策や緩和策について建設的な立案を可能にしたり、監督機関に対して意見を表明したりすることを可能にする限りにおいて、労働者代表こそが指令の目的を達成するための最適な手段であるという目的論的解釈[84]を根拠に、本指令所定の協議義務等は労働者代表のためのものであって、労働者個人のためのものではないと判断した。したがって、労働者個人に対して協議等が行われなかったからといって、本指令上の義務に違反したことにはならない（＝本指令は個人レベルでの権利を保障するものではない）。もっとも、本件で問題となっているのは、あくまでも、個人に対して協議等が実施されなかったことではなく、労働者集団に対する集団的な手続が適法かどうかである。この点を捉えて、CJEUは、本指令上、労働者個人が（個人に対する手続違反ではなく）労働者代表に対する手続違反について主張することについて制限を設けることは合理的でないとして、上記国内法のような出訴制限が本指令に適合するとはいえない旨を判断した。

---

84 EU法の解釈方法については、Koen Lenaerts and Josérrez-Fons, *To say What the Law of the EU Is: Methods of Interpretation and the European Court of Justice*（EUI AEL: 2013/09）参照。

ここでは、被解雇労働者個人に対する情報提供・協議が認められているわけではないので、不利益性の偏在について根本的な対処が可能になっているとは言い切れない。しかしながら、一部の者に不利益の大きい内容が適切な集団的手続を遵守せずに合意された場合には、当該集団的手続違反について労働者個人が主張を行うことが可能となっており、労働者利益が集団的に適切に反映されているかという問題について一定の対処がなされていると言えなくもないだろう。

4．合意に達する目的の保持

本指令によれば、使用者は、合意に達する目的を持って（with a view to reaching an agreement）、協議しなければならないとされている。

ここでは、使用者に対して、合意に達することを強制しているわけではなく、あくまでも交渉（negotiation）を義務付けているに過ぎないものとされている[85]。

というのも、使用者は自らが最善であると判断する経営手段を講じる一般的な権限を有しているので[86]、本指令は手続的性質を有するいくつかの制約を設けるに留まっており、実体的な観点から企業がその業務を決定する方式を制限することを目的としていないからである[87]。本指令は、あくまでも、使用者が整理解雇を行う自由に対して直接的に影響を及ぼすものではない[88]。

もっとも、このように協議義務を誠実に交渉する義務であると解するとなれば、通常の団体交渉との外延が不明確になってしまうが、両者には次のような差異が存在すると指摘されている[89]。すなわち、本指令が定める協議手続においては、使用者が義務的に労働者代表に対して協議を行わなければならないことから、使用者の一方的な経営裁量を事前に必然的に縮減するのに

---

[85] Case C-188/03 *Irmtraud Junk v Wolfgang Kühnel* EU:C:2005:59.

[86] Case C-449/93 *Rockfon A/S v Specialarbejderforbundet i Danmark* EU:C:1995:420, para.21.

[87] Opinion of AG Mengozzi in Case C-12/08 *Mono Car Styling SA v Dervis Odemis and Others* EU:C:2009:24, para.37.

[88] Case 284/83 *Dansk Metalarbejderforbund and Specialarbejderforbundet i Danmark v H. Nielsen & Søn, Maskinfabrik A/S, in liquidation* EU:C:1985:61, para10.

[89] Filip Dorssemont［2006］Common Market Law Review 225（note）, p.238.

対して、団体交渉は労働協約の締結を目的とするものであり、申し入れられる事項によっては経営裁量に属する事項を交渉のテーブルに移行させるが、それは必然的なものではないという違いがある。

加えて、協議を団体交渉と同一視してしまうと、協議を受ける従業員代表等と団体交渉を行う労働組合との間で競合関係が生じてしまうという不都合性も生じうるが、このような競合を認めることは、労働者代表制や情報提供・協議制度が労働組合を弱体化させる手段として用いられてはならないとするILO条約[90]に反する結果となり妥当ではないと分析されている[91]。

以上のように、本指令に定められている協議義務は、通常の団体交渉とは異なるものであることを前提としたうえで、使用者が労働者代表と誠実に交渉する義務を意味すると解されている。

第2款　情報提供義務

本指令は、協議手続において労働者代表が建設的な提案を行えるようにするために、使用者に対して情報提供義務を課している（2条3項）。労使間で経営事項について協議する際には、その前提として判断材料となる情報が必要であるが、これは業務執行を行っている使用者に遍在している場合が多く、労働者側には情報へのアクセスという点で不利な状況が存する。そこで、このような情報格差を是正し、協議手続を実効的なものとするためにこの義務が定められている。

具体的に、使用者は、（ⅰ）計画されている整理解雇の理由、（ⅱ）被解雇労働者の数と種類、（ⅲ）常時雇用されている労働者の数と種類、（ⅳ）計画されている整理解雇の効果が生じる期間、（ⅴ）被解雇労働者の選定基準（国内法及び／又は慣行が使用者に与えている権限の限りにおけるもの）、（ⅵ）全ての解雇手当を計算する方法（国内法及び／又は慣行から生じるもの以外）について、関連全ての情報を、適時に、書面にて、労働者代表に提供しなければならない。これにより、情報格差が是正され、労働者代表は、

90　ILO条約135号5条、ILO条約154号3条、ILO勧告94号及び113号参照。

91　Filip Dorssemont, *supra* note 89, p.239.

第3章 特別法①──EU 集団的整理解雇指令における被用者関与制度 107

協議に必要な情報が記された書面をもとにして協議に臨むことができるように
なる。

　ここで、提供されるべき情報の内容については明文で具体的に定められて
いるものの、これらが協議手続のどの段階で提供されるのかについては「適
時に」といった抽象的な文言でしか定められておらず、解釈問題が生じる。
この点、一方では、情報提供が協議の前提となる以上、協議手続の開始時点
で全ての情報が提供されるのが望ましいと思われるが、他方で、協議の進展
に応じて解雇者の数や解雇基準等が変動する場合も想定され、開始段階での
情報提供が難しい場面も想定される。

　この点について問題となった事例において、CJEU は、2条3項b号所定
の情報が協議手続の開始段階で全て提供される必要はなく、その終了までに
提供されれば足りるとの判断を示している[92]。その理由としては、第一に、
上記情報が手続の開始時点で全て利用可能になるのではなく、手続の進展に
合わせて、様々な段階においてのみ利用可能になることから、使用者は、手
続の全体を通して情報を追加して行かざるを得ない点が挙げられ、第二に、
労働者代表が協議手続に可能な限り十分かつ効果的に参加できるようにする
という本規定の目的を実現するためには、新しい情報が手続の終了までに提
供されることで足りるという点が挙げられており、このような柔軟性が情報
提供義務を考察するうえで重要なものとして扱われている[93]。この点を捉え
て、学説においては、本指令上の情報義務は動態的なものであり、協議の開
始・進展の過程で、刻々とその具体的内容が変容するものとされている[94]。

　最後に、本義務の履行に瑕疵があるか否かは、協議義務の履行の適法性に
も影響しうる。すなわち、本指令を実施する国内法が問題となった事例にお
いて、虚偽の情報を提供することによって本義務に違反すれば、労働者代表

---

[92] C-44/08 *Akavan Erityisalojen Keskusliitto AEK ry and Others v Fujitsu Siemens Computers Oy* EU:C:2009:533, para.53.

[93] Opinion of AG Mengozzi in C-44/08 *Akavan Erityisalojen Keskusliitto AEK ry and Others v Fujitsu Siemens Computers Oy* EU:C:2009:241, paras.64-65.

[94] R. Resch, ZESAR 2010, 35-43（Anmerkung）, S.42; Spelge, EuArbRK, 5. Aufl. 2024, RL 98/59/EG Art. 2 Rn..38.

108 第2編 EU労働法分野における被用者の経営関与制度

が建設的な提案を行うことが困難となることから、協議手続の適法性にも瑕疵が生じうるという判断が見られる[95]。具体的には、使用者が事業所の閉鎖を理由として解雇を行う場合に、その閉鎖が実際は経済上の理由によるにもかかわらず、安全上の理由によるものであるとの虚偽の情報を提供して本義務に違反すれば、労働者代表が建設的な提案を行うことが困難となるので、協議義務の履行についても適法性が否定される（＝協議義務の履行とは認められない）ことになる。それも、真実の情報が口頭で提供されるだけでは足りず、労働者代表に提出される書面上に記載されていなければ、情報提供義務の履行とは認められず、協議手続の瑕疵にも波及することになる[96]。この判断を前提とすれば、本指令上の義務には相互関係が存在し、前提である情報提供義務が適切に履行されたか否かは、その後の協議義務の適法性にも影響しうるものと解される。

　以上のように、本指令においては、労働者代表が建設的な提案を行うために必要な情報について、その内容を具体的に列挙したうえで、書面性を要求することで、協議手続を実質的なものとすることが意図されている。

第3款　管轄機関への通知義務

　使用者は、原則として、権限ある行政機関（competent public authority）に対して、書面にて、予定された（projected）あらゆる集団的整理解雇を通知する義務を負っている（3条1項）。これを受けて、監督機関は、当該通知の写しを労働者代表に送付するものとされており、労働者代表は通常の情報提供手続によるものに加えて、ここから得られる情報も判断材料としたうえで、協議に臨んだり、管轄機関に対して意見を提出したりすることができる（3条2項）。

　監督機関は、使用者による通知及び労働者代表の意見の双方を考慮したうえで、解雇予告期間[97]において、解雇から生じる問題の解決策を模索するこ

---

95 UK Coal Mining Ltd v National Union of Mineworkers（Northumberland Area）and another [2008] ICR 163 [EAT], para.61.
96 *Ibid.*, para.59.

とになっている（4条2項）。

　もっとも、過去の立法案においては、これよりも積極的な役割が期待されていた。すなわち、1972年のEC委員会による原案においては、「協議当事者の間で合意に至らなかった場合には、それぞれの当事者は、行政機関に対して、調停人（mediator）として行動することを要求できる」として、管轄機関を協議における合意形成に対して直接的に関与させることが提案されていた（4条3項）[98]。

　このような規定は結局採択されなかったものの、管轄機関は、行政的な監督権限を行使することで、労使間での自主的な問題解決に一定程度寄与することになっている。

第5節　国際的企業グループにおける整理解雇

　現代にける使用者の大部分は法人であるところ、これらの多くは、企業グループを形成することで、多角的な事業運営を行っている。それ故、解雇につながるような経営上の意思決定が、解雇を実際に行う使用者でなく、その上部に位置する親会社等によってなされる場合も少なくない。このような状況に照らすと、子会社等における解雇を根本的に回避するためには、意思決定権限を持っていない使用者（子会社）と協議することを義務付けるだけでは実効性に欠けるのであって、これを支配している親会社等との協議が必要となる。

　本指令の文脈においても、この問題が認識されており、1992年の改正の際に企業グループにおける集団的整理解雇に関する規定が設けられた。すなわち、本指令は、「協議義務及び情報提供義務は、集団的整理解雇に関する決定が使用者によってなされるか、当該使用者を支配する企業によってなされるかに関係なく、適用される」と定めることで、親会社[99]による意思決定に

---

97 この予告期間は通知と関連付けられており、使用者の通知から原則として30日間は解雇の効力が生じないとされている（4条1項）。

98 COM（72）1400.

110 　第 2 編　EU 労働法分野における被用者の経営関与制度

対して一定の法規制を行っている（2 条 4 項）。

　もっとも、この規定は文言において曖昧な点を残しており、親会社等に対して直接的に協議・情報提供を義務付けているのか、依然として、使用者である子会社等にこれらを義務付けるに留まるのか、いずれかについて条文上は明らかでない。加えて、これらの義務の具体的内容が、企業グループの事例においてどのような変容を遂げるのか（又は変化しないのか）についても条文から文理的に導くことは困難である。この点、AEK v Fujitsu Siemens 事件[100]において、CJEU は次のように判断している。

第 1 款　国内法の概要

　フィンランドでは、本指令を国内実施すべく、企業内共同法（yhteistoiminnasta yrityksissä annettu laki、以下共同法）が制定されている。共同法のもとでは、当該企業における事業活動や労働条件を向上させ、使用者・労働者間、及び、労働者間相互間での共同を強固なものとするために、労働者に対して、労働や職場に関する事項の取扱いについて影響を及ぼすための様々な機会が与えられている。

　共同法における共同手続の適用範囲には、事業の全部ないし一部の閉鎖や他の場所への移転、又は、事業活動の本質的な拡大ないし縮小、及び、パートタイム労働の導入や生産上の理由ないし経済的な理由によって行われる整理解雇そのもの等が含まれる（6 条 3 項乃至3b 項）。

　共同法 7 条 1 項は、6 条所定の決定を行う前に、使用者が、労働者及び問題となる労働者の代理人又は代表者との間で、その措置の根拠、影響や代替策について協議しなければならないと定めている。また、共同体法 7 条 2 項

---

99 条文上は、「使用者を支配する企業（undertaking controlling the employer）」という文言が使用されているところ、CJEU は、EU 法固有の解釈として、株式保有又はその他の法律上の繋がりによって使用者の意思決定機関に決定的な影響力を及ぼし、集団的整理解雇を検討又は計画することを雇用主に強いる企業がこれに該当すると解釈している（Joined Cases C-61/17, C-62/17 and C-72/17 *Miriam Bichat and Others v APSB - Aviation Passage Service Berlin GmbH & Co. KG* EU:C:2018:653, para.45）。

100 C-44/08 *Akavan Erityisalojen Keskusliitto AEK ry and Others v Fujitsu Siemens Computers Oy* EU:C:2009:533.

によれば、使用者は、共同手続を開始する前に、問題となっている措置についての必要な情報を関連する労働者や労働者代表に対して、一定期間内に、書面にて、提供しなければならないとされている。そのような情報としては、計画された解雇の理由、雇用区分別の想定される被解雇者数、計画された解雇のスケジュールや被解雇者の選定理由が含まれる。

共同法7a条1項は、使用者が、協議対象となる措置が明らかにパートタイム労働や労働者の整理解雇につながるものである場合には、協議提案を、少なくとも協議開始の5日前までに書面にて行わなければならないと定めている。

共同法8条は、使用者は、当該措置を7条所定の方法で議論すれば、使用者と労働者代表との間でその他の手続が合意されていない限り、協議義務を履行したものとみなしている。しかしながら、同条によれば、そのような措置が明らかに少なくとも10名以上の労働者を90日以上にわたってパートタイム労働に従事させることになる又は解雇することになる場合には、使用者は、協議開始から少なくとも6週間が経過しない限り、協議義務を履行したことにはならないとされている。

このように、共同法において、使用者は、解雇につながる措置の根拠や代替案等について、情報提供・協議義務を負っている。

第2款　事件の概要

Fujitsu Ltd と Siemens AG は IT 事業を統合するため、Fujitsu Siemens Computers group を組織し、1999年8月に取引を開始した。このグループは、Fujitsu Siemens Computers を親会社としており、その他に子会社を擁している。FSC はその一つである（以下、前者を親会社、後者を子会社と表記）。子会社は、フィンランドとドイツに工場を保有している。

1999年12月7日、親会社において、取締役会の業務執行役員（executive member）から成る執行委員会（executive council）は、取締役会に対して、フィンランド工場の売却（divestiture）を提案した。同年12月14日、親会社の取締役会は、上記提案を支持することを決定したが、同工場に関連してそれ以上に具体的な決定はなされなかった。同日、子会社は労働者代表に対し

て協議を提案し、同年12月20日から2000年1月31日の間で実施した。2000年2月1日、子会社の取締役会（親会社の取締役と親会社の取締役会の副議長によって過半数が占められている）は、コンピュータ販売を除き、フィンランドにおける事業を撤退させる決定をした。これにしたがい、同年2月8日、子会社は労働者の解雇を開始し、合計で490人中約450人を解雇した。

　これに対して、一部の労働者は、1999年末及び2000年初めになされたフィンランド工場の閉鎖に関する意思決定プロセスについて違法があると主張した。具体的には、フィンランド工場の企業活動について、ドイツ工場へ移転することなく、これを停止し、グループ事業から切り離すという最終決定は、実際には、遅くとも1999年12月14日に、親会社の取締役会によってなされたものであり、これは、法によって要求されている労働者代表との協議を経たものではないと主張した。

　これに対して、子会社は、1994年12月14日の親会社の取締役会においては工場についての決定はなされておらず、この時点では、工場の活動をそのまま継続させるか、縮小した形で継続させるか、又は、他の企業とのパートナーシップによってこれを継続させるか等といったように、可能性のある代替案が依然として残されていたと主張した。さらに、子会社は、国内法における「使用者による決定」という概念は、親会社ではなく、当該企業の決定権限のある機関（本件では特に子会社の取締役会）による行為を示唆しているところ、子会社における工場閉鎖の決定は、協議を経た後の2000年2月1日に行われており、手続に瑕疵はないと主張した。

　本件において、国内裁判所は、下級審において、共同法7条1項所定の最終決定は使用者本人のみが行うことができるのであって、協議義務に関し、親会社は適用範囲に含まれていない旨判断した。これに対して、最高裁判所は、上記国内法・解釈が本指令に適合するものであるかについて、CJEUに対して先決付託した。

第3款　先決裁定要旨

1．協議義務の名宛人について

　本指令2条1項及び3項、並びに、3条1項及び2項のもとでは、情報提

供義務、協議義務、通知義務を課せられている唯一の当事者は、使用者、すなわち被解雇者との間で雇用関係を有している自然人又は法人である。使用者を支配している企業は、仮に使用者を拘束する決定を行うとしても、使用者たる地位を有しているものではない。第一に、どのように企業グループの経営体制が組織されるのかについては国内法の問題であり、第二に、経営上の必要性に最も適すると思慮する方法で営利活動を行うという自由を制限することは、（本指令の）目的ではないからである。

　92年改正版の本指令は、部分的な調和の文脈において、改正前の指令における隔たりを埋め、企業グループの一部である使用者の義務に関する明確化を追加するものである。したがって、2条4項は、協議義務は、集団的整理解雇に関する意思決定が使用者によってなされるか、これを支配する企業によってなされるかに関係なく、使用者に対して適用されると定めている。

　結果として、2条1項及び4項のもとでは、集団的整理解雇が労働者を雇用している企業の決定の結果として計画されるか、その親会社の決定の結果として計画されるかを問わず、使用者として、労働者代表と協議を開始する義務を負うのは、例外なく子会社である。

2．協議義務の発生時期及び適法性判断について

　協議義務が生じる時点に関して、労働者代表との協議が集団的整理解雇の行われる企業において認知される場合に限って開始することは明白である。企業グループの親会社が、グループ内の労働者の雇用に悪影響を与える可能性の高い決定を行う場合であっても、使用者の権能をもって、労働者代表との協議を開始するのは、被解雇労働者を有する子会社であるので、解雇を実施する子会社が特定されるまで、そのような協議を開始することが不可能だからである。（加えて）2条1項所定の協議義務は、当該使用者のみを拘束するのであって、これが、親会社にも課されていると解釈すべき規定は指令には存在しない。

　さらに、（解雇回避策等といった）対象事項についての協議が何らかの意味を持つとすれば、計画された集団的整理解雇によって影響を受ける労働者を有している子会社が明らかにされていなければならない。

114　第2編　EU労働法分野における被用者の経営関与制度

　以上の検討より、2条1項については、2条4項と合わせて読むと、親会社及び一ないしそれ以上の子会社からなる企業グループの事例において、労働者代表との協議義務は、集団的整理解雇が行われうる子会社が特定された後に限って、使用者の地位を有する当該子会社に課せられるものと解されるべきである。

　このことから、使用者として、子会社が、被解雇労働者の代表との協議を必ず行うのであって、必要であれば、子会社が、親会社が行った整理解雇が必要になる意思決定を即時かつ適切に知らされていなかった時には、協議義務違反の結果を被ることになる。

　協議手続の終了に関して、CJEUは、以前から、この手続が終了した後、換言すれば使用者が2条所定の義務を履行した後に限って、雇用契約を終了させることができると判断してきた[101]。協議手続は、労働者の契約を終了させるいかなる決定がなされるよりも前の段階で、協議手続は完了しなければならない。

　企業グループの文脈において、親会社が子会社に対して、集団的整理解雇によって労働者の契約を終了させることを強いる直接的な影響を有する決定を行う場合、この決定は、子会社における協議手続が終了した後にのみなされることができるのであって、これに違反した場合、当該子会社は、使用者として、協議手続違反の結果についての法的責任を負うことになる。

　2条1項のもとでは、2条4項と合わせて読むと、企業グループの場合において、協議手続は、使用者が、親会社の直接的な指示（instruction）に基づいて、あるいは別の方法で、整理解雇によって影響を受ける労働者の契約を終了させるより前に、当該使用者自身によって完了させられなければならない。

第4款　先決裁定の分析

　上述の通り、解雇を本質的に回避するためには、決定権限を有している親会社等と協議することが重要となるが、CJEUは慎重な立場をとり、本指令

101　Case C-188/03 *Irmtraud Junk v Wolfgang Kühnel* EU:C:2005:59, para.45.

第3章 特別法① ── EU 集団的整理解雇指令における被用者関与制度　　115

によって協議義務が課せられるのはあくまでも労働者を直接雇用している子会社であると判断した。これは、各企業の法人格を尊重し、経営に対する過度の萎縮効果を生じさせないようにするという観点からは評価する余地のある判断である[102]。

　もっとも、親会社等との協議等を直接に義務付ける欧州労使協議会指令[103]とは対照的に、経営関与の余地を制約する判断である点は否めない。すなわち、欧州労使協議会指令のもとでは、指令の実効性の観点から、子会社等に属する被用者の代表であっても、支配企業の経営中枢と協議し、情報提供を受けることができるとされており、集権的な意思決定機関に対して直接影響力を行使することが制度上予定されている（2条1項b号、c号、及び、e号、3条、4条、並びに、5条参照）。その一方で、本指令は、親会社等に協議を義務付けるまでには至っておらず、直接の使用者である子会社等に対してのみ協議・情報提供を義務付けるに留まってしまっている。これは、解雇回避という目的からすれば依然として課題を残す判断であると言えよう[104]。

　決定権限の所在の他に、親会社に協議を義務つけられないことから、さらなる問題が生じうる。親会社はグループ全体の経営を行っていることから、意思決定の初期段階においては、その決定が抽象的なものに留まることが想定される。すなわち、経営悪化ないし合理化の必要性が生じ、親会社が事業再編や事業所の閉鎖等の整理解雇が必要となるような経営決定を行い、それに適した子会社を選定し最終的には解雇を実行させるといった実務上のプロセス[105]をみれば、実際に解雇が行われうる子会社が具体的に決定されるまでは、親会社による決定は抽象的なものに留まっており、この段階では協議を行うべき特定の子会社というものがそもそも観念できず、そのような具体的

---

102 Stéphane Vernac, obs., Revue de Droit du Travail, mai 2010, p.288; Laetitia Driguez, obs., Europe-Revue Mensuelle LexisNexis Jurisclasseur, novembre 2009, p.28.

103 Directive 2009/38/EC of the European Parliament and of the Council of 6 May 2009 on the establishment of a European Works Council or a procedure in Community-scale undertakings and Community-scale groups of undertakings for the purposes of informing and consulting employees [2009] OJ L122/28.

104 R. Resch, ZESAR 2010, 35-43（Anmerkung）, S.42.

105 Jan Heinsius [2010] European Company Law 7, no.4（note）, p.168.

116　第2編　EU労働法分野における被用者の経営関与制度

存在も認められないような子会社が協議を行うというのは困難を伴う[106]。この点、CJEUも、協議手続を意味のあるものとするため、すなわち事業所の閉鎖等について協議して解雇を回避するためには、影響を受ける子会社が特定されていなければならないとして、親会社の意思決定が具体的なものとなる段階に至って初めて協議義務が生じるという判断を示している。

　しかしながら、子会社が具体的に決定された後となっては、親会社の最終決定を覆すことはグループ内の上下関係からすれば難しい側面もあり、この段階で子会社と協議を行ったとしても、解雇を根本的に回避することはできない場合も多く想定され、本指令の目的からすれば不十分であると言わざるを得ない。もちろん、CJEUは、子会社における協議が終了していない段階で親会社が解雇を強いる決定を行った場合には、当該子会社は協議義務に違反したことになると判断しているので、コンプライアンス等の観点から、親会社がそのような決定を控えるという事実上の効果は期待できる[107]。とはいえ、親会社自身に義務違反が生じるわけではなく、解雇回避も含めて協議させるという観点からは、依然として、控えめな判断となっている。

　これに加えて、協議・情報提供を行う主体と決定権限を有している主体が異なることから複雑な問題が生じうる。親会社が特定の子会社に対する具体的な意思決定を行おうとしているにもかかわらず、その旨を当該子会社に通知しない場合、当該子会社は、労働者代表との間で協議を行うことができない[108]。CJEUによれば、このような場合であっても、子会社は協議義務違反を免れることはできないとされている。このことは、本指令においても、「本指令所定の情報提供義務、協議義務、及び、通知義務の違反の判断に関して、集団的整理解雇につながる決定を行う企業によって必要な情報が使用者に与えられていなかったことを理由とする使用者側の抗弁（defence）は認められない」と定めるところである（2条4項2文）。確かに、子会社は自らに帰責性がないにもかかわらず、親会社が情報提供しないことをもって

106　Emeric Jeansen, obs., La Semaine Juridique-Édition Sociale n° 44, octobre 2009, p.27.

107　Stéphane Vernac, obs., Revue de Droit du Travail, mai 2010, pp.286-289.

108　R. Resch, ZESAR 2010, 35-43（Anmerkung）, S.42.

協議義務違反の責任を負うことになってしまい不合理にも見えるが、親会社と子会社の法人格の別異性を強調し、指令上の義務の名宛人である雇用主（子会社）に責任を認めるべきであるという本判決の基本的立場には沿っている判断であると思われる[109]。

　以上のように、CJEU の判断には、協議義務を親会社に直接的に課していない点で、解雇回避という目的からすれば不十分な点が残されているが、子会社に対して、親会社の最終決定の前に協議すべき義務を課し、親会社の方針について通知ないし情報提供を受けていないことはその違反の正当化根拠にはなり得ないとすることで、上記目的の実現に関して一定程度の配慮がなされていると言える。

第6節　義務違反に対するサンクション

　上述の通り、本指令は解雇が既決事項となる前の早期の段階で経営事項を対象とする協議義務を課すものであるから、そのサンクションとして、解雇無効といった実体的な効果にまで踏み込んで規定するのか、金銭的なものに留めるのかという制度設計の問題は、使用者の経営上の裁量にどの程度干渉するのかという問題に関連して極めて重要な意義を有する。

　この点、本指令に定められている義務に違反した場合のサンクションについては、基本的に加盟国の裁量に委ねられている（6条）。

　もっとも、過去の立法案においては、EU 法として統一的なサンクションを設けることが検討されていた時期もあった。すなわち、1991年に EC 委員会によって提案された本指令の改正案[110]においては、「加盟国は、本指令所定の義務を履行するため、労働者代表及び労働者の訴えによる司法手続、とりわけ、他の手続が利用可能であったとしても、（手続的規制に違反する整理解雇を）無効（null and void）にする手続が存在することを確保するもの

109　Bruno Mestre［2009］European Law Reporter 11（note）, pp.391-392.
110　Proposal for a Directive amending Directive 75/129/EEC on the approximation of the laws of the Member States relating to collective redundancies（COM(91)292 OJ C/1991/310/p5）.

とする」という新たな条文を設け、使用者が協議義務等を履行しなかった場合に、解雇無効という実体的効果を生じさせ、指令の実効性を確保しようとする提案がなされていた（5a条）。しかしながら、正式に採択される段階において、このような規定は削除されてしまい、EU法レベルでサンクションが設けられるには至らず、加盟国の裁量に委ねられたままとなっている。

そこで、加盟国法を見れば、私法上の効果として、大きく、解雇を無効とする法制度と金銭的なサンクションを課すという法制度の二つが存在している。加盟国には自らの裁量に基づいて、自国に最も適している制度を採用することが求められている。

前者の例として、ドイツ法では、事業所組織法（BetrVG）102条1項が、第一文において「事業所委員会は、それぞれの解約告知（Kündigung）に先立って、意見聴取（hören）されなければならない」としたうえで、第三文において「事業所委員会の意見聴取（Anhörung）を経ないまま発せられた解約告知は無効（unwirksam）である」として、協議手続の違反に対して解雇無効という実体的な効果が定められている。

後者の例として、イギリス法では、1992年労働組合・労働関係（統合）法（Trade Union and Labour Relations（Consolidation）Act 1992）188条が労働者代表との協議義務を課したうえで、189条2項が協議を経ないまま解雇された被用者に対して保護裁定（protective award）を行うと定める。これを得た被用者は、保護期間（protected period）[111]の間、報償金（remuneration）を受ける権利を有するとされている（190条1項）。

このように、協議義務等の違反に対するサンクションについては基本的には加盟国の裁量に委ねられている。

もっとも、Commission v UK事件に見られるように、CJEUによって一定の制約が課せられている点には留意しなければならない。すなわち、当時のイギリス法においては、手続違反のサンクションとして定められていた金

---

[111] 保護期間とは、申立てに関連する最初の解雇が効力を生じた日又は保護裁定の日のいずれか早い方から開始して、90日を超えない範囲で、雇用審判所が使用者の協議義務の不履行の重大性を考慮して公正（just）かつ衡平（equitable）であると判断する期間で認められるものである（189条4項）。

銭の総額が 2 週間分の賃金額よりも少なく、さらにそこからの減額の余地を
も認められていたことに対して、CJEU は、指令の実効性確保の観点からす
ると、予告期間に相当する賃金額よりも少ない金額では、サンクションとし
て不十分であると判断するに至った（その後イギリスは金額を 4 週間分の賃
金額まで引き上げた）[112]。このように、EU 法上、金銭支払いというサンク
ションそのものが否定されているわけではないものの、その金額が極端に少
ないことで実効性を確保できない場合には、EU 法適合性が否定されること
もある。結果的に、加盟国には、指令の実効性を損なわない限りで、使用者
の裁量に対する干渉の程度を考慮したうえでサンクションを設けるという裁
量が与えられているといえる[113]。

第 7 節　小括

　本章では、集団的整理解雇の局面における手続的規制について EU 法上の
議論を検討してきた。その結果として EU 法には次のような特徴が見られた。
　第一に、体系上の規制の在り方について。EU 法においては、体系上、解
雇に対する実体的な規制は設けられておらず、手続的規制のみに焦点を当て
た規律付けが行われている。すなわち、解雇事由の法定等を通じて裁判所に
よる解雇の内容審査を前提とするのではなく、情報提供・協議を中心とする
手続的規制を設けることで、労使間での自律的・自主的な利益調整が行われ
ることを企図している点に特徴が見られる。
　第二に、協議義務の発生時点について。本指令のもとでは、解雇が既決事
項となる前の早い段階で協議義務が発生するとされている。その理由として
は、解雇が決定された後に協議を行ったとしても、解雇回避という目的を達
成することができない点が挙げられている。ここで、労働者代表には、使用
者の決定を受けて行動する受動的な役割ではなく、経営者の意思決定に対し
て影響力を行使する能動的な役割が期待されている。

---

[112] Case C-383/92 *Commission v UK*. EU:C:1994:234, paras.38-42.

[113] Gregor Thüsing, *European Labour Law*（C.H. Beck 2013), p.135.

120 第2編 EU労働法分野における被用者の経営関与制度

　もっとも、このような解釈論は、労働者保護に資する反面、使用者に認められている経営上の裁量を制限してしまう可能性があるという点にも留意しなければならない。本来的に、労働者は会社組織における機関ではなく、その指揮命令を受けて労務を提供するという労働契約の一方当事者に過ぎないのであるから、使用者の経営判断に過度に干渉することは控えなければならない。

　そこで、CJEUは、協議義務について解雇との関連性を要求したうえで、解雇を強いるような経営上の意思決定がなされることを条件としており、日常的な業務執行について抽象的な協議義務が広範に生じ、使用者の裁量に過度に干渉することを避ける解釈論を展開している。

　第三に、協議対象事項について。この点についてCJEUの解釈論は展開されていないものの、国内裁判所がEU法適合解釈を行った事例が存在する。ここでは、解雇回避を目した協議義務の実効性確保、労使間協議等に関するその他の法制度との規範的関係性、及び、EU法適合解釈の観点から、使用者は、解雇回避策の一環として、解雇につながる経営上の意思決定そのものについて協議しなければならないと判断されている。特にEU法への適合性の観点に着目すると、裁判所は、協議義務の発生時点についての議論が、協議対象事項の判断にも影響するとしたうえで、上述のような早期の段階で協議義務が発生することを前提として、経営事項を協議対象に含める解釈論を展開している。ここでは、国内法における文言解釈上の限界があったが、裁判所は、解雇を不可避的に伴う場合に限定して、事業所閉鎖という経営上の決定を解雇の決定と同一と評価することにより、このようなEU法適合解釈を可能とする理論枠組みを提示するに至っている。

　以上のように、EU法においては、解雇が既決事項となる前の早期の段階で経営方針等を含めた情報提供・協議を認めることで、事後的な措置に留まらず、解雇を本質的に回避するための様々な措置が講じられうることになっており、労使間での自主的な紛争解決が促進されている。

第4章　特別法②
——EU 企業譲渡指令[1]における被用者関与制度

使用者は事業活動の一環として事業組織の再編を行うことがあるところ、事業の重要な構成要素である労働者についても、契約の承継や契約内容の変更等の一定の影響が及びうる。本章では、そのような局面における被用者関与の在り方を検討する。

第1節　本指令の概要

本指令の目的は、使用者が交代する局面における被用者保護のための規定を置くことで、その権利の保護を確実にするところにある（前文3）。

この目的を達するため、実体的規制と手続的規制の双方が設けられている[2]。

まず、実体的規制については、雇用に関する権利義務の移転（3条）と譲渡のみを理由とする解雇の禁止（4条）が定められている。これらのうち、権利義務の移転[3]が中核であり、解雇の禁止はこれを担保するための補助的なものである。例えば、雇用関係を維持することは事業運営上のコストを生じさせるので、譲渡人が、権利義務の移転を避けるために、譲渡の前に被用

---

1 Council Directive 2001/23/EC of 12 March 2001 on the approximation of the laws of the Member States relating to the safeguarding of employee's rights in the event of transfers of undertakings, businesses or parts of undertakings or businesses［2001］OJ L82/16.

2 Sylvaine Laulom, '*Directive 2001/23/EC on the approximation of the laws of the Member States relating to the safeguarding of employees' rights*' in Edoardo Ales et al（eds）, *International and European Labour Law*（Nomos 2018）, Rn.2.

3 もっとも、権利義務の移転といっても、判例上、従前と同一条件での再雇用することでも足りるとものされている（Case C-463/09 *CLECE SA v Maria Socorro Martin Valor and Ayuntamiento de Cobisa*［2011］ECR Ⅰ-00095, para.37）。

者を解雇する懸念がある[4]。このような事態を防ぎ、本来の目的である権利義務の移転を確実にするために、本指令は譲渡のみを理由とする解雇を禁止しているのである[5]。

　次に、後者の手続的規制としては、譲渡によって影響を受ける被用者代表に対する情報提供・協議義務が定められている（7条）。本来であれば、事業譲渡を行うかどうか、行うとすればどのような内容・方法で行うかについては、使用者の広範な経営裁量に属する事柄であるが、企業等の譲渡によって使用者が交代することで、雇用に対しても様々な影響があることが想定される[6]。この点、EU基本権憲章27条は、被用者に対して、重大な変化についての情報提供を受け、それに影響を与える機会を認めることによって、被用者が経営者の決定に不可避的に左右されるという状況を改善することを目的としており[7]、指令の上記規定はそのような第一次法上の基本権保障を企業等の譲渡の文脈で実現する第二次法として位置付けられる[8]。これにより、本指令のもとでは、譲渡を行う前に、被用者代表との間で協議を行い、事前に労使間での自主的な利益調整を行うことが可能となっている。

　本指令については、1977年の原初版[9]の採択以降、CJEUの判例法理の充実した展開があり、それを反映させるべく1998年の改正指令[10]が採択された。

---

[4] Nicola Countouris and Wanjiru Njoya, '*2001/23/EC: Transfer of Undertaking*' in Monika Schlachter（ed）, *EU Labour Law: A commentary*（Kluwer Law International 2015）, p.440.

[5] Case 101/87 *P. Bork International A/S, in liquidation v Foreningen af Arbejdsledere I Danmark, acting on behalf of Birger E. Petersen, and Jens E. Olsen and others v Junckers Industrier A/S* EU:C:1988:308, paras.17-18; Case C-51/00 *Temco Service Industries SA v Samir Imzilyen and Others* EU:C:2002:48, para.28.

[6] Karl Riesenhuber, *European Employment Law: A Systematic Exposition*（2nd edn, Intersentia Publishing 2021）, pp.741-742.

[7] Jarass, Charta der Grundrechte der EU, 4. Aufl. 2021, EU-Grundrechte-Charta Art. 27 Rn.10.

[8] Franzen/Gallner/Oetker/Winter, Kommentar zum europäischen Arbeitsrecht, 4. Aufl. 2022, RL 2001/23/EG Art. 7 Rn. 1.

[9] Council Directive 77/187/EEC on the approximation of the laws of the Member States relating to the safeguarding of employees' rights in the event of transfers of undertakings [1977] OJ L61/26.

[10] Council Directive 98/50/EC amending Directive 77/187/EEC on the approximation of the laws of the Member States relating to the safeguarding of employee's rights in the event of transfers of undertakings [1998] OJ L201/88.

その後、原初版と改正指令を合わせて条文番号の整理等を行ったものが現在の本指令である。

　ここで展開された判例法理においては、被用者の権利を実効的に保護するために指令の適用範囲を広範に捉えるという目的論的解釈を行うことで、条文の文言から通常想定される意味を超えるような判断が示されてきた[11]。すなわち、本指令において、その目的を明示的に定義する条文は存在しないものの、CJEU は、「使用者が変更される局面において被用者を保護すること、特にその権利の保護を確実にすることが必要である」とする前文の規定について、これが本指令の目的であると解釈してきた[12]。その上で、本指令の適用要件について、指令は「法的譲渡（legal transfer, cession conventionnelle, vertraglich Übertragung）…の結果としての企業、事業又は事業の一部の他の使用者への譲渡（transfer, transfert, Übergang）（以下、「企業等の譲渡」と総称）」に対して適用されるものとされている（原初版 1 条 1 項、本指令 1 条 1 項 a 号）ところ、CJEU は、法的譲渡の有無の判断に際して、典型的な譲渡契約にとどまらず、業務委託契約やリース契約が利用されたり、直接の契約関係にない者の間で実質的な事業活動の移転があったりする場合にもその存在が認められるとし、また、企業等の譲渡の有無の判断に際して、経済的な一体性が譲渡前後で維持されるか否かをメルクマールとした上で、一定の労働集約型産業においては、被用者が引き継がれていれば、有体・無体資産の譲渡がなくてもこれが維持されているとの判断を示し、その内容は指令上に明文化されるに至っている（本指令 1 条 1 項 b 号及び c 号）。また、詳細は後述するが、譲渡人から譲受人への雇用関係の承継ルール（本指令 3 条）についても、CJEU はかなり厳格な解釈論を示し、労働者保護に親和的な判断を行ってきた。このような判例法理の展開は我が国においても比較的充実した研究がなされてきたところである[13]。しかしながら、近年、実体的規制である権利義務の承継の文脈において、本指令は労働者利益の保護を目

11　荒木尚志「EU における企業の合併・譲渡と労働法上の諸問題——企業譲渡指令にみる EC 労働法の一側面」北村一郎編『現代ヨーロッパ法の展望』（東京大学出版会、1998年）84頁。

12　Case 287/86 *Landsorganisationen i Danmark for Tjenerforbundet i Danmark v Ny Mølle Kro* EU:C:1987:573, para.11.

的としながらも、決してそれだけを行うという片面的な性格のものではなく、使用者利益にも配慮し、両者の利益の均衡を図るという両面的な性格を有するものであると明示したうえで、労働者保護に限界を画する CJEU の判断が見られるようになってきた。これは労働者保護を推し進めてきた従来の動向と矛盾するようにも見える展開である。

　本書の問題関心からすると、中心的な検討課題は手続的規制にあるものの、本指令が被用者保護のために実体面及び手続面双方にわたる規制を置いており、充実した実体的規制を設けていることが、手続的規制の制度設計に影響を与えている側面がある。それ故、実体的規制にかかる上記の判例法理の展開をフォローし、本指令の基本的性格を明らかにすることは、本指令を通じた経営関与の在り方（特に経営関与の強度）を検討する上で必須の前提となる。そこで以下では、実体的規制について判例法理の展開を踏まえながら詳細に検討した上で、経営関与を定める手続的規制の考察を行うこととする。

---

13 そのような先行研究としては、荒木・前掲注11）論文81頁以下、本久洋一「EU 法における企業組織変更と労働関係」連合総合生活開発研究所『企業組織等の再編に伴う労働者保護法制に関する調査報告書』101頁以下、同「労働契約の自動的承継の要件としての経済的実体の同一性」労旬1451号（1999年）12頁以下、橋本陽子「EU 法」毛塚勝利編『事業再構築における労働法の役割』（中央経済社、2013年）322頁以下、同「EU 法及びドイツ法における事業移転時の労働条件の承継ルールについて」法学会雑誌51巻 2 号（2016年）87頁以下、水野圭子『EU における企業組織変動――欧州司法裁判所判決にみる経済的一体の発展』季刊労働法222号（2008年）105頁以下、三田村浩「EU における企業譲渡に伴う労働者の承継法理――企業譲渡司令の解釈をめぐって」愛知産業大学経営研究所・所報 6 号（2003年）119頁以下、家田愛子「ヨーロッパ連合（EU）とイギリス労働法の変容――1993年の『1981年営業譲渡（雇用保護）規則』修正を中心として」名古屋大学法政論集165号（1996年）183頁以下、166号（1996年）379頁以下、及び、167号（1997年）435頁以下、上田廣美「企業再編における従業員保護に関する EC 指令と判例理論の展開」亜細亜法学35巻 2 号（2000年）97頁以下、金久保茂『企業買収と労働者保護法理――日・EU 独・米における事業譲渡法制の比較法的考察』（信山社、2012年）、濱口桂一郎「ジョブ型社会のジョブ保護規制――EU 企業譲渡司令について」世界の労働60巻 9 号（2010年）32頁以下、同「概説 EU 労働法政策の最近の動向（下）企業譲渡における労働者保護指令――98年改正指令の内容と主要判例」世界の労働49巻11号（1999年）44頁以下等が挙げられる。

第 4 章　特別法②——EU 企業譲渡指令における被用者関与制度　　125

第 2 節　権利義務の移転に係る実体的規制
——本指令の目的論的解釈をめぐる判例法理の展開を踏まえて

　本指令においては、後に検討するように、実体的規制の強弱と手続的規制のそれとを関連させる体系的な制度設計が採用されている。そこで本節では、被用者保護のために強度の実体的規制が置かれるとともに判例上も厳格な運用がなされてきたこと、及び、近年の注目すべき動向として、それを相対化し、規制強度を低下させうる判例法理の展開が見られることを明らかにすることで、本書の主眼である被用者関与制度という手続的規制についての体系的理解を得ることを目指す。

第 1 款　概説

　本指令は、「譲渡時に存在する雇用契約または雇用関係から生じる譲渡人の権利義務は、譲渡があったことを理由として、譲受人に移転する」として、譲受人に雇用関係を引き継ぐことを義務付ける実体的規制を置いている（3条1項）。この規定のもと、雇用に関する権利義務は、当事者の合意にかかわらず[14]、自動的に移転させられることになる[15]。それ故、新使用者である譲受人が旧使用者である譲渡人の被用者を承継・再雇用[16]するに際しては、いくら雇用コストを削減したいと考えたとしても、従来と同様の労働条件[17]での承継・再雇用が義務付けられることになる。換言すれば、使用者側が有している経営上の裁量権は、譲渡局面における被用者保護という本指令の目的に照らした制限を受けるのであり[18]譲受人が譲渡を理由として労働条件を

14　Case 324/86 *Foreningen af Arbejdsledere i Danmark v Daddy's Dance Hall A/S* EU:C:1988:72, para.14; Case C-362/89 *Giuseppe d'Urso, Adriana Ventadori and others v Ercole Marelli Elettromeccanica Generale SpA and others* EU:C:1991:326, para.11.

15　Case 101/87 Bork, *supra* note 5, para.10.

16　CJEU によれば、従前と同一条件での再雇用することでも足りるとされている（Case C-463/09 *CLECE SA, supra* note 3, para.37）。

17　Case 287/86 *Ny Mølle Kro, supra* note 12, para.25; Case 324/86 *Daddy's Dance Hall, supra* note 14, para.9.

一方的に変更することはできない[19]。

CJEU は、この規定をかなり厳格に適用しており[20]、賃金の支払日を月末の木曜日から月末に変更した事例でさえも、本指令上の義務違反を構成すると判断している[21]。また、譲受人が、一部の手当てを廃止して他の給与項目に振り替えた場合で、被用者が受け取ることのできる賃金総額に変化がないときであっても、このような賃金構成の変更をもって、本指令上の義務違反が肯定されるとも判断している[22]。

それにとどまらず、労働条件そのものではなくとも、それに影響を与えるような事実であれば、移転の対象になりうると解されている[23]。すなわち、CJEU は、新使用者である譲受人が解雇手当（termination payment）や昇給（salary increase）等を計算するに際して、旧使用者である譲渡人のもとでの勤務年数（length of service）が通算されるのかが問題となった事例において、大略、「旧使用者との勤続期間は、被用者が新使用者に対して主張できるような権利そのものを構成するわけではないが、これは経済的性質を有する一定の権利を決定するために用いられるのであるから、譲受人は、譲渡人のもとでの勤務年数を通算して考慮しなければならない」として、過去の勤続年数が契約内容そのものであるとまでは言えなくとも、これが上記の経済的性質を有する権利の内容を決定するものである限りは、移転の対象となると判断した。

---

18 Case C-362/89 *Giuseppe d'Urso, supra* note 14, para.15.

19 もっとも、国内法において譲渡以外の事由に基づく労働条件の不利益変更が認められている場合には、譲受人が譲渡後にそれに従った不利益変更を行う余地が残されている（Case 324/86 *Daddy's Dance Hall, supra* note 14, para.17; Case C-209/91 *Anne Watson Rask and Kirsten Christensen v Iss Kantineservice A/S* EU:C:1992:436, para.28）。また、本指令は、倒産手続等において、雇用機会の確保のため、労使間の合意によって労働条件の不利益変更を行うことを明文上で許容している（5条2項b号、3項）。

20 Catherine Barnard, *EU Employment Law*（4th edn, OUP 2012), p.605.

21 Case C-209/91 *Rask, supra* note 19.

22 Case C-392/92 *Christel Schmidt v Spar und Leihkasse der früheren Ämter Bordesholm, Kiel und Cronshagen* EU:C:1994:134, paras.19-21.

23 Case C-343/98 *Renato Collino and Luisella Chiappero v Telecom Italia SpA.* EU:C:2000:441, paras.50-51.

以上のように、CJEU は、権利義務の承継を定めた本規定について厳格な解釈態度を取ることで、被用者保護という本指令の目的に適合するように、移転対象を比較的広範に捉える判断を示している。

第2款　雇用関係の承継が譲渡人に及ぼす影響

上記の雇用関係の自動移転にともない、譲渡人は、譲渡の時点をもって、被用者に対して負っていた全ての義務から解放されることになる[24]。

もっとも、譲受人の経営状況に懸念がある等の例外的な事情がある場合には、被用者が権利義務の移転に反対し、譲渡人が依然として使用者としての義務を負うべきであると主張することも想定される。例えば、公共部門に属していた事業が小規模で財務状況の不安定な私企業に譲渡される場合等には、雇用に対する将来的な不安があるので、譲受人への雇用関係の承継を望まない被用者が出てくる可能性がある。理論的に見ても、契約関係については双方当事者の合意をもって変更等がなされるのが原則であるので、企業等の譲渡を行うという使用者のみの意思によって、雇用契約ないし雇用関係が移転することについては、特段の考慮を必要とする。

この点について、CJEU は、Berg 事件[25]において、被用者の同意がない場合であっても、譲渡人を使用者としての義務から解放する旨判断している。すなわち、CJEU は、被用者が、譲渡人に未払賃金請求を行う前提として、企業等の譲渡は被用者の同意なしに雇用契約から生じる義務に関する譲渡人の法的責任を消滅させるものではないと主張した事例において、大略、「債権者の同意がある場合に限って負債が移転するといった加盟国の法システムにおいて一般的に承認されている法原則に基礎を置いた主張は認められない。それらの法原則の影響を評価すべき必要性はなく、企業または事業の他の使

---

[24] なお、本指令は、98年改正によって、加盟国が、譲渡日以前に雇用契約又は雇用関係から生じ、譲渡時において存在する義務について、譲渡人と譲渡人が連帯責任を負う旨を定めることを認めている（3条2項）。その経緯については、濱口桂一郎『新・EU の労働法政策』（労働政策研究・研修機構、2022年）396-397頁参照。

[25] Joined Cases 144 and 145/87 *Harry Berg and Johannes Theodorus Maria Busschers v Ivo Martin Besselsen* EU:C:1988:236.

用者への譲渡に対して適用される法規制が、被用者の利益のために、譲渡される経済的一体の一部となっている既存の雇用関係を保護することを意図していると評価すれば十分である。本指令は、雇用契約から生じる義務の自動的な移転を定めることにより、原告たる被用者が依拠している上記法原則を覆すものである」（13段）として、雇用契約等の移転が被用者保護に資するとする判断のもと、このような保護の必要性が、契約法上の原則に優先する旨判示した。

　ここで、CJEUは雇用関係の移転が被用者保護になることを前提とする定型的な判断を示しているが、本件事案はそもそも被用者側が移転には消極的な立場をとっていた。この点、本指令による保護については、そのような被用者側の意図を尊重する立場と、雇用関係をそのまま移転させることこそが被用者保護に繋がるとしてパターナリスティックな保護を及ぼす立場の二つが想定されるところ[26]、CJEUの上記判断は後者の立場をとるものである。先例において本規定が強行法的性質を有するとされている点や[27]、労使間の情報・交渉力格差によって、被用者側に不利な労働条件変更を伴った移転が合意されてしまう恐れがある点を考慮すると、このような判断には首肯すべき面がある。しかし学説上では、被用者側の使用者選択の自由を制約し、支払能力の劣る可能性のある譲受人のもとでの労働を強制することになりうるとの批判が寄せられた[28]。

　これに対し、CJEUは、その後の事例[29]において、「（譲渡時点で権利義務が移転されたとしても、）被用者に対して、譲受人との雇用関係の継続を義務づけると解釈することはできない。そのような義務づけは、使用者を自由に選択し、自らが選択していない使用者のもとでの労働を義務づけられることがないという被用者の基本権をないがしろにするものである。」（31-32

26　Paul Davies, '*Transfers Again: Contracting Out and the Employee's Option*' (1993) 22(2) Industrial Law Journal 151, pp.159-160.

27　Case 324/86 *Daddy's Dance Hall, supra* note 14.

28　Friederike Löw, DB 1991 546-549 (Anmerkung), S.546.

29　Joined cases C-132/91, C-138/91 and C-139/91 *Grigorios Katsikas v Angelos Konstantinidis and Uwe Skreb and Günter Schroll v PCO Stauereibetrieb Paetz & Co. Nachfolger GmbH* EU:C:1992:517.

段）との基本権適合解釈を行い、被用者の使用者選択の自由に配慮した判断を示した。これにより、被用者は、譲受人の支払能力が明らかに乏しく、反対給付（Gegenleistung）が期待できないまま労務提供を義務付けられることを回避することができる[30]。もっとも同時に、CJEU は、「本指令の目的は、被用者が譲受人の雇用に留まることを欲しない場合に、譲渡人との雇用契約又は雇用関係の継続を保障することではない」として、上記 Berg 事件のパターナリスティックな保護を踏襲した判断を示している。

以上のように、被用者の意思を尊重するか、又は、パターナリスティックな保護を行うかという点で議論があるものの、CJEU は、使用者選択の自由に一定程度配慮しつつ、本指令の目的は後者にあるとして、それに適合的な雇用関係の自動的な移転を通じた保護を徹底させる判断を示している。

第3款　被用者との合意による労働条件の変更

上記の通り、本指令は、従前の労働条件を維持した形での移転を通じた被用者保護を目的としているが、譲渡人と譲受人における労働条件に相違がある場合には、雇用管理の円滑化や良好な労使関係のためにそれら労働条件を統一することが求められ、その際にはコスト削減のために不利益変更を伴う可能性がある[31]。

ここで労働条件変更を行う具体的な方法としては、使用者が一方的に変更する方法と、被用者の合意を得て変更する方法の二つが大きく想定される。前者については、既に述べた通り、自動移転ルールが定められている以上、使用者による一方的な変更はできないものとされている。それ故、使用者としては、後者の方法、すなわち被用者の同意を得るといった方法を用いることで、労働条件を変更することに関心を寄せることになる。

この点、合意による労働条件変更の適法性が問題となった Daddy's Dance Hall 事件[32]が存在する。この事例においては、金銭的な代償措置を講じるこ

30　Gert Commandeur NJW 1996 2537-2546（Anmerkung）, S.2538.

31　Catherine Barnard, *supra* note 20, p.606.

32　Case 324/86 *Daddy's Dance Hall, supra* note 14.

とを前提としたうえで、歩合給を固定給に変更すること、及び、新たに3ヶ月の試用期間を設けることが、被用者と譲受人との間で合意された。しかしながら、当該被用者は、この試用期間の満了をもって解雇されてしまったため、このような試用期間を設ける旨の合意は、本指令が定める自動移転に反するものであるとして、この合意の無効を主張した。これ受けた国内裁判所は、被用者と譲受人の合意によって労働条件の不利益変更を行うことが本指令に適合するかについて、CJEUの判断を仰ぐべく先決付託を行った。

　本件について、CJEUは、「本指令の目的は、事業譲渡によって影響を受ける被用者の雇用契約または雇用関係上の権利の保護を確実にするところにある」として本指令の目的を確認しつつ、「このような権利保護は公共政策に関する事項であって、雇用契約の当事者の意思からは独立したものであるべきなので、被用者の保護に関する本指令のルールは強行的なものであると解さなければならず、それ故に、被用者に不利益を与える形でこのルールを回避する可能性を認めることはできない」と判断し、本指令の規定が強行法規としての性格を有する点に着目して、譲渡を理由に行われる不利益変更合意の可能性を否定した。

　次いで、CJEUは、不利益性の判断に関して、「（上記判断からすれば、）被用者には本指令によって与えられる権利を放棄することが許されておらず、これら権利は労使の合意をもってでさえも制限されてはならないものであるところ、このような解釈は、本件のように、被用者が、雇用契約の修正から生じる不利益を補償するための新たな利益を得ており、全体としては、従前よりも不利な立場に置かれているわけではないという事実によっても、影響を受けるものではない」と判断した。ここでは、合意による労働条件の変更が、代償措置が講じられることで総体的には不利益をもたらすものではないと言える場合であっても、個別の項目ごとに見て不利益をもたらすものであるならば本指令との関係で違法と評価されうるとされている。このことからは、CJEUが、譲渡前の労働条件に変更を一切加えることなくそのまま移転させるという硬直的な解釈をとることで、代償による緩和ではなく、不利益の発生そのものの回避を企図している点が窺える[33,34]。

　以上のように、CJEUは、権利義務の承継に関する本規定（3条）が強行

法的な性質を有することから、譲受人と被用者との合意によって労働条件を変更する場合で、当該変更が個別項目ごとにみて被用者に不利益を及ぼすものであるときには、当該労使合意による変更は認められないと判断している。

第4款　労働協約から生じる権利義務の承継について

　上記では、主に、被用者個人の権利義務の承継に着目した議論を検討してきたが、本指令は、組合等に関する集団的な権利義務の承継についても、明文規定を置いている。すなわち、本指令3条3項（1977年の原初版では3条2項）では、「譲渡の後、譲受人は、譲渡人が締結した全ての労働協約で合意された条件を、当該協約の下で譲渡人に適用されていたものと同じ条件で、協約の解約若しくは期間満了日[35]まで、又は、他の労働協約の効力発生若しくは適用開始まで、遵守し続けるものとする」として、被用者個人の個別的な権利だけでなく、労働協約から生じる集団的な権利も承継の対象となる旨定めている。また、加盟国においては、ドイツの引用条項（Bezugnahmeklausel）[36]やイギリスの橋渡し条項（bridge term）[37]のように、個別契約において労働条件を協約所定のものに係らしめる旨の条項を設けることで、労働協約自体の効力としてではなく、契約としての法的拘束力を基礎とする形で協約による労働条件の規律を認める例がある。このような契約条項は、譲渡人と被用者の間で締結された個別契約上の権利義務として、本

---

[33] P. Rodière, obs., RTD eur. 1988, n° 4, p.723.

[34] もっとも、譲渡を理由としない不利益変更が一定の場合に許容されうる点について、前掲注19）参照。

[35] なお、同項では、「加盟国は、1年を下回らない限りで、（協約所定の）条件を遵守すべき期間に制限を設けることができる」として、1年を下限として協約の有効期間を制限できる旨規定している。

[36] ドイツの引用条項については、山本陽大「産業別労働協約システムの国際比較──ドイツ・フランスの現状と日本の検討課題」日本労働研究雑誌652号（2014年）76頁、松井良和「労働契約における労働協約の引照条項（Bezugnahmeklausel）をめぐる諸問題」法學新報119巻5・6号（2012年）755頁以下等参照。

[37] イギリスの橋渡し条項については、キャサリン・バーナード（神吉知郁子訳）「イギリスにおける労働者代表制度」日本労働研究雑誌555号（2006年）45頁、労働政策研究・研修機構『『諸外国の労働契約法制に関する調査研究』報告書」（2005年）231頁以下［有田謙司］等参照。

指令 3 条 1 項による移転の対象となる[38]。

　しかしながら、労働協約の当事者は、本来的には、譲渡人又は譲渡人の所属する使用者団体と労働組合であって、譲受人は、譲渡人と同じ使用者団体に所属していない限り、協約当事者ではない。それ故、上記の協約上の権利義務の移転は、合意が当事者のみを拘束するという私的自治の原則との緊張関係を生じさせうる。

　この点について、CJEU は、Werhof 事件[39]において、「契約は、一般に、当事者が互いに自由に相互に義務を負担するという私的自治の原則（Prinzip der Privatautonomie）によって特徴付けられる。本原則によれば、本件のように被告が使用者団体の構成員でなく、いかなる労働協約にも拘束されない状況下では、当該労働協約から生じる権利義務は原則として適用されない。そうでなければ、契約は第三者に義務を課すことはできないという原則に悖ることになる（23段）。しかしながら、事業譲渡とそれが雇用関係にもたらす結果については、上記原則を無制限に適用することは、労働契約、及び、譲受人ではなく譲渡人が当事者である労働協約によって労働者が有する権利を損なう結果となりうる。それ故、EU 法の立法者は、事業譲渡に際して、上記原則の適用から生じる不都合を防止するための特別の保護を労働者が享受することを確保するように企図した（24段）。」と判断した。ここでは、本指令の目的を被用者保護に求めたうえで、本指令を私的自治原則を修正する特別法として位置付けることで、上記の緊張関係に対して理論的な整序が与えられている[40]。

第 5 款　新たな判例法理における被用者保護の後退
──労使間の相互的利益調整の枠組み

1．はじめに

　これまで検討してきた通り、CJEU は、本指令の目的を譲渡局面における

38　Case C-499/04 *Hans Werhof v Freeway Traffic Systems GmbH & Co. KG* EU:C:2006:168.

39　*Ibid.*

40　Paul Melot de Beauregard, NJW 2006, 2522-2525（Anmerkung）, S.2524.

被用者保護に求めたうえで、指令の適用範囲を拡張的に捉えたり、契約移転ルールの厳格な運用を行ったりする等の解釈論を示してきた。この点を捉えて、本指令は被用者保護を行うという片面的性格を有するものであるとの指摘も見られた[41]。しかし近年、CJEU は、本指令が労使の利益の公平なバランスを確保するという両面的性格を有するとしたうえで、使用者利益に配慮して被用者保護に制約を課す判断を示すようになってきた。この判断は、Werhof 事件先決裁定[42]を嚆矢としつつ、Alemo-Herron 事件先決裁定[43]によって明確に示されたものであるが、従来の判例法理の動向や本指令の実質的な性格を相対化する判断であり、理論的な検討を要するものである。そこで以下では、これらの事件を検討することで、本指令の性格の両面的性格やその理論的根拠について分析していく[44]。

2．Werhof 事件先決裁定

(1) 国内法化の状況

ドイツにおいて、本指令３条はドイツ民法典（以下、「BGB」）613a 条１項によって国内法化されており、具体的には、「事業又は事業の一部が法律行為によって他の所有者に譲渡された場合、当該所有者は、譲渡時点において存する労働関係上の権利義務を有する（第１文）。これらの権利義務が労働協約又は事業所協定の法規範（Rechtsnormen）によって規律されている場合、これらは新たな所有者と労働者の労働関係の内容となり、譲渡から１年間の満了前に、労働者にとって不利益に変更してはならない（第２文）」との定めが置かれている。

(2) 事実の概要

原告は、1985年４月１日に DUEWAG 社に雇用された。労働契約上、ノルトライン＝ウェストファーレン州の鉄・金属・電気産業の労働者のための

---

41 Vgl., Rüdiger Krause, §7 Betriebsübergang in Schlachter/Henig (Hrsg.), Europäisches Arbeits- und Sozialrecht, 2. Aufl. 2021, Rn.16.

42 Case C-499/04 *Werhof, supra* note 38.

43 Case C-426/11 *Mark Alemo-Herron and Others v Parkwood Leisure Ltd.* EU:C:2013:521.

44 両事件に関する先行研究として、橋本・前掲注13）論文（2016年）110-112頁等参照。

概括的労働協約（Manteltarifvertrag）及びその都度（jeweils）有効な賃金協定は、労働関係に適用されるとされた。それらの労働協約は、当該産業の使用者団体（以下、「AGV」）と金属産業組合（以下、「IG Metall」）で締結されたものであった。雇入れ時、DUEWAG 社は AGV に加入していた。1999年4月1日、同社は Siemens DUEWAG 社に変更された。1999年10月1日、原告の雇用されていた同社の事業の一部は被告に売却された。被告は、労働協約を締結した使用者団体には加入していない。2001年8月2日の事業所協定において、被告と事業所委員会は、当該労働協約の規定に基づいた労働者のグループ分けのための枠組み（Raster）について合意した。同月13日、被告は、一度限りの賃金支払いについて定めた新たな事業所協定を締結した。原告は、同日付の書面によって、上記一時金支払いの代わりに、当該協約の発行前の期間に適用される賃金引上げについてのあらゆる個別的な請求権を確定的に放棄したと明らかにした。同月29日、被告は、原告との間で、労働契約を補足する協約（Zusatzvereinbarung）を締結し、これにより原告は基本給及び賞与を受給することとされた。

　2002年5月23日、IG Metal と AGV は、ノルトライン＝ウェストファーレン州の金属・電気産業の労働者のための新たな労働協約を締結し、2.6%の賃金引上げと2003年6月1日からの追加的な給付を定めた。

　原告は、ヴッパタール労働裁判所に訴えを提起し、被告に対して、基本給と2002年5月23日の労働協約で定められた総額との差額、及び、当該協約に定められた追加的な給付を2003年6月1日から支払うように求めた。この訴えは2004年1月7日付の判決で退けられた。そこで原告がデュッセルドルフ州労働裁判所に控訴したところ、当該裁判所は、連邦労働裁判所の判例法理[45]によれば、原告は、BGB613a 条1項を請求の根拠とすることはできないとの見解を有した。しかしながら、これは本指令3条1項[46]に適合するかどうかが不確かであるため、当該裁判所は CJEU に先決付託を行った。

---

45 ドイツの国内判例法については、橋本・前掲注13) 論文（2016年）101頁以下参照。なお、ドイツでは後に判例変更が行われたが、これは国内における債権法改正を受けてのものであり、本裁定が直接の契機となったものではない。

(3) 先決裁定要旨

契約は、一般に、当事者が互いに自由に相互に義務を負担するという私的自治の原則（Prinzip der Privatautonomie）によって特徴付けられる。本原則によれば、本件のように被告が使用者団体の構成員でなく、いかなる労働協約にも拘束されない状況下では、当該労働協約から生じる権利義務は原則として適用されない。そうでなければ、契約に第三者に義務を課すことはできないという原則に悖ることになる（23段）。

しかしながら、事業譲渡とそれが雇用関係にもたらす結果については、上記原則を無制限に適用することは、労働契約、及び、譲受人ではなく譲渡人が当事者である労働協約によって労働者が有する権利を損なう結果となりうる。それ故、EU法の立法者は、事業譲渡に際して、上記原則の適用から生じる不都合を防止するための特別の保護を労働者が享受することを確保するように企図した（24段）。

さらに、当裁判所の判例法理によれば、指令は、労働者が、新たな使用者のもとでも、譲渡人と合意したものと同様の労働条件で労働し続けられるようにすることで、使用者が交代する局面において労働者を保護することを意図している（25段）。

また、本指令の規定は強行的なものと解さなければならず、労働者に不利益となる態様で逸脱することはできないというのも当裁判所の判例法理である。それ故、譲渡人と譲渡対象となる事業に従事する労働者の間の労働契約又は労働関係は、事業譲渡がなされたという事実のみによって、譲渡時をもって、譲受人に自動的に移転するのである（26段）。

本件における原告の労働契約は、賃金に関して、労働協約を参照している。このような労働契約の条項は本指令3条1項によって規律される。本指令に

---

46 厳密には、2001年の本指令の国内法転換期限前の時期にかかる事案であったため、1999年改正版の指令についての先決付託がなされた。これに対し、CJEUは、事業譲渡が1999年10月1日に行われており、1999年改正版指令の国内法転換期限前の時期にかかるため、1977年の原初版指令が問題となると判断した（14-16段）。しかしながら、本件で問題となっている3条1項には実質的な変更がなく、その解釈論は2001年の本指令についても妥当とすると解されているため（Andrea Nicolai, DB 2006, 670-673 (Anmerkung), S.670; L. Idot, obs., Revue mensuelle LexisNexis JurisClasseur-Europe, mai 2006, p.20)、本書では「本指令」と表記することとする。

基づいて、労働契約が参照している労働協約から生じる権利義務は、たとえ譲受人が協約締結の当事者でない場合であっても、自動的に譲受人に移転する。従って、労働協約から生じる権利義務は、事業譲渡後、譲受人を法的に拘束する（27段）。

本指令3条1項の解釈の観点から、労働協約を参照している条項は、その参照の範囲を超えた射程を有するものではない。そこで、労働契約が参照している労働協約が適用されるという原則に対する制限を含む本指令3条2項（筆者注—現3条3項）を考慮しなければならない（28段）。

第一に、労働協約所定の条件は、その期間の満了時若しくは失効時又は他の協約の効力発生時若しくは適用時までの間に限り、遵守され続けるものである。本指令の文言は、譲受人が譲渡時に効力を有するもの以外の労働協約に法的に拘束され、その結果として労働条件が譲渡後に締結された新たな協約の適用によって修正されることをEUの立法者が企図しているとは一切示していない。このような解釈は、譲渡時に効力を有する権利義務を単に保護するという本指令の目的と合致するものである。他方で、本指令は、労働協約の将来的な発展から生じうる単なる期待、すなわち仮定的な利益を保護することは意図していない（29段）。

第二に、加盟国は、1年を超えない限りにおいて、協約所定の条件を遵守すべき期間に制限を付すことができる。このような制限は、労働協約の期間満了若しくは失効、又は、新たな協約の発効若しくは適用という上述の状況が譲渡後一年以内の期間に生じない場合には適用されないので、副次的なものと言える（30段）。

加えて、本指令の目的に従い、譲渡によって影響を受ける労働者の利益が保護されるとはいえ、譲受人は、事業運営を行うのに必要な調整や変更を行わなければならない立場にあるので、その利益を無視することはできない（31段）。この点、当裁判所の判例法理に従うと、指令の規定を解釈する際には、第二次法は法の一般原則に適合的に解釈しなければならないというEU法秩序の統一性の原則（Grundsatz der Einheit）を考慮しなければならない。

団結の自由は、団体又は組合に加入しない自由を含意するものであり、欧州人権条約11条によって保障されている上、当裁判所の判例法理に従えば、

TEU6条2項で確認されている通り、EU法秩序において基本権として位置付けられている（33段）。

契約上の参照条項を通じた動態的解釈（'dynamic' interpretation）を行う場合、将来的な労働協約が、締結当事者ではない譲受人に適用されるということを意味するので、消極的な団結の自由（negativen Vereinigungsfreiheit）という譲受人の基本権は影響を受けうる（34段）。他方、静態的解釈（'static' interpretation）によれば、協約の締結当事者ではない譲受人が当該協約の将来的な変更に法的に拘束されるという状況を回避することができる。そうすれば、譲渡人の消極的な団結の自由は完全に保護に保護される（35段）。したがって、特定の産業分野において締結された労働協約を参照している個別労働契約上の条項が、必ずしも動態的な性質を持ち、本指令3条1項によって譲渡後に締結された労働協約を参照すると主張することはできない（36条）。

以上のことから、付託質問に対する回答は次の通りである。すなわち、本指令3条1項は、労働契約が譲渡人を拘束する労働協約を参照している状況において、当該協約の締結当事者ではない譲受人が、譲渡時に効力を有していた協約以降の協約には拘束されないということを排除するものではないと解釈すべきである（37段）。

(4) 検討

本件は、個別契約上で労働条件を協約所定のものに係らしめる旨の条項（＝引用条項）がある場合で、事業譲渡後（＝契約移転後）に当該協約が有利に改訂されたときに、労働条件も事後的に引き上げられるのかが問題となった事案である。譲受人が協約の締結当事者となっている使用者団体に加入していないため、これが認められると、譲受人は、自らが協約の改訂の交渉に参加できないにもかかわらず、引用条項を通じてそれに契約上拘束されることになる。この点、CJEUが本指令の移転ルールと私的自治原則の理論的整序を行ったのは前述の通りであるが（23-24段）、私的自治原則に優先すると位置付けられる移転ルールの解釈として、上記のような事後的な協約の改訂はどのように取り扱われるのであろうか。

ここで、CJEUは、本指令が企業等の移転の局面における被用者保護を目

138　第 2 編　EU 労働法分野における被用者の経営関与制度

的としており、強行法的性格を有する移転ルールによって権利義務を自動的
に移転することがその目的に資するという Berg 事件等に見られる先例の判
断を踏襲しつつも、次の諸点に照らして、被用者保護に限界を画し、譲渡後
に改定された協約による規律を否定する判断を示している。

　第一に、本指令 3 条の体系的解釈について。CJEU は、原初版指令 3 条 2
項（現 3 条 3 項）が協約の効力に時限的な制限を付している点を捉えて、本
指令は協約を恒久的に維持することまでは義務付けていないとの体系的解釈
を行った（28-30段）[47]。しかしこれに対しては、同じ協約上の権利義務の移
転と言っても、本指令による協約上の権利義務の移転については、契約条項
を媒介とする場合の 3 条 1 項と、協約それ自体の効力を及ぼす場合の原初版
3 条 2 項（現 3 条 3 項）が別個に用意されており、契約上の引用条項を用い
る本件は前者が問題となる事案であるにもかかわらず、それと事案類型の異
なる後者を持ち出すことには疑問の余地がある[48]。

　また、CJEU は上記判断に当たり、本指令の目的は譲渡時における労働条
件の維持にとどまるものであって、将来的な改訂による利益は仮定的なもの
に過ぎず、その保護は本指令の目的の外にあることを理由の一つとして挙げ
ている（29段）[49]。しかし、このような CJEU の判断は、協約当事者が消費
者物価指数に連動させる趣旨で賃金協約（Lohnabkommen）を定期的に締
結している場合であっても、それによる賃金上昇を仮定的な利益であるとし
て移転の対象外としてしまうところ、それは、譲渡による影響を可能な限り
排除すべきであるとする本指令の目的に反するものであるとの批判が寄せら
れている[50]。

　第二に、基本権適合解釈について。CJEU は、譲渡後に必要な変更等を行
うという譲受人の事業運営上の利益に配慮するために、第二次法である本指

---

47 N.Moizard, obs., RJS 8 - 9 /06, p.661.

48 Rudolf Buschmann, AuR 2006, 202-206（Anmerkung）, S.204.

49 このようにして将来的な改訂による利益を仮定的なものと位置付けるが故に、CJEU は、改訂
から得られる被用者の利益が、譲渡後に必要な変更等を加えるという譲受人の利益に劣後すると解
する後述の判断に至っている（法務官意見51段参照）。

50 Walter Gagawczuk, DRdA 2006, 512-515（Anmerkung）, S.515.

第4章 特別法②——EU企業譲渡指令における被用者関与制度 139

令によって本件のような形で譲受人に協約上の権利義務を帰属させることは、第一次法である基本権規範[51]において保障されている使用者の消極的な団結の自由を侵害するものであって、それを本指令が要求するものではないとの基本権適合解釈を行った（31-36段）。この点、基本権適合解釈を行うという判断枠組みについては、EU法における規範の位階性を踏まえる点で妥当であるが、譲受人の消極的な団結の自由を理由として被用者保護を後退させた点については、本件の事案類型に則したものではないとして、学説上、厳しい批判が見られる。曰く、仮に、協約自体の効力が問題となっており、それを移転させるために、譲受人が譲渡人と同じ使用者団体への加入を強制されるのであれば、確かに譲受人の消極的な団結の自由を侵害することになるが[52]、本件はあくまで引用条項を用いる事案であり、ここでは、協約上の権利義務の移転は、譲受人の使用者団体への加入如何にかかわらず、契約上の権利義務の移転という形で問題となるに過ぎないのであるから、上記自由の侵害の問題は生じない[53]。また、契約によって移転させられる協約上の権利義務が譲受人にとって負担となる場合には、自らの利益を保護すべく、当該協約の締結当事者である使用者団体に加入して協約の交渉に参加することを事実上強いられるとも考えられなくはないが、譲受人には労働契約の内容を変更する余地があるのであり、それは当該使用者団体への加入とは無関係に行いうるものであるため、譲受人の上記自由の侵害が不可避的に生じるわけではない[54]。

　以上のように、本先決裁定は、本指令の目的に照らして被用者保護を拡大

---

51 本先決裁定において参照されている基本権規範は欧州人権条約であり、これは欧州評議会（Council of Europe）が制定し、欧州人権裁判所がその解釈論を示すものであり、EU法とは別個の規範体系に位置するが、CJEUは、これを参照してEU法上の基本権の内容等についての解釈論を提示している（中西優美子「欧州人権条約加入に関するEU司法裁判所の判断」一橋法学14巻3号（2015年）1213-1214頁参照）。本裁定33段は、この趣旨を述べているものと解される（Nicolai, a.a.O.（Fn.46）, S.672; Buschmann, a.a.O.（Fn.48）, S.205; Johanna Naderhirn, ZESAR 2007, 119-125（Anmerkung）, S.125）。

52 N.Moizard, *supra* note 47, p.662

53 Gagawczuk, a.a.O.（Fn.50）, S.515

54 P. RÉMY, obs., Dr. Soc. 2007, n° 3, p.351.

してきた従来の判例法理の方向性とは異なり、使用者側の利益に配慮する形で、それに制約を設ける判断を示したが、このような判断に対しては、学説上の疑問が呈されている。とはいえ、ここで銘記されるべきは、本指令の目的について、それを被用者保護に求めて一面的な性格を維持する解釈論を示している点である。この点は、次の Alemo Herron 事件で大きな転換を迎えることになる。

3．Alemo-Herron 事件先決裁定

(1) 国内法化の状況

イギリスにおいて、本指令は1981年の企業譲渡（雇用保護）規則（Transfer of Undertakings（Protection of Employment）Regulations（以下、「TUPE」という）によって国内法化されていた[55]。その5条2項a号では、当該契約のもとで又はそれに関連して、譲渡人の全ての権利義務は、本規則によって、譲受人に移転する旨定められていた。

(2) 事実の概要

2002年、ルイシャム・ロンドン自治区カウンシル（以下、「ルイシャム」という）は、レジャー事業部を民間企業である CCL 社に外部委託し、それに伴ってレジャー事業部の被用者は CCL 社の職員となった。

レジャー事業部がルイシャムに運営されていた時には、ルイシャムと当該事業部の被用者の間の雇用契約は、地方政府における団体交渉機関である NJC の締結した労働協約所定の有利な労働条件によって規律されていた。当該労働協約は、当該雇用契約に対して直接的な法的拘束力を有しなかったものの、当該雇用契約に次のような橋渡し条項が設けられ、それを通じて契約内容が決定されていた。すなわち、「ルイシャムとの雇用期間中、被用者の労働条件は、NJC によって定期的に交渉される労働協約に従うものとし、当該協約は、ルイシャムの交渉委員会との間で地域的に締結される協約によ

---

[55] 本法の改正動向や規定内容については、長谷川聡「企業譲渡におけるイギリスの労働者保護制度」季刊労働法222号（2008年）66頁以下、同「イギリス法」毛塚編・前掲注13）書66頁以下等参照。

って補完される」との条項である。そして、CCL への外部委託時の労働条件は、2002年4月1日から2004年3月31日までを期間とする NJC 締結の労働協約によって規律されていた。その後、CCL 社は、2004年5月に当該事業を他の民間企業である Parkwood 社に売却され、事業運営が移管された。

　Parkwood 社は、民間企業であって公的機関でないため、NJC に加盟することはできなかった。2004年6月、NJC によって新たな労働協約が合意され、その有効期間は2004年4月1日から2007年3月31日までとされた。ここでは、遡及効があるものの、時系列としては、当該協約が Parkwood 社への譲渡以降に締結されたものであるため、同社は、当該協約は自らを法的に拘束しないとして、その旨を被用者に通知し、当該協約所定の増額された賃金支払いを上記有効期間にわたって拒否した。そこで、上記事業に従事する被用者は、雇用審判所に申立てを行ったが、これが退けられたため、雇用審判上訴審判所に上訴したところ、申立てが認められた。Parkwood 社は、これを不服として控訴院に上訴したところ、控訴審は雇用上訴審判所の判断を覆した。その理由として、控訴院は、CJEU の先例（Werhof 事件）[56]において、譲受人は譲渡以降に締結されたいかなる労働協約にも拘束されない（本指令3条1項）とされている点を挙げた。これを受けて、当該被用者は最高裁に上訴した。最高裁は、上記先例と本件では事案類型が異なると考えた。というのも、上記先例は、労働協約所定の労働条件が譲渡時において契約内容になるか否かという静的な問題を検討するものであるが、本件は、これとは対照的に、労働協約が譲渡後に更新されたという動態的な問題を検討すべき事案であるからである。そこで、最高裁は、このような動態的な事案の処理に当たり、EU 法の解釈が必要となるため、CJEU に先決付託を行った。

(3)　先決裁定要旨

　付託裁判所の本質的に訪ねるところは、本指令3条は、加盟国が、本件事案のような企業譲渡の局面で、譲渡後に交渉・締結された労働協約を引用する動態的な条項が譲受人を法的に拘束すると定めることを妨げるものと解釈されなければならないかという点である（20段）。まずもって、Werhof 事

56　C-499/04 *Werhof, supra* note 38.

142　第2編　EU労働法分野における被用者の経営関与制度

件先決裁定のいくつかの側面は、原初版指令3条に関するものであるけれども、本件とも関連性を有するであるということが重要である。本指令が原初版の指令を体系的にまとめたものであり、それぞれの3条の文言が同一である限り、上記の側面は完全に移植可能である（21段）。

　第一に、Werhof事件先決裁定の37段落において、CJEUは、原初版指令3条1項のもとでは、労働契約が譲渡人を拘束する労働協約を参照する場合であっても、譲受人は、当該協約の締結当事者ではないため、事業譲渡時点で効力を有する協約の後に締結された協約には拘束されないとしても差し支えないと解釈すべきであると判断している（22段）。

　次に、本指令8条から明らかな通り、本指令は、労働者にとってより有利な法律、規則、行政的規律を適用若しくは導入し、又は、被用者にとってより有利なソーシャルパートナー間の労働協約を促進・許容する加盟国の裁量を制約するものではない（23段）。本件についてみると、譲渡後に交渉・締結された労働協約を参照する条項は、動態的な契約上の権利を与えるものであり、被用者にとってより有利であると言うことができる（24段）。しかしながら、原初版指令は、企業譲渡の局面において、被用者の利益保護のみを目的とするものではなく、それら被用者の利益と譲受人の利益との間の公正なバランス（fair balance, juste équilibre, Gerecht Ausgleich）の確保を企図するものである。とりわけ、譲受人は、事業運営を行うのに必要となる調整や変更を行わなければならない立場にある[57]（25段）。

　ここで指摘すべきは、本件における事業譲渡が公法で規律される法人と私法で規律される法人との間で行われたということである（26段）。パブリック・セクターからプライベート・セクターへの企業譲渡である故、譲受人よる事業の継続には、両セクター間に存する労働条件の不可避の相違を考慮すると、重大な調整や変更が必要となろう（27段）。しかしながら、譲渡後に交渉・締結され、パブリック・セクターにおける労働条件の変化の規律を意図した労働協約は、プライベート・セクターの譲受人がそのような調整や変更を行うのに必要な施策の余地を著しく制約してしまうものである（28段）。

57　C-499/04 *Werhof, supra* note 38, para.31.

このような状況では、上記条項は、使用者としての譲受人の利益と被用者の利益の公正なバランスを損なう懸念がある（29段）。

第二に、確立した判例法によれば、本指令の条文は、EU基本権憲章（筆者注―以下、「EUCFR」という）定める基本権に適合する形で解釈されなければならない（30段）。この点、確かに本件では消極的な団結の自由は問題にはなっていないが、本指令3条の解釈は、いかなる場合であっても、事業活動の自由（freedom to conduct a business）を定めるEUCFR16条に従わなければならない（31段）。この基本権は、TEU6条1項3文及びEUCFR52条7項に従い、EUCFRの解釈において参照しなければならない解説文[58]から明らかな通り、契約の自由（freedom of contract）を特に含意するものである（32段）。本指令3条に照らすと、事業活動の自由を理由として、譲受人は、自らが当事者となる契約プロセスにおいて自らの利益を実効的に擁護し、将来の経済活動を視野に入れて被用者の労働条件の変更を決定する局面を交渉できることができると言わねばならない（33段）。しかしながら、本件において、譲渡人は、団体交渉機関に参加できなかったため、契約プロセスにおける利益擁護や、将来の経済活動を視野に入れた被用者の労働条件の変化の局面の交渉を行うことができなかった（34段）。ここでは、そのような制約は、事業活動の自由の本質に対して負の影響を与えるという水準にまで低下させてしまっている（35段）。

本指令3条は、その8条と併せて読むと、加盟国に対して、被用者にとってより有利な一方で、譲受人の事業活動の自由の本質に負の影響を与える措置をとることを許容していると解釈することはできない（36段）。

以上の全てを考慮すると、本件付託質問に対する回答は次の通りである。すなわち、本指令3条は、加盟国に対して、企業譲渡に際して、譲渡後に交渉・採択された労働協約を参照する動態的条項が、譲受人がその交渉過程に参加する可能性を有しないにもかかわらず、当該譲受人を拘束するとするこ

---

58 2007/C 303/02 Explanations relating to the Charter of Fundamental Rights. この法的位置付け等については、安江則子「EUリスボン条約における基本権の保護――ECHRとの関係を中心に」立命館法学（2009年）195頁等参照。

とを妨げるものと解釈すべきである（37段）。

(4) 検討

① 本件の位置付け——特に Werhof 事件との関係性について

　本件は、Werhof 事件と同様に、個別契約における協約への動態的参照に係る本指令[59]3条1項の解釈が問題となった事案である。当初、法務官は本件を3条3項（原初版指令3条2項）の問題として捉えていた[60]。これは、イギリス法が、ドイツ法と異なり、労働協約に規範的効力を認めておらず、契約条項による媒介が協約による労働条件決定を行うための本来的な方法として位置付けられている点[61]を踏まえてのものと思われるが[62]、CJEU は、これには与せず、3条1項が問題となる事例であると判断した（22段）[63]。この判断は、譲受人が被用者と個別的に交渉する余地が認められるのか否かについて、規範的効力それ自体を及ぼすのか、又は、契約上の条項を媒介とするのかのいずれかでその法的帰結が異なる点を踏まえた判断として妥当と解される[64]。このようにして、CJEU は、本件と Werhof 事件との関連性を認め、同事件によって示された解釈論を本件でも参照すべき旨判示するに至る（21段）。

　もっとも、本件は、Werhof 事件を踏まえるとしつつも、実際には後述のように独自性を持った判断を示している。その根底には、両者で問題となっている法的論点が厳密には異なっているとの認識がある。Werhof 事件では、動態的参照を否定する（＝契約上で引用する協約が譲渡後に有利に改定されても、それによる労働条件の引き上げは認めないとする）旨の当時のドイツ

---

[59] 厳密に言うと、Werhof 事件では原初版指令が問題となった事例であるが、改正の前後で3条1項の規範内容に変更がないのは前述の通りであり（脚注46）、本裁定でも同様の趣旨が述べられているため、（21段以降）、本文中でも単に「本指令」と表記して検討する。

[60] Opinion of Mr Advocate General Cruz Villalón delivered on 19 February 2013 EU:C:2013:82, para.18.

[61] Holger Sutschet, RdA 2013, 28-36（Anmerkung）, S.30；バーナード・前掲注37）論文45頁参照。

[62] Matthias Jacobs/ Tino Frieling, EuZW 2013, 737-740（Anmerkung）, S.738.

[63] もっとも、本裁定において、単に「本指令3条」として、各項を一括りにした表現が用いられている点を捉えて、同条の全項に共通する一般的な解釈論を示そうとしたと評価する立場も見られる（P. RÉMY, obs., Revue de Droit du Travail déc. 2013, p.792）。

[64] Thomas Klein, NZA 2016, 410-414（Anmerkung）, S.412.

国内の判例法理が本指令に反しないかが問題とされ、それ故に、CJEU は、本指令は動態的参照を要求していない（したがってドイツの国内判例は指令には反しない）と判断された[65]。ここでは、指令が動態的参照を要求していないということを超えて、動体的参照を禁止しているかまでは明らかにされていない。これに対して、本件は、契約上、明示的に動態的参照を行う旨の条項が存在する事例であり、本指令が動態的参照を禁止しているのかが問題となっている（20段）[66]。ここに、Werhof 事件と本件との論点上の相違が見出され、CJEU が本件独自の判断を示す契機が存する[67]。

② 本件独自の判断——本指令の目的の両面的性格

　本件独自の判断として最も特徴的なのは、本指令について、これを被用者の利益保護のみを目的とした片面的な性格を有するものではなく、被用者利益と新使用者である譲受人の利益との間の公正なバランスの確保を企図する旨の両面的な性格を有するものであると位置付けている点である（25段）。

　この判断にあたり、CJEU は Werhof 事件の31段を引用しているが、前述の通り、そこでは「本指令の目的に従い、譲渡によって影響を受ける労働者の利益が保護されるとはいえ、譲受人は、事業運営を行うのに必要な調整や変更を行わなければならない立場にあるので、その利益を無視することはできない」と判断されているに過ぎない。この部分では、むしろ本指令の目的が被用者保護にあることが示されており、公正なバランスの確保が目的であるという趣旨を明確に窺うことはできない[68]。それ故に、Werhof 事件に対しては、被用者側に有利となりうる動態的参照を否定する解釈を示した点が本指令の目的に反するとの批判が寄せられていたのは前述の通りであるが、確かに、このようにして指令の目的自体を両面的に捉えてしまえば、目的に悖るとの上記の批判を回避できる。この本件において初めて示された判断は、本指令の目的を被用者保護のみに求めてきたこれまでの判例法理を実質的に

65　Thomas Lobinger, NZA 2013, 945-947（Anmerkung）, S.945.

66　Gerrit Forst, DB 2013, 1847-1850（Anmerkung）, S.1847; Michael Kempter, BB 2014, 1785-1788（Anmerkung）, S.1787.

67　L. Driguez, obs., Revue mensuelle LexisNexis JurisClasseur-Europe, Octobre 2013, p.37.

68　Robert Rebhahn, DRdA 2014, 406-410（Anmerkung）, S.408.

146 第2編 EU労働法分野における被用者の経営関与制度

変更するものであり[69]、次のような批判が寄せられている。

　そもそも、本指令の前文では、使用者後退の局面における被用者保護の必要性が謳われたり、当該局面における被用者保護の程度が加盟国間で異なっており、共同市場（現：域内市場）の設立に際してその近接化が必要であると述べられるなど、いずれを見ても、被用者保護が前面に出され、これを損なってでも使用者の保護を行う必要性があるとの言及は見られない[70]。また、上記で共同市場の設立という経済法的観点が入っているのは、原初版が採択された当時は社会政策に関する特有の権限規定がまだ定められておらず、共同市場（現：域内市場）の設立・運営に係る一般的な権限規定であるEEC条約100条（現：TFEU115条）を根拠に採択されたという経緯によるものであり、現在の本指令については、労働者の基本的社会権に関する共同体憲章（Community charter of the Fundamental Social Rights）の内容を具体化する規範である旨が示されるなど（前文5）、その社会法的性格がむしろ強調されている。ここからも、本指令から使用者利益の保護という要請を明示的に引き出すことは困難である。このように、本裁定が判例法上・指令上の明確な根拠がないまま被用者利益に制約を課している点は、被用者の保護を行うべきというEU労働法の全体的な方向性に照らしても、かなり異質なものであると指摘されており[71]、立法者意思と乖離するものであるとして批判されている[72]。そして何よりも、この解釈は、情報・交渉力で劣位にある被用者を保護し、労使間の実質的対等関係の確立を主目的とする労働法の性格を否定しうるものではないかという点で根源的な疑問がある[73]。

　それでは、CJEUは、どのようにして、上記の実質的な判例変更を行う判断を示すに至ったのであろうか。その理論的根拠として、第一次法である基

---

69 Erika Kovács, ZAS 2014, 88-93（Anmerkung）, S.91; L. Driguez, *supra* note 67, p.38. むしろ、使用者側の契約の自由を制約して被用者を保護することが本指令の目的とされてきた（Thomas Klein, a.a.O.（Fn.64）, S.411）。

70 Jacobs/Frieling, a.a.O.（Fn.62）, S.739;〔2011〕UKSC 26, para.14.

71 Jeremias Prassl, '*Freedom of Contract as a General Principle of EU law?: Transfers of Undertakings and Protection of Employer Rights in EU Labour Law*'（2013）42（4）Industrial Law Journal 434, p.440.

72 Thomas Klein, a.a.O.（Fn.64）, S.412-413.

本権規範が重要な機能を果たしていると解される[74]。本件の法務官意見を見ると、「EU 法が加盟国に対して自由裁量の余地（Handlungsspielraum）を認めている場合でさえ、そのような裁量は EU 法に従って行使されなければならない。この義務は、当然ながら EUCFR51 条に明示的に定められている通り、基本権を特に含意するものである。」として、基本権適合解釈を行うべき旨が述べられている[75]。確かに、理論上、第二次法である指令は、EU 法体系において上位の規範である第一次法、すなわち基本条約及び基本権規範に違反してはならないのであり[76]、CJEU が本裁定の30段以下で EUCFR の議論を行っているのは、同趣旨のものと解される。このように解すると、本裁定が被用者利益に制約を課している点については、規範の位階制という理論的根拠が存すると言える[77]。

この点については、Werhof 事件でも同様の判断が示されているが、同事件と本件では、参照されている基本権規範の内実が異なる。すなわち、Werhof 事件では消極的な団結権が参照されていたのに対して、本件では事業活動の自由（より具体的にはその一環として保障される契約の自由）が参照されている。Werhof 事件に対して、消極的な団結の自由を根拠とする点に批判があることは前述の通りであり、本件が事業活動の自由という異なる基本権規範を参照することは、そのような批判のある解釈を回避する点では

---

73 Johannes Heuschmid, AuR 2013, 498-502（Anmerkung）, S.500. CJEU はむしろこれに相対し、使用者側が弱者であるかのような判断を示しているとの指摘もある（Stephen Weatherill, *'Use and Abuse of the EU's Charter of Fundamental Rights: on the improper veneration of "freedom of contract"'*（2014）10(1) European Review of Contract Law 167, pp.172-174）。

74 本裁定において、基本権規範への言及（30段以下）は本指令の目的の両面的性格の宣明（25段）の後に行われているのであり、これが目的の導出に貢献したことは文言上は必ずしも明確ではないが（Jacobs/Frieling, a.a.O.（Fn.62）, S.738）、25段で譲受人が譲渡後に調整等を行う必要性があると述べられており、それを行うことが事業活動の自由の範疇に含まれうることを踏まえると、これらの箇所を関連付けて理解することが適切である（Friedemann Kainer, EuZA 2014, 230-241（Anmerkung）, S.235-236）。

75 Opinion of Mr Advocate General Cruz Villalón delivered on 19 February 2013 EU:C:2013:82, para.47.

76 Case C-98/91 *A. A. Herbrink v Minister van Landbouw, Natuurbeheer en Visserij* EU:C:1994:24, para.9.

77 Naber/Krois, ZESAR 2014, 121-128（Anmerkung）S.123.

148 第2編 EU労働法分野における被用者の経営関与制度

好意的に評価されうるが[78]、次の諸点で疑問が呈されている。

　まずもって、EUCFR16条が事業活動の自由・契約の自由を保障している点に疑義はないものの、その保障は絶対的なものではない点が看過されている。EUCFRは、そこで保証されている基本権全般について、その保障は絶対的なものではなく、他者の基本権を保障する必要性等に照らした制約があり得ることを明示的に認めている（52条1項）[79]。それにもかかわらず、CJEUは、使用者側の基本権には明示的に言及する一方で、対置されるべき被用者側の基本権には言及せず、両者の調整に関する検討を行っていない[80]。この点、本指令の承継ルールは、EUCFR15条所定の職業選択の自由を保護するものとして、また、労働協約所定の労働条件を維持することは同28条所定の団結の自由を保護するものとして位置付けうるところ[81]、本裁定はこれら基本権の侵害の有無や程度について一切触れることなく、使用者側の基本権のみを考慮している。これについて、被用者側の権利保護は本指令の規定に具体化されており、その解釈論を展開する以上、広い意味では労使の利益調整が両面的に行われていると好意的に解することも不可能ではないが[82]、やはり、本裁定における基本権適合解釈は被用者の権利利益を制約するに過ぎないとの批判を免れない[83, 84]。そもそも、本指令は、譲渡局面における被

---

78 J. Lhernould, obs., RJS 11/13, p.654. この点、本件で消極的な団結の自由が問題とならないとする論拠が十分に示されていないとの批判もあるが（Clemens Latzel, RdA 2014, 110-118 (Anmerkung), S.114)、本件のような民営化のケースでは、譲受人は公的部門の組合に加入する資格を有していないため、当該組合に加入するか、又は、加入しないかのいずれの選択肢を与えられているにもかかわらず、あえて後者の選択を行うという意味での消極的な団結権行使を観念できないことが理論的根拠となりうるとの見解がありうる（Patrick Mückl, ZIP 2014, 207-212 (Anmerkung), S.210)。

79 基本権憲章52条1項の基本的内容については、ルペルト・ショルツ（倉田原志訳）「欧州憲法講義III 欧州基本権憲章」立命館法学305号（2006年）216頁等参照。

80 Schinz/Eylert, RdA 2017, 140-149 (Anmerkung), S.147.

81 Karl Riesenhuber, *supra* note 6, p.746.

82 *Ibid.*

83 Heuschmid, a.a.O. (Fn.73), S.501. このような判断は、契約の自由について、むしろその限界を強調する他の事案にも沿わないとの指摘がある（Schinz/Eylert, a.a.O (Fn.80), S.147)。

84 本指令の目的を両面的なものと理解する本裁定の判断枠組みを前提とすると、その批判は、内在的に見て、より先鋭なものとなろう。

用者保護の観点から、契約法上の原則論を修正するために採択された特別法であるため、譲受人の契約の自由の保護の観点からその保護範囲に限界を付すのは、本指令の存在意義自体を否定するに等しく[85]、CJEU の片面的な判断には、その基本的なスタンスの点でも疑問があろう。

また仮にこれらの点を措くとしても、動態的参照は譲受人の契約の自由を必ずしも侵害しない。というのも、譲受人は、デューデリジェンスを通じて、協約上の権利義務の移転を計算に入れながら、企業等譲渡の実施を検討できるからである[86]。デューデリジェンスの結果、譲受人は、動態的参照の負担つきで譲渡を実施するか、それとも譲渡を中止するかを選択することができるのであり、そのようにして譲渡の実施の有無を任意に選択可能な状況下において、譲渡の実施を決定することは、むしろ契約の自由の行使の結果であると評価する余地がある[87]。

このように、本件における判断は、Werhof 事件に対して寄せられた批判に応えるものとなっている側面があるものの、使用者側の事業活動の自由の保護を理由に被用者保護を後退させている点については、様々な疑問が呈されている状況にある。本件における判断は、少なくとも、枠組みとしては、使用者利益を保護するために被用者利益を犠牲にする余地を生じさせるものであり[88]、本判断が社会的側面を重視する EU の全体的な動向に沿うものであるのかには一定の疑問が残る[89]。もっとも、その後の事例[90]では本裁定を

---

[85] P. RÉMY, *supra* note 63, p789.

[86] Schinz/Eylert, a.a.O.（Fn.80）, S.145; Rebhahn, a.a.O.（Fn.68）, S.409; Forst, a.a.O（Fn.66）, S.1850.

[87] Klein, a.a.O.（Fn.64）, S.414; Gregor Thüsing, EWiR 2013, 543-544（Anmerkung）, S.544. もっとも、本来的に責任限定機能を有する企業等の譲渡において、動態的参照の負担なしで譲渡を実現する選択肢を奪うという意味においては、譲受人の契約の自由を制限する面があり、（Mückl, a.a.O.（Fn.78）, S.212）また、将来的にどのような協約の改定が行われるかが将来の締結当事者間の交渉に依るため、譲渡時点でのデューデリジェンスには不確実性があり、譲渡の実施をもって譲受人の同意を観念するのは難しい（Naber/Krois, a.a.O.（Fn.77）, S.124）として、本裁定を支持する立場もありうる。

[88] Rebhahn, a.a.O.（Fn.68）, S.410.

[89] 本判断が基本権適合解釈という形で示されているため、他の分野にも派生して労働者保護を後退させる可能性が認められるとの懸念も示されている指摘がある（Stephen Weatherill, *supra* note 73, pp.181-182）。

引用する形で本指令の目的の両面的性格に係る判断枠組みが踏襲されている
とはいえ、それらを詳細に見ると、本裁定の判断枠組み自体は共有しつつも、
その具体的判断においては、労働者利益の保護を重視する判断を示している。
結局のところ、労使間の利益衡量は事例判断となるため、本裁定を契機とし
て労働者保護が後退したまで断言することは困難である。

　これまで詳細に検討してきたような使用者利益に配慮する動向が限定的な
ものであると解される以上、本指令において設けられている雇用関係の自動
承継に係る実体的規制は、依然として、私的自治への介入を許し、労働者利
益を直接的かつ強固に保護するものとして機能していると言えよう。

第6款　譲渡を理由とする解雇の禁止（4条）

1．基本ルール

　以上のように、本指令は、権利義務の承継ルールを定めることで、使用者
交代の場面における被用者保護を図っている。判例上も、一定の動揺はあり
つつも、その強行的な適用を肯定する立場を維持している。しかしながら、
その対象となるのは譲渡時に雇用されている被用者の権利義務に限定される
ため、この時までに譲渡人によって解雇された被用者には、この保護が及ば
ないことになってしまう。また、一度は承継されたものの、譲受人が、雇用
コストを削減するために、当該被用者を解雇してしまう可能性もある。

　そこで、本指令は、譲渡自体を理由とする解雇を禁止する規定を設けるこ
とで、上記承継ルールの実効性を確保することを企図している。すなわち、
本指令4条1項1文は、「企業、事業、又は、事業の一部の譲渡は、それ自
体では、譲渡人又は譲受人による解雇の理由とはならない」として、譲渡を
理由とする解雇を禁止する規定を置いている。ここでは、労働者の能力不足
等といった譲渡以外の事由によって解雇することまでは禁止されておらず、

---

90 Case C-328/13 *Österreichischer Gewerkschaftsbund v Wirtschaftskammer Österreich —
Fachverband Autobus-, Luftfahrt- und Schifffahrtsunternehmungen* EU:C:2014:2197; Case C-336/15
Unionen v Almega Tjänsteförbunden and ISS Facility Services AB EU:C:2017:276; Case C-344/18
ISS Facility Services NV v Sonia Govaerts and Atalian NV, formerly Euroclean NV.
EU:C:2020:239.

あくまでも、譲渡そのものを理由とする解雇のみが規制対象となっている。

　それでは、どのような事情があれば、当該解雇が事業譲渡を理由とするものであると評価されることになるのであろうか。

　これについて、CJEU は、Bork 事件において、基本的には国内法に従って国内裁判所が判断すべき問題であるとしながらも、「本指令 3 条 1 項によって、被用者に対する使用者としての義務は譲渡人から譲受人に自動的に移転するのであるから、（本来は移転させられるべき）被用者を譲渡以前の時点で解雇することは本指令 4 条 1 項に反するものであるというべきである。そうすると、当該被用者が、譲渡のみを理由として解雇されたか否かを判断するためには、当該解雇が行われた客観的な事情、とりわけ、解雇が譲渡に近接した時点において行われ、当該譲渡が行われた後に譲受人が再雇用したといった事実を考慮する必要性がある」[91] として、当該解雇と譲渡との時間的近接性、及び、譲受人による再雇用の有無といった二つの事実を特に考慮すべき要素であると位置づけることで、本指令が定める自動承継ルールの潜脱を防止するといった観点から、本指令 4 条 1 項で禁止されるべき解雇に該当するかどうかを判断すべきであるとする判断枠組みが示されている。すなわち、譲受人が当該被用者を引き継ぐ意図を有していながら、労働条件を不利益に変更するために、譲渡人をしてこの者を解雇させた上で、この者を譲渡後に従前よりも低廉な労働条件で再雇用するといった措置が、本指令の自動承継ルールを回避するための便宜的な措置として実行される懸念があることから、同裁判所は上記二点の考慮要素を重視した判断が行われている。

　このように、本規定が定める解雇禁止ルールは、あくまでも本指令上の自動承継ルールとの関連性において理解されるものであるところ、当該解雇が本規定に違反するものであると判断された場合の効果についても、この点を踏まえて、解雇を無効とした上で、当該被用者の雇用を譲渡人に移転させるといった効果が認められている。すなわち、CJEU は、Temco 事件[92] におい

---

91 Case 101/87 *P. Bork International A/S, in liquidation v Foreningen af Arbejdsledere I Danmark, acting on behalf of Birger E. Petersen, and Jens E. Olsen and others v Junckers Industrier A/S* ［1988］ECR 3057, paras.17-18.

152 第2編 EU労働法分野における被用者の経営関与制度

て、「譲渡人の従業員が譲受人に再雇用されるわずか数日前に解雇されたという事実は、解雇の理由が事業譲渡であることを示すものであるが、労働者から、譲受人によって雇用契約が維持されるという権利を奪う結果をもたらすものであってはならない。したがって、当該従業員は、譲渡時において、依然として譲渡人との雇用関係にあったものと言うべきである」として、譲渡人との雇用関係が継続する（＝解雇が無効となる）と判断し、当該被用者の雇用が自動承継の対象に含まれると結論付けた。これにより、本規定に違反して解雇された被用者の雇用が譲渡時において譲渡人のもとで存続していたとみなされることから、自動承継ルールの適用を併せて考慮すると、当該雇用は、最終的には、譲受人のもとで存続するものとして扱われることになる。

　以上のように、本指令における解雇禁止ルールは、自動承継ルールの実効性を担保するための副次的な制度として位置付けられている。このような性格から、当該解雇が譲渡を理由とするものであるかについては、自動承継ルールの潜脱が懸念されるかどうかを基準として判断されることとなっており、具体的には、解雇と譲渡との時間的近接性や譲受人による再雇用の有無等に着目した解釈論が提示されている。そして、効果としても、解雇無効といった雇用関係の自動承継に資するものが認められている。CJEU は、これらの解釈を通して、自動承継ルールの実効性確保を企図しているものといえる。

2. 経済的、技術的、又は、組織上の事由についての適用除外[93]

　本指令は、上記で述べた解雇禁止ルールに関して、一定の適用除外を設け

---

92 Case C-51/00 *Temco Service Industries SA v Samir Imzilyen and Others*［2002］ECR Ⅰ-969, para.28.

93 なお、本指令上は、労働者の種類に着目したもう一つの適用除外制度も想定している。すなわち、本指令4条1項3文は、加盟国に対して、加盟国の解雇法又は慣行の対象外となっている特定の種類の被用者については、これらの者を本規定の保護範囲から除外することを許容している。もっとも、この規定が国内法における被用者保護の水準を低下させるものであってはならず、すでに解雇法による保護を享受している被用者を、新たに本規定の適用対象外とすることは認められないとされている（Case 237/84 *Commission of the European Communities v Kingdom of Belgium*［1986］ECR1247, paras.12-13）。

ている。すなわち、本指令 4 条 1 項 2 文は、「本規定（＝解雇禁止ルール）
は、労働力の変化を伴う経済的、技術的、又は、組織上の事由（economic,
technical or organizational reasons）によって実施される解雇を妨げるもの
ではない」として、一定の事由によって解雇を行う場合には、本指令所定の
解雇禁止ルールが適用されない旨規定している。

　この規定のもとでは、たとえ、上記の CJEU の判例法理（時間的近接性・
譲受人による再雇用の有無）に従って、当該解雇が譲渡を理由とするもので
あって禁止されるべきであると判断された場合であっても、それと同時に、
「経済的、技術的、又は、組織上の事由」によるものであると判断されれば、
このような違法な解雇であっても正当化されることになる。

　それ故、当該解雇が「経済的、技術的、又は、組織上の事由」によるかど
うかが、本指令の適用除外の可否を判断する分水嶺となっている。これらの
事由をどのように解釈するかは、解雇禁止ルール、ひいては、これが担保し
ている自動承継ルールの実効性を左右する重要なものとなる。この点につい
て、CJEU は、Vigano 事件[94]において、次のような判断を示している。

　本件においては、事業運営用の有体資産のリース契約が譲渡後に解約され
たことに起因する解雇の適法性が問題となった。具体的な事実関係は次の通
りである。すなわち、譲渡人である Red Elite de Electrodomésticos 社は、
家電用品の販売業を主要な事業とする民間企業であり、400名超の被用者を
有していた。同社は、店舗用の不動産については、その全てを自己所有する
のではなく、所有者とリース契約を締結してこれを借受けることで、店舗用
建物を確保し、事業活動を行っていた。その後、同社の上記事業は、
Electro Calvets 社に譲渡されることになった。これに伴い、Electro Calvets
社は、Red Elite de Electrodomésticos 社の被用者を承継するとともに、店
舗用建物のためのリース契約も承継した。しかしながら、当該建物の一部の
所有者（Kitruna 氏及び Vigano 氏）は、上記譲渡による賃貸人の交代が契
約違反に当たるとして、リース契約を解除し、退去を求める訴え（action

94　Case C-313/07 *Kirtruna SL and Elisa Vigano v Red Elite de Electrodomésticos SA and Others*
[2008] ECR I -7907.

for eviction）を提起した。当時のスペインの国内法によれば、所有者の同意がなくとも、テナント用の商業資産の転貸が認められていたが、上記両氏と譲渡人との契約においては、この規定の適用が排除され、転貸には所有者の同意が必要であるとされていた。仮に、両氏の請求が認められた場合には、譲受人は立ち退きを余儀なくされ、当該店舗における事業活動を行うことができなくなり、結果として、そこで勤務している被用者との雇用契約を終了させることに繋がりうる。この請求を受けた国内裁判所は、本件を審理する前提として、このようなリース契約の終了に伴う解雇が本指令上許容されるのか、すなわち、上記リース契約の終了が本指令にいう「経済的、技術的、又は、組織上の事由」に該当するのかについて、CJEU の判断を仰ぐべく、先決付託を行った。

　本件において、CJEU は、リース契約が自動承継の対象になるのかを判断した上で、本件のようなリース契約の解約を理由とする解雇が許容されるかについての見解を示している。

　第一に、CJEU は、まず、「本指令 3 条 1 項の文言によれば、譲渡人から譲受人に譲渡されるのは『雇用契約』又は『雇用関係』から生じる権利義務である。そして、雇用契約又は雇用関係が、使用者と被用者との法的関係性を含意するものであり、雇用条件の規律を目的にするものである。これに対して、リース契約は、所有者と賃借人との法的関係性を定義づけるものであり、賃貸借の条件を規律することを目的とするものであるので、このような属性を持ったものであるかどうかについては、本指令上明らかではない」として、譲渡人が、所有者という、譲渡人ではない第三者と締結したリース契約について、本指令がこれを規制対象としているかは、条文上明らかではなく、解釈問題となる旨判断した。

　その上で、同裁判所は、「リース契約の自動承継がないとすると、企業の譲受人が、当該事業用施設の立ち退きを余儀なくされ、そこでの事業活動を断念せざるをえなくなり、結果として、関係する被用者の雇用契約が終了してしまうというリスクがあるということになる」として、第三者との契約を承継対象に含めなければ、被用者の雇用が失われてしまうといった実質的な不利益が懸念される旨を述べながらも、「被用者保護といった目的を達成す

る必要性があるからといって、本指令上明確に定められているわけではない
リース契約に係る自動承継を許容すべき義務を課すことによって、企業譲渡
に関与していない第三者の権利が害されてしまうことを認めることはできな
い」として、第三者の権利への配慮から、本件のようなリース契約に対して
本指令の自動承継ルールが適用されないと判断した。

　その上で、CJEU は、「（リース契約の終了に伴って）起こり得る雇用契約
の終了は、企業譲渡のみを理由とするものではない。というのも、このよう
な雇用関係の終了は、譲受人と所有者が新たなリース契約の合意に失敗した
…という特殊事情（additional circumstances）を理由とするものであって、
このような特殊事情は、本指令 4 条 1 項にいう『経済的、技術的、又は、組
織上の事由』に該当すると言えるからである」として、本件解雇が、本指令
にいう解雇禁止ルールに抵触するものではないと結論付けた。

　以上のように、CJEU は、本指令は譲渡人が使用者として負っていた義務
の自動承継を定めるに留まるものであるので、譲渡人と第三者の間で締結さ
れた契約上の権利義務については、その適用の範囲外であること、それ故に、
リース契約の再締結に失敗したという本指令の適用外の事情は、「経済的、
技術的、又は、組織上の事由」に該当することから、これを理由とする解雇
については、本指令の規制が及ばないと判断した。

　ここでは、本指令上の自動承継ルールの適用対象との関係で、適用除外の
有無が検討されている点に特色が見られる。本件が前提としているのは、本
指令の自動承継ルールが譲渡人と被用者との間の雇用関係から生じる権利義
務に限って適用されるものであって、譲渡人と第三者との間のリース契約か
ら生じる権利義務はその対象外であるという点である。そうすると、自動承
継ルールが適用されない以上は、その契約の当事者である第三者が同意しな
い限り、当該権利義務を強制的に移転させることはできないということにな
る。上述した通り、解雇禁止ルールは、あくまでも、譲渡人・譲受人が、自
らの裁量によって自動承継ルールを潜脱することを防止するものであるが、
このような第三者の契約の自由が残されている局面においては、たとえ、解
雇を禁止したとしても、契約の不締結によって事業所が閉鎖され、被用者が
解雇されてしまうという事態を回避することは困難となる。すなわち、譲渡

人・譲受人が望んだとしても、第三者がそれに同意しないことをもって、リース契約が終了し、事業所閉鎖・被用者の解雇が帰結され得るのであるから、譲渡人・譲受人の裁量を解雇禁止によって制約したとしても、リース契約の承継が担保されるわけではないのである。本件の判示内容は、このような解雇禁止ルールと自動承継ルールとの関係性を前提に理解することが可能である。

　以上のように、CJEU は、事業所閉鎖に伴って解雇が帰結されるような局面であっても、その閉鎖が自動承継ルールの対象外である第三者とのリース契約の不締結によるものである場合には、「経済的、技術的、又は、組織上の事由」への該当性が肯定され、解雇禁止ルールが適用されないと判断している。ここでは、自動承継ルールの実効性を担保して被用者利益を保護するといった解雇禁止ルールの立法趣旨を踏まえた上で、被用者の保護範囲を慎重に限定しているのであり、適用除外ルールの適用については厳格な立場がとられている。

3．擬制解雇

　上記の規定（4条1項）は、使用者（譲渡人・譲受人）によって雇用契約等が一方的に解約される場合（＝解雇）についてのものであって、被用者による退職を規律するものではない。

　しかしながら、上記の解雇規制の潜脱を企図する使用者が、労働条件等を当該被用者が容認できないような程度に不利益に変更することで、被用者による自主的な退職を促すという事態も想定される。確かに、雇用契約の終了の発意自体は被用者によって行われているものの、その原因となったのは使用者による不適法な労働条件の不利益変更であるので、この場合に被用者に対して保護が与えられないとなれば、解雇規制の実質的な潜脱につながる恐れがある（いわゆる擬制解雇（constructive dismissal）の問題である）。

　そこで、本指令4条2項は、「企業譲渡による労働条件の実質的な変更が被用者に不利益となるために雇用契約又は雇用関係が終了する場合には、使用者は、当該雇用契約又は雇用関係の終了について責任があるものとする」と定めることで、労働条件の不利益変更を理由として自主的に退職した被用

者を保護することを企図している。

　例えば、譲受人が譲渡人のもとでの雇用期間を通算しないことにより、賃金（remuneration）を37％低下させることは、本規定にいう実質的な変更に該当するとして、これを受けて当該被用者が自主退職したことは擬制解雇に該当し、譲受人がこれに対して責任を負うべきとされた事例が存在する[95]。

　ここでさらに問題となるのが、本規定にいう譲受人の責任の内容である。すなわち、本規定が用いる「責任」という文言からは、違法な解雇が無効となるのか、又は、一定の金銭支払いで足りるのか、もしくは、金銭支払いで足りるとして、通常の解雇法制で認められているような特別な金額を得られるのかといった点が明らかでなく、解釈問題が生じる。

　この点について、CJEU は、解雇法制で認められている特別の金銭支払いの有無が問題となった事例[96]において、「本規定は譲渡人が負うべき責任の法的な結果を定めるものではないので、加盟国に対して、被用者が特定の補償制度（から利益を受けるべき旨を）保障する義務を課すものでもない…。このような見解は、本指令が譲渡に関する法制度の部分的な調和を行うものに過ぎないものであるという点にも整合するものである」として、文言上の不特定性や、部分的調和を行うという本指令の特質を理由に、擬制解雇の効果については、加盟国が独自に決定すべき事柄であるとした。

　もっとも、同裁判所は、続けて、「しかしながら、指令を実施する際にどのような手段を用いるかについての（加盟国の）選択の自由は、本指令の名宛て人である全ての加盟国が、それぞれの国内法制において、本指令が追求すべき目的に照らして最大限の実効性を有することを保障するために必要なあらゆる措置を講じなければならないという義務の潜脱を帰結するものであってはならない」として、各加盟国が本指令の実効性を確保すべき義務を負っている旨を指摘し、加盟国の裁量に一定の制約を課すべき旨を明らかにしている。具体的には、「本指令は、譲受人のもとにおいても譲渡人のものと

---

[95] Case C-425/02 *Johanna Maria Delahaye, née Delahaye v Ministre de la Fonction publique et de la Réforme administrative*［2004］ECR I -10823.

[96] Case C-396/07 *Mirja Juuri v Fazer Amica Oy*［2008］ECR I -8883.

同一の労働条件で労働し続けることを可能とすることで、使用者交代の場面における被用者の権利を保護することを企図するものであり、(その目的を達成するための手段として、本規定のような擬制解雇を定めている。そうすると)、少なくとも、加盟国は、自らの管轄に属する限り、国内法が使用者による雇用契約又は雇用関係の終了に対して付与している効果、例えば、賃金及びその他金銭の支払い、使用者が遵守すべき通知期間については、これを保障すべき義務を負っているというべきである」として、本指令の目的に照らせば、加盟国には、国内における解雇規制と同等の保護を被用者に与えるべき義務が課せられており、この限りで、上記の立法裁量は制約を受けるものと判示されている。

　以上のように、本指令は、被用者が自主的に退職した場合であっても、これが使用者による労働条件の不利益変更を理由とするものであるならば、解雇と同様に規制を行うと定めているところ、この規定と上記の判例法理が相まって、擬制解雇を受けた被用者は、自主的に退職しているにもかかわらず、金銭支払い等において、国内法における解雇規制と同様の保護を受けられるということになる。

第3節　経営関与に係る手続的規制
——労働者代表との情報提供・協議（7条）

　これまでに検討してきた自動承継ルール及び解雇禁止ルールといった実体的規制に加えて、本指令は、7条において、労働者代表との情報提供・協議を課すという手続的規制を設けている。このような情報提供・協議手続を通じて、被用者側による経営関与の余地が認められている。

第1款　情報提供義務

　本指令7条1項は、「譲渡人及び譲受人は、譲渡によって影響を受けるそれぞれの被用者の代表機関に対して情報提供を行わなければならない」として、譲渡人・譲受人の双方に対して情報提供義務を課している。

1. 情報提供・協議手続における被用者側[97]の当事者について

本規定は、情報提供手続においては、「譲渡によって影響を受ける被用者」の「代表機関」が労働者側の当事者となる旨定めている。

(1) 譲渡によって影響を受ける被用者

上記の通り、本指令では、情報提供手続における被用者側の当事者を確定するに際して、「譲渡によって影響を受ける被用者（employees affected by the transfer）」という概念がその範囲を左右する重要な役割を担っている。

ここでいう「譲渡」については、前述した通り、CJEU の詳細な解釈論が展開されており、具体的には、目的論的解釈を行うことで、その射程を拡張的に捉える判断が示されている。

このような判断を前提として、本指令にいう譲渡が行われたと言える場合には、その当事者である譲渡人・譲受人が確定され、そこで雇用されている被用者が、自動承継ルール・解雇禁止ルールの適用対象となることで、「譲渡により影響を受ける被用者」として情報提供・協議手続に関与する余地が認められることになる。

(2) 被用者の代表機関

本指令は、情報提供を受ける当事者として、基本的には被用者の代表機関を想定していることから、譲渡によって影響を受ける被用者の存在が肯定されたとしても、それをもって直ちに、当該被用者ら個人が経営に関与する余地が認められるわけではない。

もっとも、どのようにして被用者代表機関を設けるかについては、各加盟国の法的伝統や労使慣行等に依存する事柄であるので、EU 法において画一的なモデルを強制することは適切ではない。そこで、本指令は、情報提供・協議手続の内容面は規制するものの、その当事者である被用者代表機関としてどのようなものを設けるかについては、基本的には、各加盟国の法律や労働協約等の規律するところに拠ると定めている（2条1項 c 号、6条）。この点、各国の被用者代表法制は、産業別・職業別の組合と企業別・事業所別の従業員代表機関の双方を認めることで、企業内外双方のレベルでの利益調

---

97 使用者側の当事者については、企業グループ単位での規制のところで検討する。

160 第2編 EU労働法分野における被用者の経営関与制度

整を可能とする大陸法系の法制（デュアル・チャンネル）と、組合代表のみ
を想定する英米法系の法制（シングル・チャンネル）に大別されるが、本指
令は、このような法制度の多様性を許容する制度設計を採用している。

　しかしながら、各国の個別事情を尊重するあまり、本指令の実効性が損な
われしまうことは適切ではない。この点、加盟国の法的伝統と本指令の実効
性確保の要請の抵触が問題となった事例として Commission v UK 事件[98]が
存在するところ、CJEU は、この事例において、EU 法による加盟国法制へ
の一定の枠付けを行っている。

　本事件の端緒となったのは、イギリス法における集団的自由放任主義
（collective laissez-faire）という法的伝統であった。これによれば、労使関
係においては、政府による立法介入は謙抑的であるべきであり、労働者・労
働組合と使用者の自主性・任意性が重視されるべきであるとされていた。そ
れ故、全ての労働者集団に対して団体交渉権が付与されていたわけではなく、
使用者が「承認（recognition）」を与えた集団のみが、団体交渉の当事者と
して認められ、協約締結権限を付与されていた。

　このような伝統のもと、本指令を国内実施するイギリス法においては、情
報提供・協議を受けるべき当事者として、承認組合（recognised union）の
みを定めていた。しかしながら、EC 委員会が、このような制度は使用者側
の主観によって本指令の適用範囲を制限する可能性があるとして、本指令に
適合するものではないと主張し、CJEU の判断を仰ぐこととした。

　本件において、イギリス政府は、本指令は加盟国法を部分的に調和させる
（partially harmonize）ものに過ぎず、労働者代表の仕組みについては加盟
国法に委ねられているとして、自国に裁量がある旨主張していた。しかしな
がら、CJEU は、集団的整理解雇指令の場合と同様に（第3章参照）、本指
令の実効性確保を理由としてこのイギリス政府の主張を退けた。すなわち、
同裁判所は、「確かに、本指令は、使用者が交代する局面における被用者保
護のためのルールの部分的な調和を行うものにすぎず、被用者代表に関する

---

98 Case C-382/92 *Commission of the European Communities v United Kingdom of Great Britain and Northern Ireland* ［1994］ECR I -2435.

国内法制の完全なる調和を行うために設計されているものではない」として
イギリス政府の主張にも一定の理解を示しながらも、「しかしながら、この
ような部分的調和の制限的な性質は、本指令の実効性（effectiveness）を奪
うものであってはならない」として、加盟国の裁量には、本指令の実効性確
保という観点から一定の制約がある旨判示した。そして、具体的には、「現
在のイギリス法においては、企業譲渡によって影響を受ける被用者が、使用
者が当該被用者らの代表について反対している場合（＝使用者が任意的に承
認を与えない場合）には、本指令に定める保護を享受できないということに
なっている。このような法制度は、使用者が本指令に定める被用者保護をな
いがしろにすることを可能にするものであるので、本指令に反するものと言
わざるをえない」として、使用者の一方的な意思によって本指令上の保護の
範囲が左右されてしまうことを認めるイギリス法は EU 法である本指令に適
合しないと判断した[99]。

　以上のように、本指令は、加盟国における労使関係システムに配慮し、そ
の具体的な組織や権限については加盟国法の定めによるとの基本的立場を採
用しているものの、このような加盟国の裁量には本指令の実効性確保という
観点から一定の制約が課せられている。換言すれば、加盟国には、この制約
の範囲内で、自国における労使関係システムを自由に構築する裁量が認めら
れているのである。

(3) 例外的な当事者としての被用者個人

　本指令は、被用者の代表機関が被用者側の過失なく存在しない場合に限っ
て、被用者個人を情報提供を受ける当事者として認めている（7 条 6 項）。
本指令における被用者関与はあくまでも集団的な性格を有しているのが基本
であるため、このような被用者個人を当事者とする手続は、あくまで例外的

99　イギリスは、本件を受けて、国内法を改正するに至った（Collective Redundancies and
Transfer of Undertakings (Protection of Employment) (Amendment) Regulations 1995 (S.I.
1995/2587)）。また、情報提供を受ける権利が全ての被用者に対して保障されるべきものであると
いう同様の趣旨は本指令の国内法化の文脈にも妥当する。この点、制定法ではなく、協約による国
内法化が行われる場合があるが、協約の適用範囲が限定されており、本指令所定の保護を受けられ
ない被用者の存在が認められる場合には、加盟国の国内法化義務違反が肯定されることになる
（Case 235/84 *Commission v. Italy* EU: C: 1986: 303）。

162 第2編 EU労働法分野における被用者の経営関与制度

なものとして位置付けられるものである[100]。

2. 情報提供義務の対象事項

(1) 概説

　本指令7条1項では、情報提供義務の対象となる事項が列挙されている。すなわち、譲渡人及び譲受人は、①譲渡の日又は予定日、②譲渡が被用者に及ぼす法的、経済的、及び、社会的影響（implications）、③当該被用者に関して計画されている全ての措置（measure）、並びに、④譲渡の理由について、当該被用者代表に情報を提供する義務を負っている。

　これらの対象事項のうち、特に解釈が必要となるのは③と④である。すなわち、①については、本指令にいう譲渡が行われると確定した日、又は、まだ確定はしていないものの、譲渡が行われることが予定されている日のことを指すことは明白であるので、前述した譲渡概念への該当性を除いては、解釈問題は特に生じることはない。また、②については、譲渡の影響として様々なものが想定され、①よりは複雑な判断が必要とされるものの、譲渡の法的影響として使用者の同一性の変更や雇用に関する実定法上・契約上の権利の保持等が想定されるとともに、譲渡の経済的・社会的影響として人的資源及び労使関係についての基本方針や使用者の財政的安定性の変化等といったものが想定される等、その内容を相当程度予見することができる[101]。これらに対して、③については、譲渡の影響を受ける被用者に対してどのような措置を講ずるのかはそれぞれの企業の経営判断によるため、その具体的内容を条文から明確に読み取ることは容易ではない。また、④についても、譲渡

---

100 Karl Riesenhuber, *supra* note 6, p.792. ところで、本指令は、譲渡が多数の被用者に対して深刻な悪影響を与えうる事業上の変化を生じさせる場合について、仲裁委員会（arbitration board）を利用可能とすることで、被用者代表機関が情報提供・協議を受ける権利を制限する国内法の規定を導入することも許容しているが（7条3項）、あくまで情報提供・協議を通じた利益調整が基本なのであり、このような規定も例外的なものとして位置付けられる（Franzen: Informationspflichten und Widerspruchsrecht beim Betriebsübergang nach § 613a Abs. 5 und 6 BGB, RdA 2002, 258, S.259-261）。ここで、本文で述べた被用者個人への情報提供の位置付けを合わせて考慮すると、本指令は、手続面においては、集団的な自治による利益調整を基本とするものと言えよう。

101 *See* Charles Wynn-Evans, *The Law of TUPE Transfers*（2nd edn, OUP 2016）, pp 293-294.

を行う理由はそれぞれの企業の経営判断に依存するため、当該企業がどのような理由を持って譲渡を行うのかについて、③と同様に、条文から一義的な内容のものを導くことは困難である。

これらの点について、CJEUによる解釈論は直接的には示されていないものの、学説上の議論や、国内裁判所がEU法適合解釈を行った事例が存在する。以下では、それらの検討を通じて、③と④の具体的な内容を明らかにしていく。

(2) 当該被用者に関して計画されている全ての「措置」の具体的内容

本規定で用いられている「措置（measures）」という概念については、その文言の一般性や本指令の実効性確保の観点に照らして、広範な射程を有するものであり、典型的には、解雇や労働条件・労働環境の変更等を含意するとされている[102]。

まず、解雇については、前述した通り、譲渡そのものを理由とする解雇は原則的に禁止されているものの、「経済的、技術的、又は、組織上の事由」による解雇については、規制対象外とされている。また、前述した判例法理からすれば、譲受人による再雇用がない解雇や、譲渡から時間的に離れている解雇についても、譲渡そのものを理由とする解雇ではないとして、規制されない可能性を有している。それ故、これらの解雇については、使用者が講じる「措置」として、情報提供の対象となりうる。

次に、労働条件・労働環境の変更については、自動承継ルールにより、労働条件そのものの一方的な変更は認められておらず、また、合意による不利益変更も自動承継ルールの強行法規性から認められていない。しかしながら、労働条件を引き上げることは規制されておらず、また、労働条件の内容決定に関係しないような事実上の変化（労働環境の変化等）についても、規制の対象外となっている。更に言えば、譲渡そのものを理由とする労働条件の不利益変更は禁止されているものの、経営状況の悪化等の他の理由による不利

---

102 *Claudia Schubert/Laura Schmitt*, Europäishes Betriebsverfassungsrecht B8300 in *Hartmut Oetker/Ulrich Preis*（Hrsg.）, Europäisches Arbeits- und Sozialrecht EAS: Teil B Systematische Darstellungen, 2022, Rn.619; *Ibid.*; Gillian S. Morris and Timothy J. Archer, *Collective Labour Law*（Hart Publishing 2000）, p.336.

益変更までは禁止されていないのも前述の通りである。したがって、一方的
又は合意による労働条件の引き上げ、労働条件に影響しない事実上の利益
的・不利益的変更、譲渡以外を理由とする労働条件の不利益変更等について
は、使用者が講じうる「措置」として、情報提供の対象となりうることにな
る。

もっとも、譲渡の後に講じられうる措置のうち、短期的なものについては、
譲渡時において具体的な計画がある場合が想定されうるのに対して、長期的
なものについては、当該事業等が将来的にどのような状況にあるのかを正確
に予測することが通常は容易ではないことから、譲渡時において具体的・確
定的な計画がなく、概括的な予測が行われるにすぎない場面も想定される。

それでは、本指令・本規則上で情報提供が義務付けられている対象として、
このような仮定的な措置に関する情報（＝予測）がその範囲に含まれるのか、
それとも、確定的な措置に関する情報のみがこれに含まれるのか、いずれで
あろうか。

この点について、CJEU による解釈論は示されていないものの、イギリス
の 高 等 法 院（High Court）が EU 法 適 合 解 釈 を 行 っ た 事 例 と し て、
Institution of Professional Civil Servants v Secretary of State for Defence
事件[103]が存在する。

なお、後述するが、ここでいう「措置」は協議の対象事項としても定めら
れているので、上記の内容を明らかにすることは、協議義務の内容を具体化
するという意義も有する。

① 国内法の概要

イギリスにおいては、本指令の国内実施法として、企業譲渡（雇用保護）
規則（The Transfer of Undertaking（Protection of Employment）
Regulations、以下企業譲渡規則又は本規則）[104]が定められている。

企業譲渡規則においては、本指令と同様に、雇用の自動承継を中心とした
規制を行っている。すなわち、本規則5条2項b号では、企業等が譲渡され
る場合、譲渡の直前に譲渡人によって雇用されていた被用者の雇用契約は、

---

[103] *Institution of Professional Civil Servants v Secretary of State for Defence* [1987] IRLR 373.

第4章　特別法②——EU企業譲渡指令における被用者関与制度　　165

自動的に譲受人に承継されるとして、本指令3条に対応する規定が置かれている。

　その上で、本指令と同様、この規定の実効性を担保するために解雇規制（本規則8条）及び情報提供・協議義務（10条）が定められている。

　以上のうち、情報提供・協議に着目すると、具体的には、次のような規定が設けられている。すなわち、本規則10条2項本文では、「使用者は、譲渡によって影響を受ける被用者[105]の利益を代表する承認組合（recognised union）との間で協議を行うのに十分な時間的余裕をもった当該譲渡以前の時点において、この組合代表に対して、（次の各号に定める項目について）情報提供を行わなければならない」として、情報提供義務の発生時点と対象事項が規定されている。

　ここで定められている対象事項としては、①当該譲渡が行われようとしている事実、そのおおよその日時、及び、その理由（a号）、②当該譲渡が影響を受ける被用者に対して及ぼしうる法的、経済的、及び、社会的影響（b号）、③使用者（譲渡人・譲受人）が、譲渡に関して、当該被用者に対して実施することを計画している措置、又は、何らの措置も計画していない場合にはその旨の事実（c号、d号）が挙げられる。

　その上で、企業譲渡規則は、使用者に対して、上記承認組合との協議義務を課している。すなわち、本規則10条5項は、「使用者は、当該譲渡に関して、影響を受ける被用者に対して何らかの措置を講じることを計画する場合には、その措置について、当該承認組合と協議を行わなければならない」と

---

104 The Transfer of Undertaking（Protection of Employment）Regulations 1981（S.I. 1981/1794）.
　なお、本規則は、数度の改正を経て、現在は The Transfer of Undertaking（Protection of Employment）Regulations 2006（S.I. 2006/246）が立法化されている。改正の経緯等を含め、本規則については、長谷川聡「イギリス法」毛塚勝利編『事業再構築における労働法の役割』中央経済社（2013年）479頁以下等参照。
105 なお、「影響を受ける被用者（an affected employee）」について、本規則は、「当該譲渡に関して、（譲渡されるべき企業又は企業の一部において雇用されているかどうかを問わず、）譲渡又は譲渡に関連して実施される措置によって影響を受ける譲渡人又は譲受人の被用者のことをいう」との定義規定を設けており（10条1項）、情報提供・協議の対象となる被用者の範囲を広く捉えている点が注目される。

して、使用者が承認組合との間で当該措置について協議を行う義務を負っている旨を定めている。

② 事実概要

連合王国は、自国の軍艦の製造や整備等を行っていた国営の造船事業を民営化する方針を決定し、その根拠法となる造船事業法（Dockyard Services Act 1986）を制定した。この法律に従い、連合王国は、1987年4月6日、上記造船事業を民間企業であるバブコック・インターナショナル社に譲渡した。これに伴い、当該造船事業に従事していた被用者（17,000名余）の雇用も同社へと移転させられることとなり、従来は公務員（civil servant）であった当該被用者らは、その身分を失い、通常の民間企業における雇用契約の当事者となった。

上記造船事業法は、上記造船事業の譲渡に対して、企業譲渡規則10条が適用される旨を明らかにすることで、譲渡人（連合王国）と譲受人（バブコック・インターナショナル社）が情報提供・協議義務を負っていることを確認していた[106]。

連合王国政府は、法案を可決する前の1985年4月17日に、上記造船事業の将来像についての公的な文書を公表した。この文書においては、上記造船事業とその顧客である連合王国とを明確に分離しておく必要があること、上記造船事業の経営者に経営の自由を与えること、及び、商業会計（commercial accounting）を導入する必要性があることから、上記造船事業を民営化すべき旨が述べられていた。この文書が公表されると、国防大臣の補佐官（assistant）は、直ちに、上記造船事業の民営化についてのプロジェクトチームを編成した。このプロジェクトチームは、1985年7月5日までという期限を定めたうえで、民営化について、上記造船事業に従事する被用者を代表する組合との間で情報提供・協議手続を行うことを公表した。この手続にお

---

[106] CJEU の判例によれば、公共部門の事業譲渡についても本指令が適用されることとなっていることから（Case C-29/91 *Dr. Sophie Redmond Stichting v Hendrikus Bartol and others* EU: C: 1992: 220等）、上記の造船事業法の規定はあくまでも確認的なものであると解される。したがって、本件ではこの造船事業法が制定される前に情報提供・協議手続が行われているものの、この手続は、既に、本指令の国内実施法である企業譲渡規則の適用下にあるものと解される。

いては、民営化する理由、民営化に対する代替案の有無や、民営化後に譲受人がどのような措置を計画しているか等が話し合われた。

ここで特に問題となったのは、動員可能な労働力（manpower）の将来予測をめぐる情報提供・協議義務の有無である。すなわち、組合側は、民営化に伴って雇用コストを抑える必要性が生じることから、上記造船事業に動員されるべき労働力が将来的に減少し、労働環境が悪化するのではないかとする懸念を抱き、この点についての情報提供・協議を求めたのに対して、使用者は、現段階ではその点に関する具体的な措置は検討されていないとして、そのような情報提供・協議義務は生じないと反論していた。

その後、議論が平行線をたどった後、連合王国は、民営化以外の方策を見い出すことができず、また、組合に対しても、民営化の理由等について十分な情報提供・協議を行ったとして、上記の造船事業法を制定し、上記造船事業の譲渡（＝民営化）を断行した。

③ 判旨

企業譲渡規則は、企業譲渡指令を国内実施するために制定されたものであるので、その文言に曖昧な点（ambiguity）がある場合には、可能な限り、上記指令に適合した解釈を行わなければならない。

その上で、（どのような事項が情報提供義務の対象となるのかを判断するためには）、次の諸点を考慮しなければならない。

第一に、（本規則のもとでは、）労働組合にとって利益や価値のある情報の全てが、情報提供義務の対象となっているわけではないことは明らかであり、組合が制定法上（情報提供を受ける）権利を有しているのは、条文上で列挙されている事項（本規則10条2項各号）のみに限られる。国務大臣がその他の情報を任意に提供することは妨げられないものの、このような（列挙事項以外についての）情報提供を強制されることはない。

第二に、上記列挙事項についての情報は、国務大臣と本件組合との間で「協議を行うのに十分な時間的余裕をもった当該譲渡以前の時点において」、提供されなければならないと規定されていることからすると、本規則が、組合に対して上記の情報を義務的に提供することを要求することで、上記協議の実施を可能にすることを立法目的の一つとしていることは明らかである。

そうすると、当該情報が既に決定されている事実ではなく、（将来的な）業績評価（appraisal）や経営判断（judgement）に基づくものである限りは（これらについて協議を実施しようとすると、その対象事項となるのは、将来的に業績評価や経営判断を行う際の根拠となりうるような現状での予測（calculations）及び推定（assumptions）であるところ、そのような仮定的な事項について意味のある協議を行うことは困難であるので、）そのような情報は情報提供義務の対象には含まれないと解するべきであり、組合は、情報提供義務の履行について異議を唱えるために、そのような予測や推定についての情報を要求する権利を有するものではないというべきである。

　以上の点からすれば、本規則に言う「措置（measures）」という文言は、一般的には、極めて広範な意味（import）を有するものであり、（譲渡に関して計画される）全ての行動（action）、手段（step）、及び、取り決め（arrangement）を含意するものと言える。もっとも、本規定が規制対象としているのは、使用者が実際に実行する意図を有しているような相当程度に確定的な計画や提案（some definite plan or proposal）のみであって、単なる見込み（hope）や可能性（possibilities）は情報提供の対象外であるというべきである。そうすると、動員可能な労働力の予想については、その不確実性（uncertainty）又は偶然性（contingency）に照らすと、情報提供義務が課せられるべき対象事項に含まれないというべきである。

④ 分析

　本判決には、情報提供義務の対象となる「措置（measures）」の内容についての一般論を提示するとともに、その内容に対する一定の制約を課している点に意義がある。すなわち、イギリス高等法院は、本判決において、「『措置』という文言は、一般的には、極めて広範な意味を有するものであり、（譲渡に関して計画される）全ての行動、手段、及び、取り決めを含意するものと言える」として、この措置という概念が、基本的には広範な内容を含意するものであるという一般論を提示した。

　そのうえで、本判決では、協議義務との関連性に着目し、情報提供義務の対象事項が過度に広範で抽象的なものとならないように、一定の制約を課している。すなわち、イギリス高等法院は、情報提供義務が協議義務の実効性

を担保する手段になるという関係性を前提としたうえで、情報提供義務を観念するにあたり、当該措置の内容が最終決定されることまでは要求していないものの、協議義務の履行に資するものであるのかといった観点から、これが相当程度に明確化されていることを要求している。このような判断により、譲渡後の状況を単に展望するという実質的な協議が期待できないような一般的かつ不特定な意図についてまで、情報提供義務が生じることを避ける判断を示している[107]。

　以上のように、本判決は、措置概念についての一般論を示しつつ、実質的な協議を担保するという観点から、その内容の明確性に着目した一定の制約を課す判断を示している。

　その後、本判決が示した一般論を踏襲しつつ、内容の明確性とは異なった視点から、その広範な一般論に制約を課す解釈論の展開が見られる。すなわち、イギリス雇用上訴審判所（EAT）は、Todd v Strain and Ors 事件[108]において、本判決の一般論を踏襲しつつ、当該措置が譲渡によって不可避的に実施されるものであるのかといった観点から、一定の制約を課す判断を示している。

　この事件の事実概要は次の通りである。すなわち、私人である Todd 氏は、自らが所有していた介護ホーム（care home）を Care Concern 社に譲渡することを決定した。同氏は、当該介護ホームで勤務する被用者に対して、彼・彼女らの雇用は譲受人のもとで保障されるとの説明を行った。しかしながら、当該介護ホームのマネージャー職にあった Strain 氏は、要介護者のケアについての懸念があったことから、譲渡人に対して、譲受人である Care Concern 社がどのような企業であり、どのような事業方針を有しているのかについての情報提供を求めた。これに対して、Todd 氏は、他の地域において解雇ホーム事業を営んでいる旨説明したが、それ以上の詳しい説明は行わなかった。この説明を不服とした Strain 氏は、Care Concern 社の事業方針等によっては、当該介護ホームの運営にも影響が出る可能性があるこ

107　Charles Wynn-Evans, *supra* note 101, p.294.
108　*Todd v Strain and Ors* [2011] IRLR 11（EAT）.

とから、このような企業についての情報が本規則に言う「措置」の位置内容を構成するとしたうえで、この点についての詳細な情報を提供しなかった譲受人は、情報提供義務に違反していると主張した。

これを受けたイギリス雇用上訴審判所は、まず、「（本指令にいう）『措置』という文言は、一般的には、極めて広範な意味を有するものであり、（譲渡に関して計画される）全ての行動、手段、及び、取り決めを含意するものである」として、上述の Institution of Professional Civil Servants v Secretary of State for Defence 事件判決が示した一般論を提示した。

そのうえで、同審判所は、「もっとも、そのような措置は、譲渡そのものの結果として必然的に生じうる事柄に加えて、譲渡人によって意図的に実施されるものでなければならない」として、情報提供の対象となる措置が、使用者によって意図的に実施されるものに限られるとの基準を示した。

この基準を前提として、同審判所は、「（譲受人の企業概要や事業方針等といったような）企業の管理に関する変更（administrative arrangements）は、通常は、譲渡の文脈においては不可欠なものである」として、Strain 氏が要求したような Care Concern 社に関する情報は、情報提供義務の対象である「措置」には含まれないのが通常であると判断した。

上記のように、雇用上訴審判所は、（使用者の作為によらず）譲渡そのものから不可避的に帰結されるものであるのかといった観点から、情報提供の対象事項を限定する判断を示している[109]。すなわち、この基準によれば、譲渡それ自体から不可避的に生じる変化、例えば、譲渡後に賃金支払い義務を負う主体が新使用者（譲受人）に変更されるといった点に関する単なる事実は、情報提供の対象とはならないと言うことになる。その反面、譲渡後に通常想定される範囲を超えて経営管理状の変更が行われる場合、例えば、被用者の再配置が行われたり、解雇が行われたり、労働条件の変更等が行われたりする場合には、使用者による意図的な変更があったとして、情報提供の対象となることとなる。さらには、文脈にもよるが、このような契約に関する変化に加えて、指揮命令系統（reporting line）の変更、制服の変更、内部

---

[109] Charles Wynn-Evans, *supra* note 101, p.295.

的な経営再編（internal management reorganisations）や、職名（job title）の変更等についても、譲受人の組織との調和を図る程度を超えるものについては、使用者による意図的な変更があったものとして、情報提供の対象事項となる可能性があるとされている[110]。このような判断は、上述した協議義務との関係性において理解することが可能である。すなわち、協議の相手方である使用者において変更可能な措置を対象事項としなければ、どれだけ充実した協議を行ったとしても、それが実際の施策に結びつかないということになる。それ故、情報提供を通じて、実質的な協議を行うという観点からすれば、使用者によって意図的に変更された事項を対象とする必要性があるのである。

　以上のように、情報提供の対象となる「措置」については、「（譲渡に関して計画される）全ての行動、手段、及び、取り決めを含意する」との極めて広範な定義付けがなされつつも、実質的な協議を可能にするため、その内容が明確であるのか、また、使用者による意図的な施策によるものであるのかといった観点から、一定の制約が課されている（それ故、後述するように、この判断内容は、協議義務の対象事項の文脈においても妥当するものとなっている）。

(3)「譲渡の理由」の具体的内容

　本指令は情報提供の対象事項として、「譲渡の理由（the reasons for the transfer）」を挙げている。その具体的内容としては、経営危機の回避や経営の合理化等といった経営事項が主に想定されるが、実際の企業経営の場面では、複数の理由が相互に密接に関連して、譲渡が行われる場合も少なくない。そこで、問題となるのが、譲渡の理由として、このように複数存在しうる場合に、その全てについての情報開示が必要なのか、それともその一部についての情報開示でも足りるのかという点である。

　この点、学説上では、単に譲渡人・譲受人間で何らかの契約等がある旨の情報にとどまらず、それに関連する経営上の考慮事項を広く含む概念であると解されているところ[111]、その内容をより具体的にすべく、この規定を国内

---

110 *Ibid.*

法化している前述のイギリス法について雇用上訴審判所による見解が示された事例[112]が存在するので、先の「措置」概念と同様、ここで検討することとする。

この事件において、使用者は、外部化という形での譲渡を計画した際に、当該譲渡はコスト削減を理由とするものであるとの情報提供を行った。しかしながら、組合は、本件譲渡の以前から、賃金をめぐって労使間で紛争が生じており、経営者側が本件労使紛争についての合意が形成できない場合には当該事業を外部化すると述べていた点を指摘したうえで、本件譲渡の理由としては、コスト削減だけでなく、本件労使紛争の存在が挙げられるのではないか、そうだとすると、これについての情報が提供されていないのであるから、使用者は情報提供義務に違反しているのではないかと主張された。

これについて、雇用上訴審判所は、第一に、使用者が、賃金をめぐる労使紛争が解決されない場合に事業を外部化する意図を表明していたこと、第二に、上記の労使紛争と経営者の意図が譲渡を実施する理由となっていることをそれぞれ認定したうえで、「労使紛争とコスト削減の双方が理由となっているのであれば、使用者は、これらのうち一つについてのみでなく、それら全てについて言及する必要がある」として、使用者の情報提供義務の違反を肯定した。

この判決が示すのは、譲渡の理由が複数ある場合にはその全てについての情報を提供する義務があるので、使用者が自己に都合のよい情報のみを選択的に提供することは、本規則に定める情報提供義務に違反するということである。

以上のように、譲渡の理由としては、コスト削減等といった経営判断に関する事項や、労使紛争の回避等の他の事情が挙げられるところ、使用者には、それら全てについて情報を提供する義務が課せられている。

---

111 Schlachter/Henig (Hrsg.), Europäisches Arbeits- und Sozialrecht, 2. Aufl. 2021, RL 2001/23/EG Art.7 Rn.16.

112 *LLDY Alexandria Ltd (formerly Loch Lomond Distillery Co Ltd) v Unite the Union and another* UKEATS/0002/14/SM.

3．情報提供義務の発生時期

　本指令7条1項2文及び3文は、情報提供義務の発生時期について、次のように定めている。すなわち、譲渡人は、被用者代表に対して、「譲渡が実施される前の適切な時期」に情報を提供しなければならず（2文）、また、譲受人は、「その構成員である被用者が労働条件及び雇用条件に関して譲渡の直接的な影響を受ける前の適切な時期」にこれを行わなければならないとされている（3文）。

　ここでは、情報提供が譲渡の前に行われなければならないという譲渡に対する事前性が要求されていることまでは読み取れるものの、その具体的な時期については、「適切な時期」等といった抽象的な文言が用いられているため、明確に読み取ることができず、解釈問題となる[113]。

　この点について、CJEUによる解釈論は示されていないが、本指令を国内実施するイギリス法において、示唆に富む議論が存在する。

　先に検討した通り、イギリス法においては、協議義務との関係性を踏まえて、情報提供を行うべき時期をより具体的に規定している。すなわち、情報提供義務は、「譲渡によって影響を受ける被用者の利益を代表する組合との間で協議を行うのに十分な時間的余裕をもった当該譲渡以前の時点」において、履行されなければならないとされている（企業譲渡規則10条2項本文）。

　この規定の意味内容については、先の「措置」概念の箇所で検討したイギリスの判決[114]において、イギリス高等法院によるEU法適合解釈が示されている[115]。すなわち、イギリス高等法院は、「（上記の時点は）、当該措置が計画され次第可及的速やかな時期を意味するものである。その上で、会社は組合との議論を行い、組合は、会社が計画していた措置に対して、これを発展させたり、変更したりすることを望むことができる」として、当該措置が計画された直後のタイミングで、情報提供義務が生じ、これにより、組合との

---

113 Constantin von Alvensleben, Die Rechte der Arbeitnehmer bei Betriebsübergang im Europäischen Gemeinschaftsrecht, 1.Aufl. 1992, S.102-103.
114 *Institution of Professional Civil Servants v Secretary of State for Defence*［1987］IRLR 373.
115 なお、本件においては、情報提供義務の発生時点が明示的に問題となっていないことから、イギリス高等法院は、傍論（obiter dicta）として、解釈論が展開されている。

協議が可能となる旨判示している。

ここで着目すべきは、情報提供義務の発生時点が、比較的遅いタイミングに設定されている点である。すなわち、譲渡のスケジュールとしては、一般的に、①譲渡の原因事項の発生、②譲渡の決定、③影響を受ける被用者に対する措置に関する計画の策定、④当該措置の実施、といった諸段階が想定されうるところ、上記判決においては、情報提供義務は、③の段階で発生すると判断されていることから、被用者側としては、譲渡の決定といった経営事項については関与することができないことになっているのである。

この点、学説上も、本指令における情報提供義務は、措置の検討が行われて被用者に対する悪影響が予測される段階に至って初めて生じるとして、同様に解する見解がある。その理由として、被用者保護と事業者側の経営の自由との均衡を図るという観点が示されているところ[116]、これは、前述のAlemo-Herron 事件先決裁定で示されていた利益衡量の視座とも調和が取れた解釈であると見受けられる。本指令が強度の実体的規制を置いており、手続面における保護の必要性が一定程度後退しうることを踏まえると、上記解釈は、そのような利益衡量の観点からも妥当性を有するものと考えられる[117]。

以上のように、情報提供義務については、譲渡に対する事前性が定められているものの、被用者に対する措置が計画された直後にこの義務が発生するとされていることから、被用者が譲渡の決定という経営事項について関与する余地に乏しいものとなっている。

第2款 協議義務

1. 協議義務の対象事項

本指令7条2項においては、「譲渡人又は譲受人は、それぞれの被用者に

---

116 Oetker: Die Vorgaben der Betriebsübergangsrichtlinie für die Beteiligungsrechte des Betriebsrats, NZA 1998, 1193, S.1194.

117 Karl Riesenhuber, Arbeitnehmerschutz durch Information beim Betriebsübergang in Krause/Veelken/Vieweg（Hrsg.）, Recht der Wirtschaft und der Arbeit in Europa, 2004, S.206では、情報提供義務を課すという手続的規制を行う局面において、被用者保護と使用者側の経営裁量のバランスを取るべきことが示唆されている。

関係する措置を計画する場合には、適時に（in good time）、それらの措置（measures）について、合意に達する目的をもって（with a view to reaching an agreement）、協議しなければならない」として、被用者代表に対する協議義務が定められている。

　ここで注目されるのは、事業譲渡を行うという経営決定自体は協議義務の対象事項とはなっておらず、それに伴って計画される「措置」についての協議が行われるにとどまるということである[118]。すなわち、情報提供義務が、「①譲渡の日又は予定日、②譲渡が被用者に及ぼす法的、経済的、及び、社会的影響、③当該被用者に関して計画されている全ての措置、並びに、④譲渡の理由」といった四点を対象事項とするのに対して、協議義務は、「それらの措置（measures）について」として、③のみを対象事項としており、協議義務の対象事項が情報提供義務のものよりも狭い範囲に限定して規定されている[119]。

　この点、上記の情報提供義務の箇所で検討した通り、一方で、③は事後的な緩和策や不利益措置等を含意するに留まるものであり、他方で、④は譲渡が決定されるに至った経緯といった経営に関する事項を射程に含めるものであることからすると、このように、③のみが対象事項として定められて④が除外されているということは、被用者が経営事項について協議する機会が法的には保障されないということを意味する。このことは、先のEU法適合解釈を行った事例[120]において、イギリス高等法院が、条文上、情報提供の対象には「措置」と「理由」の双方が含まれるが、協議対象にはこれらのうち「措置」のみが挙げられている点を指摘したうえで、「当該譲渡それ自体の妥当性（desirability）や理由の適切性（sufficiency）は、使用者が決定すべき経営方針（business policy）の問題であるから、（情報提供義務の対象になりうるとしても、）組合が（協議を通じて）その決定に参画することはできない」と判示していることからも窺うことができる。

---

118 Schubert / Schmitt, a.a.O.（Fn.102），Rn.542.

119 協議義務の文脈における「措置」は、情報提供義務と同様に解されている（Krause, a.a.O.（Fn.41），Rn. 106）。

120 *Institution of Professional Civil Servants v Secretary of State for Defence*〔1987〕IRLR 373.

176 第2編 EU労働法分野における被用者の経営関与制度

　このように、本指令上、協議義務は、「措置」のみについて生じるので、「譲渡の理由」といった経営事項については、被用者の関与する余地が制限されている。

　それでは、何故、協議対象ではない事項についての情報提供義務が課せられているのであろうか。この問題は、情報提供義務の存在意義に関するものであって、協議義務に直接的に関係するものではないものの、協議義務の対象事項から派生する問題として、ここで合わせて検討する。

　この点については、イギリスの雇用上訴審判所が、EU法適合解釈を行った事例[121]において、任意的な労使間協議の可能性を開くためであると説明されている。すなわち、同審判所は、本問題については、イギリス法の淵源に位置する本指令を背景とした検討を行わなければならないとしたうえで、「情報提供義務の目的は、差し迫った変化の際に、影響を受ける被用者の精神（mind）を可能な限り安心させるところにあるだけではなく、それらの被用者の代表機関が、提供された情報に基づいて使用者との協議手続に参加できるようにするところにある」として、情報提供義務が協議義務の前提となる旨を指摘しつつ、「（本指令は、必ずしも、義務的な協議を可能とするためだけに情報提供義務を課しているわけではなく、）義務的に提供された情報を用いて、自主的な協議（voluntary consultations）を行うことを可能にすることも目的の一つとしている」として、本指令が想定する協議には、義務的なものに加えて、任意的なものも含まれるところ、協議対象に含まれていない情報には、後者の任意的な協議を行うための契機となるという意義が認められるとの見解を示した。

　以上のように、本指令においては、情報提供義務の対象として「措置」や「譲渡の理由」といった様々なものが定められているところ、一方で、協議義務の対象として被用者関与が認められるのは、それらのうちの「措置」についてのみであるが、他方で、それ以外の「譲渡の理由」といった経営に関する事項についても、任意的な協議を通じた被用者関与の余地が認められている。

---

121 *Cable Realisations Ltd v GMB Northern* ［2010］IRLR 42.

2．協議義務の発生時期について

上記の通り、本指令において、使用者は、被用者代表との間で、「適時に（in good time）」協議を行わなければならないと定められている（本指令7条2項）。

この「適時に」という文言については、条文上で具体的な時期が定められていないことから解釈問題となるところ、上記の情報提供義務と協議義務の関係性に着目した解釈論が示されている。すなわち、本指令は、代表機関を通じた手続的な関与を行うという被用者の権利を実効的に保障すべく、その判断材料となるべき情報を提供する義務を使用者側に課しているのであるから、協議義務は、前述したような情報提供義務の履行がなされるのと同時期かそれ以降の時期に生じるものと解されている[122]。

3．合意に達する目的について

上記の通り、本指令において、使用者は、被用者代表との間で、「合意に達する目的をもって（with a view to reaching an agreement）」協議を行わなければならないと定められている（本指令7条2項）。

本規定は、集団的整理解雇指令におけるものと同様に、合意に至るまでの義務を課すものではないと解されている[123]。例えば、被用者代表が提供された情報をもとにして意見を表明し、それに対して使用者が返答するとともに、もし被用者代表の見解に反対する場合には、その理由を提示すること等が想定される[124]。

ここでは、労使間での合意が譲渡を行うための要件とされていないものの、実質的な協議を義務付けることで、被用者の手続的関与が認められている。

第3款　企業グループ単位での情報提供・協議

集団的整理解雇指令の箇所で述べた通り（本編第3章）、企業の意思決定

---

122 Karl Riesenhuber, Arbeitnehmerschutz durch Information beim Betriebsübergang in Krause/Veelken/Vieweg（Hrsg.）, Recht der Wirtschaft und der Arbeit in Europa. 2004. S. 200.

123 Schubert/Schmitt, a.a.O.（Fn.102）, Rn.625.

124 *See* Gillian S. Morris and Timothy J. Archer, *supra* note 102 p.339.

権限が親企業等の支配企業に集中している社会にあっては、子会社のみとの協議のみを想定するのでは不十分であって、これら支配企業に対しても被用者の関与を認める必要性がある。

　この点について、本指令7条4条1文では、「本条に定める（情報提供・協議）義務は、譲渡という結果をもたらした経営決定が使用者によって行われるか使用者を支配している企業によって行われるのかを問わず、適用されるものとする」として、企業グループの事例において、意思決定が支配企業によって行われた場合であっても、情報提供・協議手続を実施しなければならないと定められている。

　もっとも、ここでは、本指令が、支配企業に対して直接的な情報提供・協議義務を課すまでには至っていない点に注意しなければならない。すなわち、本指令7条4条2文では、「本指令所定の情報提供・協議義務の違反があったのかを判断するに際しては、このような違反が支配企業によって譲渡に関する情報が提供されないことによって生じたという主張は、免責事由（excuse）としては認められない」として、本指令が、集団的整理解雇指令と同様に、親会社等の支配会社に対して直接的な責任を課すものでなく、あくまでも、子会社等の被支配会社の義務違反を肯定するに留まると規定されている。

　以上のように、本指令は、企業グループ単位での情報提供・協議を視野に入れた専用の規定を設けているものの、支配企業に対して直接的な義務を課すには至っていない点で、その内容は限定的なものとなっている。

第4節　小括

　本章では、企業譲渡等の局面における法的規制について、EU法上の議論を検討してきた。本指令においては、雇用上の権利義務の自動承継ルール、及び、譲渡をのみを理由とする解雇の禁止ルールという譲渡に関する強度の実体的規制、及び、被用者代表に対する情報提供・協議義務という手続的規制の双方にわたる様々な規定が置かれている。

　本指令の適用要件である譲渡概念は広範に解されており、法的譲渡の結果

第 4 章　特別法②——EU 企業譲渡指令における被用者関与制度　　179

としての企業等の譲渡に対して適用されるものとされているところ、CJEU
は、法的譲渡の有無の判断に際して、典型的な譲渡契約にとどまらず、業務
委託契約やリース契約が利用されたり、直接の契約関係にない者の間で実質
的な事業活動の移転があったりする場合にもその存在が認められるとし、ま
た、企業等の譲渡の有無の判断に際して、経済的な一体性が譲渡前後で維持
されるか否かをメルクマールとした上で、一定の労働集約型産業においては、
被用者が引き継がれていれば、有体・無体資産の譲渡がなくてもこれが維持
されているとの判断を示し、その内容は指令上に明文化されるに至っている
（1 条 1 項 b 号及び c 号）。

　この規定に従って本指令の適用が肯定された場合には、自動承継ルール・
解雇禁止ルールという実体的規制が適用されることになる。前者の自動承継
は、譲受人・譲渡人の合意がなくとも、被用者の雇用関係を自動的に移転さ
せるものであるとともに、労働条件の不利益変更までをも内容とするもので
ある。もっとも、このようなルールは、雇用コストを削減して譲渡を円滑化
させたいと考える使用者側の意図にそぐわない場合があるため、その適用を
避けるために、譲渡時点までに被用者を解雇する懸念がある。そこで、本指
令は、譲渡を理由とする解雇を禁止するルールを同時に定めることで、自動
承継ルールの実効性を担保している。これらの実体的規制により、譲渡から
直接的な不利益が生じないように配慮がなされている。

　このような実体的規制のうち、特に自動承継ルールについては、これまで
検討してきた通り、CJEU が、基本権規範を踏まえて、本指令が労使間の相
互的利益調整を目指した両面的な性格を有するものであるとの理解を前提に、
これまでの判例法理を実質的に修正し、使用者利益を保護するために被用者
利益を犠牲にする余地を生じさせる判断枠組みを示していたが、具体的判断
においては、そのような労働者保護の後退は明示的には見受けられず、本指
令の自動承継ルールという実体的規制は、依然として、私的自治に介入する
形で労働者利益を直接的かつ強固に保護するものとして機能している。

　その上で、本指令は、情報提供・協議という手続的規制を設けている。こ
れは、使用者が、譲渡によって影響を受ける被用者に対して、譲渡に関する
情報を提供するとともに、譲渡に際して計画されている措置についての協議

義務を課すものであるが、上記の充実した実体的規制の内容に対応して、手続的規制の内容が一定程度後退したものとなっている点に特色が見られる。すなわち、本指令においては、業務委託による譲渡等を含めた広範な適用対象を有する強度の承継ルール・解雇禁止ルールを設けることによって被用者側に短期的・直接的な不利益が発生することを防止することが企図されている。その反面、手続的規制については、譲渡に関して計画されている措置に対する協議が義務付けられるに過ぎず、譲渡の回避そのものを対象とした協議義務が認められているわけではない。ここでは、本指令が実体的規制と手続的規制の双方を有機的に関連させた上で、実体的規制が強固なものであることを受け、労働法規制全体として過度な規制とならないように、手続的規制を一定程度謙抑的に設計していることが窺われる。

第5章　一般法
——欧州労使協議会指令

　本章では、特定の場面に限定されない、広範な射程を有する経営関与制度について検討を行う。前章まで検討対象としてきた集団的整理解雇や企業等の譲渡という特定の場面においては、労働者側に生じうる不利益や妥当と思われる関与手続の内容が比較的具体的に想定されるのに対して、本章のように広範な場面を想定すると、そのような想定は必ずしも容易ではない。本章では、このような場面に特有の議論を展開することに注力する。

第1節　EWC指令の概要

　欧州労使協議会指令（European Works Council Directive：以下、本章において「本指令」という）[1]は、EUレベルで事業活動を行う多国籍企業や企業グループにおいて、被用者が有している情報提供・協議を受けるべき権利を向上させることを目的とする（1条）。

　この目的を達するため、本指令は、一定の要件を充足する多国籍企業・企業グループの経営機関に対して、常設機関である欧州労使協議会又はアドホックな情報提供・協議手続（以下、これらを被用者関与手続［employee involvement］と総称）を導入するための一定の義務を課している（2条2文）。この点、欧州労使協議会の設置や情報提供・協議手続の導入に際しては、指令上で情報提供・協議の対象事項や時期等を法定することを通じて画一的な手続の導入を強制する方法も想定されるものの、本指令は、そのような立場を採用しておらず、どのような手続を設けるのかを労使自治に委ねることとしている。すなわち、本指令は、欧州労使協議会の設置、構成、及び、権限等についての標準的なルール（補完的要件［Subsidiary Requirements］）を定めているものの、これは基本的には労使間交渉が決裂

した場合に適用される二次的ルールとして位置付けられており、あくまで、一次的には、労使が交渉を通じて自律的に手続を設計すべきものとされている（7条）[2]。

　もっとも、欧州労使協議会の設置や情報提供・協議手続の整備に際して、交渉を担当すべき当事者の構成や権限等が不明確であったり、被用者側が実質的に交渉を行えるように支援するための制度的基盤が不十分であったりすると、労使自治が十分に機能せず、適切な交渉が行われないことが懸念される。そこで、本指令は、このような導入交渉についての一定の手続的規制を設けることでこの問題に対処することを企図している。

---

[1] Directive 2009/38/EC of the European Parliament and of the Council of 6 May 2009 on the establishment of a European Works Council or a procedure in Community-scale undertakings and Community-scale groups of undertakings for the purposes of informing and consulting employees (Recast)［2009］OJ L122/28. 本指令については、原初版に関するものも含め、既に一定の重要な先行研究が存在する。この点、EU レベルにおける情報提供・協議については、欧州統合の比較的早い段階から立法化の議論があることから、会社法上のものも含めて豊富な研究の蓄積が見られるが、本指令の採択が現実化するマーストリヒト条約付属の社会政策協定採択以降の研究を取り上げると、①指令が採択されるに至った立法過程について詳細な検討を行ったうえで規定内容の分析を行う動態的な研究（濱口桂一郎『新・EU の労働法政策』（労働政策研究・研修機構、2022年）291頁以下、伊澤章『欧州労使協議会への挑戦』（日本労働研究機構、1996年）等。立法経緯については、恒川謙司『ソーシャル・ヨーロッパの建設』（日本労働研究機構、1992年）138頁以下も参照）、②指令の規定内容そのものについての詳細な客観的分析を行う研究（荒木尚志「欧州従業員代表委員会指令と EU 労働法の新局面」日本労働研究雑誌421号（1995年）15頁以下、正井章筰「超国家的企業における労働者の情報入手権・協議権」姫路法学16・17合併号（1995年）39頁以下、同「EU における従業員の情報入手権および協議権」日本 EC 学会年報16号（1996年）3頁以下、同「ヨーロッパ事業所委員会（EWC）指令の2009年改正について」奥島孝康先生古稀記念論文集編集委員会編『現代企業法学の理論と動態』（成文堂、2011年）627頁以下、クリストファー・オスマン（中田浩一郎＝島田真琴訳）「欧州労使協議会指令94/45の概要」国際商事法務24巻6号（1996年）586頁以下、ジェームズ R.M. キリック＝三浦哲男「新欧州労使協会指令の概要」国際商事法務37巻9号（2009年）1175頁以下等）、や③各加盟国法（＝国内法）が本指令の規定内容にどのような影響を与えたのかという母法関係に関する研究（上田廣美「EU における従業員参加の法的研究（1-8）」早稲田大学大学院法研論集第79号（1996年）47-76頁、同80号（1997年）31-60頁、同82号（1997年）29-56頁、同84号（1997年）1-28頁、同85号（1998年）49-76頁、同87号（1998年）27-54頁、同88号（1998年）27-53頁、同90号（1999年）123-141頁等）等が挙げられる。

[2] なお、労使が補完的要件の適用を合意することができるが、これは、あくまで労使自治の枠内で処理をするものであり、条文上その適用が強制されるというわけではない。補完的要件をそのまま用いることも含めて、労使には、どのような手続を設けるかについての自由が与えられていると言える（補完的要件の適用要件については後述する）。

このような制度が設けられた理論的背景としては、基本権規範の存在が挙げられる。前述の通り、EU 法は株主以外の利害関係者の利益も重視するという多元主義モデル（ステークホルダー・モデル）に立脚し[3]、労働者又はその代表が、使用者側からの情報提供・協議を通じて、自らに影響を及ぼしうる経営上の意思決定[4]の形成過程に関与することを基本権として保障している（EU 基本権憲章27条）。本指令は、この一次法たる基本権憲章上の権利保障（＝基本権保障）を EU レベルで実現するための二次法として採択されている[5]。

ここで、経営関与について EU レベルでの規律が求められたのは、現代の企業の多くが国境を超えて企業グループを形成し、国際的に事業活動を展開しているという現実に対応するためである[6]。すなわち、このような国際的企業グループの事例においては、単独で意思決定権限を有しておらず、他の加盟国に所在する支配企業の方針に従うに過ぎない企業（被支配企業）が存在する。そのような被支配企業との間で情報提供・協議を行わせたとしても、被用者が経営決定に対して実質的な関与を行うことは困難である。そこで、被支配企業の被用者側の上記基本権を実効的に保障するためには、国境を越えて、支配企業との間における情報提供・協議の機会を確保することが要請

---

3 労働法上のステークホルダーモデルの意義については、荒木尚志「日米独のコーポレート・ガバナンスと雇用・労使関係——比較法的視点から」稲上毅＝連合総合生活開発研究所編著『現代日本のコーポレート・ガバナンス』（東洋経済新報社、2000年）209頁以下、土田道夫「M&A と労働法の課題」野川忍ほか編『企業変動における労働法の課題——株式取得型 M&A を中心に』（有斐閣、2016年）293頁以下、大内伸哉「コーポレート・ガバナンス論の労働法学に問いかけるもの——従業員利益を守るとはどういうことか？」日本労働研究雑誌507号（2002年）28頁以下等参照。

4 例えば、工場閉鎖を行うという経営決定は、整理解雇の問題が顕在化する等、労働者の利益状況に対して重大な影響を及ぼしうる（本指令前文43も参照）。

5 Josee J.M Lamers, 'EWC's Role Recast: A European Actor' in F. Dorssemont and T. Blanke (eds), The Recast of The European Works Council Directive (Intersentia Publishing 2010), p.3; Bruno Veneziani, 'Article 21 The Rights to Information and Consultation' in N. Bruun et al (eds), The European Social Charter and The Employment Relation (Hart Publishing 2017), p.383. また、本指令の文脈におけるステークホルダーモデルの基礎的分析については、Sally Wheeler, 'Works Councils: Towards Stakeholding?' (1997) 24 Journal of Law and Society 44, pp.44-64参照。

6 Multinational Undertakings and the Community, Bulletin of the European Communities Supplement 15/73, COM (73); Karl Riesenhuber, European Employment Law: A Systematic Exposition (Intersentia Publishing 2012), p.673. また、本指令の前文45及び46も参照。

されたというわけである。この意味において、本指令は、EU レベルでの労使関係法の中核として位置付けられるべきものである。

　以上のように、本指令は、経営関与に係る基本権保障を具体化するという観点から、労使間の自律的な交渉を通じた被用者関与手続の導入を一次的ルールとしつつ、そのための制度的な基盤を整備することで、被用者が一定の経営事項に対して関与するための機会を拡大させることを企図している。

第2節　本指令の立法背景・立法史

第1款　EU レベルでのより一般的な労使間の情報提供・協議手続の必要性

　使用者の経営上の決定が雇用の悪化等をもたらしうるものであることに照らすと、被用者がその形成過程等に関与することで、自らの利益を確保することが重要となる。そこで、各加盟国においては、情報提供・協議手続を導入することで、被用者が経営上の意思決定に関与する余地が認められている[7]。

　しかしながら、具体的にどのような情報提供・協議が認められているのかについて、各加盟国法間に差異があることから、域内市場における公正な競争秩序が害されてしまう可能性が生じうる[8]。すなわち、経営事項について労使協議等を行うことは、本来であれば使用者が有している広範な経営裁量が減殺されてしまうことに繋がりうる。ここでは、経営上の意思決定にかかる機動性の低下や、情報提供・協議にかかる費用負担の問題など、労使間で

---

[7] 本編第2章で検討した通り、当初、欧州において、情報提供・協議の権利は、経営決定の効率性を保証する手段として導入されたが、近年はさらに進んで、この権利を基本的人権として保障するようになってきている（Csilla Kollonay Lehoczky, '*The Fundamental Right of Workers to Information and Consultation under The European Social Charter*' in F. Dorssemont and T. Blanke (eds), *The Recast of The European Works Council Directive* (Intersentia Publishing 2010), p.3 sq)。

[8] Filip Dorssemont, '*Worker Involvement in Secondary EC Law Prior to The Recast Directive*' in F. Dorssemont and T. Blanke (eds), *The Recast of The European Works Council Directive* (Intersentia Publishing 2010), p.50 sq.

事前に利益調整を行うに際しての様々なコストが生じうるので、その手続を域内で共通化・近接化させなければ、異なる加盟国に所属する企業間が競争するにあたり、法制度に由来する競争条件上の重大な差異が生じることとなり、単一市場の機能が損なわれる危険性があるのである。

　この点について、EU法においては、労使間での情報提供・協議に関する法制度が一定程度整備されて来た。しかしながら、これらEU法の適用範囲は、集団的整理解雇（collective redundancy）[9]、企業譲渡（transfer of undertakings）[10]や、労働者の健康安全（health and safety）[11]といった特定の場面に限定されていたため、競争条件の公正さを確保するためには、これら以外の場面にも適用されるより一般的なEU法の立法化が要請されるに至った。

第2款　フレデリング指令案

　そこで、1980年、EC委員会は、この問題に対処すべく、EUレベルでの労使間の情報提供・協議手続を定める指令案、すなわち「複雑な構造を有する企業、特に多国籍企業の労働者に対する情報提供及び協議手続に関する指令案（Proposal for a Council Directive on Prodedure for Informing and Consulting the Employees of Undertakings with Complex Stractures in particular Transnational Undertakings、通称フレデリング指令案）」[12]を提案した。ここでは、特に、国際的に事業活動を行っている多国籍企業に焦点を当てて、被用者側に対する情報提供・協議手続を整備することが意図されて

9　Council Directive 75/129/EEC of 17 February 1975 on the approximation of the laws of the Member States relating to collective redundancies［1975］OJ L48/29.

10　Council Directive 77/187/EEC of 14 February 1977 on the approximation of the laws of the Member States relating to the safeguarding of employees' rights in the event of transfers of undertakings, businesses or parts of undertakings or businesses［1977］OJ L61/26.

11　Council Directive 89/391/EEC of 12 June 1989 on the introduction of measures to encourage improvements in the safety and health of workers at work［1989］OJ L183/1.

12　Proposal for a Council Directive on Procedure for Informing and Consulting the Employees of Undertakings with Complex Structures in particular Transnational Undertakings［1980］OJ C297/80, COM（80）423.

いる。

1. フレデリング指令案の背景

　このフレデリング指令案において、多国籍企業の問題が強調されているのは、EC委員会が以前に作成したコミュニケーションに由来する。すなわち、同委員会は、「多国籍企業と共同体規制（Multinational undertakings and Community Regulations）」[13]というコミュニケーションにおいて、労働者保護を考えるにあたっては、雇用に悪影響を与えうる経営上の決定が（親会社等により）国境を越えて集権的に行われうるといった多国籍企業に特有の問題に取り組む必要があるとの見解を示していたのである[14]。ここでは、多国籍企業問題を適切に解決するためには欧州規模で労働組合を設立することが不可欠であるとして、労使の自治を基本に問題解決を図るべき旨が強調されている。そのうえで、同委員会は、大規模な解雇に関する指令や被用者の経営参加を保障するための欧州会社法等の様々な立法措置が要請されるとの分析を行っているのであるが、本指令との関係で特に注目すべきは、企業グループ単位での被用者関与の必要性を強調している点である。すなわち、同委員会は、各国の労働法を近接化するにあたり、企業グループ傘下の企業に雇用されている被用者が、その親会社の労使協議会（Works Council）に実際に参加することを保障することを企図しなければならないとして、国際的企業グループの事例における被用者関与の仕組みの導入を必須のものと捉えている。そのための法制度の導入は、独立して経営決定を行っておらず、グループの決定に従うに過ぎない企業に関して、被用者の利益を適切に代表するという必要性からも求められるものであり、仮に、親会社が域外に位置する場合であっても、被用者関与のための適切な措置を講ずるべきである旨が明らかにされた。

---

13 Multinational Undertakings and the Community, Buletin of the European Communities Supplement 15/73, COM(73).

14 *Ibid.*, pp.10-11.

2．フレデリング指令案の内容

このような見解を前提として、フレデリング指令案が提案されるに至るが、ここでは、被用者に対する情報提供・協議手続について、企業グループを単位とする規定が置かれている。すなわち、同指令案では、意思決定中枢が加盟国内にある支配企業の経営機関は、域内の子会社の経営機関を通じて、被用者代表に対して関連する情報を提供し、協議する義務を負っていると定められており（4条、10条）、子会社の被用者は、主に、自らを雇用している子会社を媒介として、親会社との間で間接的に情報提供・協議を受けることが可能となっている。

そのために、まず、支配企業の経営機構は、少なくとも6ヶ月毎に、子会社に対して、企業構造及び人員配置、経済的財務的状況、事業及び生産・販売の現状とその見通し、雇用の状況とその見通し、生産及び投資計画、合理化計画、製造及び労務提供の方法（特に新しい労務提供の方法）、並びに、被用者の利益に重大な影響を及ぼしがちな全ての手続及び計画等の関連する情報を提供しなければならないとされている（5条1項、2項、及び、11条1項、2項）。そのうえで、この情報を受け取った子会社が、被用者代表に対して、これを提供する義務を負っているとされている（5条3項、11条3項）。ここで、子会社の経営機構が情報を提供できない場合には、その支配会社が代わって被用者代表に対してこれを提供する義務を負っているとされている（5条4項、11条4項）。そして、このような情報提供義務の履行は、制裁（penalty）をもって担保されることが予定されている（5条5項、11条5項）。

本指令案では、ここで提供される情報をもとにして、労使間で協議を行うことで、自主的に利益調整をすることが予定されている。すなわち、支配会社の経営機構は、自らの全体もしくは主要な部分又はその子会社に関連する決定[15]を行う場合であって、これが被用者の利益に重大な影響を及ぼしがち

---

15 ここで主に規制の対象として想定されているのは、事業所全部やその主要な部分の閉鎖や譲渡、事業活動の縮小、拡大や本質的な修正、組織の重要な変更、及び、他の企業との長期間の協力関係の導入やその廃止についての決定である（6条2項、12条2項）。

188　第 2 編　EU 労働法分野における被用者の経営関与制度

なものであるときには、決定前に、子会社に対して、その決定を提案した理由、当該被用者に関する決定の法的、経済的、及び、社会的影響、並びに、当該被用者に関して計画されている措置等についての情報を提供しなければならないとされている（6条1項、12条1項）。そのうえで、これを受けた子会社は、この情報を被用者代表に提供し、その意見を求めなければならないとされている（6条3項、12条3項）。そして、その被用者の意見の中で提案されている決定が被用者の雇用条件や労働条件に直接的に影響を及ぼしうるものであるとされた場合には、当該子会社の経営機構は、被用者代表との間で、合意に達する目的をもって、被用者に対する措置についての協議を行わなければならないとされている（6条4項、12条4項）。ここで、当該子会社が協議を行わない場合には、被用者代表は、その支配会社との間で協議を行うことができるとされている（6条5項、12条5項）。そして、このような協議義務の履行は、制裁（penalty）をもって担保されることが予定されている（6条6項、12条6項）。

　以上のように、本指令案において、子会社の被用者代表は、一次的には、自らを雇用する子会社を媒介として、支配会社の行う決定[16]に対して、間接的な情報提供・協議を行うことができると定められている。

　なお、ここで留意すべきは、本指令案が、当該支配会社・子会社が互いに異なる加盟国に位置しているという国際的性質を適用要件としていない点である（1条）。上記で、情報提供義務について5条と11条が、協議義務について6条と12条がそれぞれ具体的な根拠条文として挙げられているのは、前者が国際的企業グループを規律し、後者が国内的な企業グループを規律していることに起因するものである。本指令案には、多国籍企業の問題に焦点を当てながらも、国内的な企業グループの事例をも適用対象としている点に特色があるといえよう。

---

16 本文で述べた対象事項については、すでに経営関与が導入されている先進的な加盟国におけるものと同等のものであると説明されている（Buletin of the European Communities Supplement 15/73, pp.8 sq）。

3．フレデリング指令案の修正と挫折[17]

フレデリング指令案については、欧州労連（ETUC）が肯定的な立場を表明する一方で、欧州経団連（UNICE）が国内的・地域的に展開してきた伝統的な労使関係の枠組みを壊すものであるとの反対の立場を示し、議論が紛糾した。その後、欧州議会では、使用者側の意見を取り入れて規制を緩和するための修正案が次々と採択された。EU委員会も、この修正を原則として受け入れたうえで[18]、最終的な修正案を提出した[19]。ここでは、国内的事例を適用対象とする点については維持しながらも、情報提供義務・協議義務を軽減する方向性等で、使用者利益に配慮すべく、次のような修正が施されている。

第一に、情報提供について。修正案では、定期的な情報提供の頻度が6ヶ月に1度から1年に1度となり、使用者の負担が軽減されているが（3条1項）、これよりも重要なのは、機密情報の保護についての規定が設けられたことである。修正案では、開示されてしまうと、企業利益に重大な不利益を及ぼすか、事業計画が失敗してしまう情報を機密情報（secret information）として定義したうえで（7条1項）、これを子会社の経営中枢が被用者代表に対する情報提供義務の対象から排除している（3条4項）。

第二に、協議義務について。原案において、使用者は、「合意に達する目的を持って（with a view to reaching agreement）協議しなければならないとされていたが、修正案では、これが、「合意に達するように試みる目的を持って（with a view to attempting to reach agreement）」協議しなければならないと改められた（4条3項）。これは、協議義務が最終決定よりも先に行われるべきものであるとともに、被用者側に対して共同決定の権利（right of codetermination）を付与するものではないことを明らかにする意図のものであると説明されている[20]。加えて、親会社に対して直接協議でき

---

17 フレデリング指令案以降の変遷については、濱口・前掲注1）書280頁以下で詳細な分析が展開されている。

18 COM(82)758.

19 Bulletin of European Communities Supplement 2/83, COM(83)292.

20 *Ibid.*, p.5.

190 第2編 EU労働法分野における被用者の経営関与制度

るという二次的ルートについては、原案にあった規定が削除されており、協議を行えるのは子会社との間のみに限定された。また、機密情報の扱いについて、情報提供と同じく、これを協議すべき対象から除外する規定が設けられた（同項）。

　以上のように、修正案は、原案で課せられていた使用者の義務を一定程度軽減することで、使用者側の批判に応えるものとなっていた。

　しかしながら、その後、意思決定過程への被用者関与に否定的な使用者側からは依然として反対意見が寄せられるとともに、イギリスが反対したこともあって、理事会全体として合意を行うことができなかった[21]。このような状況等により、ついにフレデリング指令案をめぐる立法化の動きは凍結されるに至ってしまった。

4. 立法化の動きの再開──欧州労使協議会指令の採択

　フレデリング指令案をめぐる立法化の動きが凍結されてから約3年後の1989年12月、欧州理事会で社会憲章が採択されたことにより、立法化の動きが再開した。すなわち、社会憲章において、労働者への情報提供、協議がEUとしての発展課題として明記されたことにより、これを具体化するためのEU法の採択の機運が高まったのである。EC委員会は、社会憲章を実行に移すべく、行動計画において、欧州規模の企業の情報提供・協議等の手続についてのEU法の草案を作成することを明らかにした。そして、ついに、1991年、委員会は、「欧州共同体規模企業または企業グループにおける被用者に対する情報提供・協議を行うための欧州労使協議会の設置に関する理事会指令案」[22]を提案するに至った。

　ここでは、フレデリング指令案と同様に、雇用に関係する経営決定についての情報提供・協議を認めることで、被用者利益を手続的に保護することを企図しながらも、欧州レベルの被用者代表機関を設立したうえで、親会社等

---

21 濱口・前掲注1）書289頁。

22 Proposal for a Council Directive on the establishment of a European works council in community-scale undertakings or groups of undertakings for the purposes of informing and consulting employees［1991］OJ C39/10, COM(90)581.

との直接的な情報提供・協議を定めている点に特徴がある。この原案は、いくつかの修正を経た後[23]、マーストリヒト条約（社会政策協定・社会政策議定書）の発効の影響も受けながら（第1章参照）[24]、1994年に、欧州労使協議会指令として正式に採択された[25]。その後、情報提供をめぐる判例法理の展開が見られたこと等を受けて、2009年に改正が行われ[26]、現在に至っている。

第3節　本指令の適用範囲

本指令は、情報提供・協議手続を導入すべく、使用者に対して一定の義務を課すものであるが、フレデリング指令案とは異なり、これはあくまでも、EUレベルの国際的文脈に限定されている。

このことから、本指令は、基本的には、欧州共同体規模企業の場合には加盟国内に位置する全ての事業所に、また、欧州共同体規模企業グループの場合には加盟国内に所在する全てのグループ企業に、それぞれ適用されるものとされている（1条6項）[27]。

第1款　欧州共同体規模企業概念

本指令は、あくまでEUレベルでの情報提供・協議手続の導入を企図するものであるから、その適用対象となる企業について、「欧州共同体規模企業（Community-scale Undertakings）」という概念を用いることで、一定程度

---

23 修正の内容については、濱口・前掲注1）書289頁以下等参照。

24 立法手続における協議の内容については、伊澤・前掲注1）書69頁以下等参照。

25 Council Directive 94/45/EC of 22 September 1994 on the establishment of a European Works Council or a procedure in Community-scale undertakings and Community-scale groups of undertakings for the purposes of informing and consulting employees［1994］OJ L254/64.

26 Directive 2009/38/EC of the European Parliament and of the Council of 6 May 2009 on the establishment of a European Works Council or a procedure in Community-scale undertakings and Community-scale groups of undertakings for the purposes of informing and consulting employees（Recast）［2009］OJ L122/28.

27 なお、例外として、労使が、本指令所定の形式の協約（6条）において合意した場合には、これよりも広い適用範囲を定めることができる（1条6項）。

の限定を付している。

すなわち、本指令は、EU内に位置する全ての企業を適用対象としている わけではなく、雇用する被用者数が、EU全体で1000名以上であり、かつ、 二つの加盟国のそれぞれにおいて150名以上であるという要件を満たした企 業のみを欧州共同体規模企業と定義することで、適用対象となる企業とそう でない企業とを峻別している（2条1項a号）。

後者の要件については、本指令の国際的性格に由来するものとして理解す ることができるが、前者の要件については、一つの加盟国で1000名以上の被 用者がいる場合等、純粋に国内的な文脈で活動する企業でも充足しうるため、 このような性格から必然的に導かれるものではない。そのため、この要件に ついては、国際的性格とは別に、企業規模に着目したうえで、本指令の適用 対象を大企業に限る（＝適用対象から中小企業を除外する）意図で設けられ ていると説明されている。その理由としては、立法者が、欧州労使協議会の 設置や特別情報提供・協議手続の整備によって、企業に対して過度の財務上 の負担を強いることのないように配慮したことが挙げられている[28]。

このように、本指令は、国際的性格と企業規模の双方の観点から、その適 用範囲を国際的な大企業に限定している。

第2款　欧州共同体規模企業グループ概念

本指令は、事業活動が国内的文脈に留まるなどして、企業が単独で欧州共 同体規模企業の要件を充足しない場合であっても、当該企業が欧州共同体規 模企業グループ（Community-scale Groups of Undertakings）の傘下に含ま れていることを要件としたうえで、適用範囲に含める規定を置いている。

企業グループとは一つの支配企業（controlling undertaking）と複数の被 支配企業（controlled understandings）の総体を言うところ（2条1項b号）、 これが欧州共同体規模であるといえるためには、次の三つの要件を充足しな ければならない。すなわち、第一に、加盟国における被用者数の合計がグル ープ全体で1000名以上であること、第二に、グループ企業が二つ以上の加盟

---

28 Karl Riesenhuber, *supra* note 6, p.678.

国に所在していること、第三に、一つの加盟国における被用者数が150名以上であるグループ企業が存在し、かつ、他の加盟国における被用者数が150名以上の他のグループ企業が一以上存在していること、といった三つの要件が定められており（２条１項ｃ号）、これを満たした企業グループのみが、欧州共同体規模企業グループとして、本指令の適用対象となる。

　ここでは、欧州共同体規模企業と同様に、前者において企業規模要件が、後二者において国際性要件が、それぞれ定められているものの、企業グループであるという特殊性から、一定の差異が見られる。すなわち、欧州共同体規模企業の場合には、双方の要件を当該企業が単独で充足しなければならないのに対して、これが企業グループの場合になると、支配会社だけでなく、現地法人等の被支配会社を綜合する形で要件の充足性を判断することが可能となっており、本指令の適用がより肯定されやすくなっている。それ故、複数企業の間に支配関係が認められるのか（当該企業が企業グループの傘下にあるとされるのか）が、指令の適用範囲を判断するうえで重要な考慮要素となる。

　それでは、どのような事情があれば、支配関係の存在を肯定することができるのであろうか。この点、本指令は、資本上の所有関係、財務上の関与又は企業の統治ルール等に基づき、他の企業に対して、支配的影響力（dominant influence）を行使できる場合に、支配関係が存在すると定めている（３条１項）。ここで、支配的影響力を行使しうるかについては、管轄する加盟国法等に基づいて個別的に判断せざるを得ないが（３条６項）、本指令によれば、(a) 当該企業の引受資本（subscribed capital）の過半数を有している場合、(b) 当該企業の株式資本（share capital）と結びついた議決権の過半数を支配下に置いている場合、又は、(c) 監理機関（administrative body）、経営機関（management body）もしくは監督機関（supervisory body）の構成員の過半数を指名することができる場合のいずれかに該当すれば、基本的には、その存在を認めることができるとされている（３条２項）。

　以上のように、本指令は、支配的影響力を判断基準として支配・被支配関係を特定したうえで、企業グループ単位で規制を行うことを想定しており、単独企業のみを想定した場合よりも広範な適用範囲を有している。

194　第2編　EU労働法分野における被用者の経営関与制度

第3款　企業概念・被用者概念

　上記の通り、本指令の適用対象は、基本的には、欧州共同体規模企業又は
欧州共同体規模企業グループに限定されているところ、ある企業又は企業グ
ループがこれに該当するかどうかは被用者数を基準として判断されることに
なる。

　ここで、重要な基準となっている被用者数を計算するためには、その前提
として、いかなる組織体が「企業（Undertaking）」として認められるのか、
そして、そこで労務を提供する者のうち、いかなる者が「被用者
（Employee）」に該当するのかを明らかにしなければならない。

　第一に、企業概念について。この概念は、各加盟国法から独立して、EU
法において自律的に解釈されるべきであるとされている[29]。そもそも、判例
上、あるEU法が加盟国法を明示的に参照していない場合には、そこで用い
られている概念はEU法上で独立的（independent）かつ統一的な（uniform）
解釈を行わなければならない（加盟国法とは独立して解釈がなされなければ
ならない）とされているところ[30]、本指令はこの企業概念の定義付けを明示
的に加盟国法に委ねていない。それゆえ、欧州司法裁判所の先例によれば、
本指令の適用範囲を画すべき企業概念についてはEU法上で統一的な解釈を
行う必要性がある。もっとも、本指令がこの概念についての定義規定を置い
ていないため、具体的にどのような解釈を行うのかが問題となるところ、学
説上は、競争法を参照した解釈論が提示されている[31]。すなわち、企業とは、
主体の法的地位及び資金調達の方法いかんにかかわらず、経済活動に従事す
る全ての主体（entity）のことを指すと解釈されており[32]、具体的には、親

29　*Ibid.*, pp.679-680.

30　Case 327/02 *Ekro BV Vee en Vleeshandel v Produktschap voor Vee en Vlees* ［1984］ECR 107,
para.11; Case C-287/98 *Grand Duchy of Luxemburg v Berthe Linster, Aloyse Linster and Yvonne
Linster* ［2000］ECR I-6917, para.43; Case C-55/02 *Commission v Portuguese Republic* ［2004］
ECR I-9387, para.45.

31　Dres. H.c. Peter Hanau, Heinz-Dietrich Steinmeyer und Rolf Wank, *Handbuch des europäischen
Arbeits- und Sozialrechts*（C. H. Beck 2002）, pp.874 sq.

32　Case C-41/90 *Klaus Höfner and Fritz Elser v Macrotron GmbH* ［1991］ECR Ⅰ-2010.

会社、子会社、事業所や支店等がこれに当たると解されている。ここでは、事業所といった細分化された経済主体であっても、一つの企業として扱われるため、本指令の適用を肯定するための被用者数の充足性については比較的厳格に判断されることになる[33]。

　第二に、被用者概念について。本指令は、企業概念とは対照的に、明文をもって、この概念の定義付けを各加盟国法に委ねている（2条2項）。すなわち、本指令は、「所定の総被用者数に関する最低基準は、パートタイム被用者を含め、国内法及び／又は慣行に従って算定された過去二年間に雇用されていた被用者数の平均人数に基づくものとする」として、適用範囲を判断する際に前提となる被用者概念については、国内法・慣行で決定されるべきものとしている[34]。もっとも、ここでは、パートタイム被用者を含むことという条件が付されており、フルタイム被用者のみを算定基準とすることはできない。加えて、過去2年間の平均数を採ることとされていることから、一時的に被用者数が基準を下回ったとしても、それのみをもって本指令の適用を否定することはできない。基本的には加盟国法等に委ねられるとはいえ、EU法によって、このような一定の制約が設けられている点には留意しなければならない。

　以上のように、本指令の適用を判断する際には、企業概念及び被用者概念が前提となるところ、前者はEU法上で統一的に解釈されるのに対して、後者は基本的に国内法や慣行に従って解釈されるという違いがある。そのうえで、前者については、企業規模をより小さく捉えることで本指令の適用範囲を厳格に判断しうるような解釈論が提示されているが、後者については、被

---

33 法人格を有している主体のみが企業に該当するという立場をとった場合には、独立した法人格を有していない事業所や支店の被用者数を通算することができるのに対して、上記のような細分化された経済主体を一つの企業として捉える解釈のもとではこのような通算を行うことが困難であるので、通算した場合よりも被用者数の要件充足性を肯定する余地が小さくなっているものと解される。

34 異なる指令（書面通知指令）についてはEU法独自の被用者概念を導入する立法上の動向が見られるが（濱口桂一郎「EUの新たな労働法政策——多様な就業形態への対応」労基旬報2017年6月25日号参照）、本指令においては、部分的調和の観点から、加盟国法を参照する規定が設けられている。

用者の種類に関する要件を付したり、被用者数の算定に際して平均値の導入を要求したりすることで、適用範囲が過度に制約されないようにEU法上一定の枠付けが行われており、それぞれの差異・特色が見られる。

第4款　既存の協約に関する適用除外

多国籍企業の中には、本指令が採択されるより前から、労使間の合意によって国際的な情報提供・協議手続を導入し、その根拠となる協約を締結しているものも存在する。このような場合にまで、本指令が重ねてEUレベルでの手続を導入させるための義務を課してしまうと、従来から形成されていた労使関係との機能的重複（抵触）が起こるという問題がある。

ここでは、従前の協約と本指令の影響下で締結される協約の競合を避けるために、そのいずれかを優先することになるが、本指令は、労使間での自主的な取り組みを促進すべく、従前の協約を優先する立場を採用している。すなわち、本指令の施行日（又は国内実施法の施行日が早い場合にはその日）以前から、全労働者を対象とする国際的な情報提供・協議手続を定める協約を締結していた欧州共同体規模企業・企業グループに対しては、本指令所定の義務は適用しないとの適用除外規定を置くことで、従前の協約を優先させている（14条）。

このような適用除外制度が設けられたことで、本指令の採択された1994年当時において、未だ情報提供・協議手続を導入していなかった企業に対して、指令の施行前に自主的に手続を導入すべきインセンティブが与えられることとなった[35]。

本指令の採択を受けて、これを実施する国内法が施行されれば、使用者は、その制度のもとにおいて、欧州労使協議会等を導入するための交渉を行わなければならなくなるが、そこでは通常の交渉とは異なった様々な制約が課せられることになる。すなわち、本指令は、情報提供義務、交渉費用負担、交渉決裂の場合の標準的ルールの強制適用等の規律を設けていることから、使

---

35 Pascale Lorber, '*2009/38/EC: European Works Council*' in Monika Schlachter（ed）, *EU Labour Law; A commentary*（Kluwer Law International 2015）, p.591.

用者には通常の交渉とは異なった負担が課せられる。これに対して、本指令の採択後であっても、それを国内実施する制度が施行されるまでの間に自主的に交渉開始を発意して手続を導入すれば、このような負担なしに交渉することが可能となるといったメリットを享受することができる。使用者は、情報提供・協議によって経営裁量が減殺されてしまうことを好まない傾向にあるが、いずれ本指令が施行されるのであれば、このような適用除外制度を利用した方が負担が軽いことから、使用者側の発意による自主的な手続の整備が促進されることになる。このように、本規定の適用除外制度は、使用者に対して手続導入を動機付けるインセンティブ規制として機能しうるのである。

　その反面、労働者側には、本指令所定の手続的規制による支援を受けられないまま協約を締結することになるといった不利益が生じることになる。それでも、この規定には EU レベルで手続を整備するという観点から、重要な役割が期待されている。すなわち、本指令は国内レベルではなく EU レベルで手続を整備することを目的としているところ、このような広域かつ多様な次元で被用者利益を代表しようとしても、それぞれの地域や部門ごとにその利益状況等が異なることから、被用者がこのようなレベルで統一的に行動する意義を見出せないような事態も想定されうる[36]。ここで、手続を整備するための交渉開始の発意を行うことが使用者の義務として観念されていない（被用者側の発意に応じて交渉を開始すべき義務はあるが、使用者自らが発意を行わなければならない義務を負っているわけではない）ことを合わせて考慮すると（後述）、被用者側による発意が限定的にしか行われないと、本指令の目的を十分に達成できない可能性がある。この点、本規定は、適用除外制度を設けることにより、使用者側からの発意を促進する機能を果たしうることから、EU レベルでの情報提供・協議手続の整備といった本指令の目的に資するものであるといえる。

---

36 Paul Marginson, '*European Integration and Transnational Management-Union Relations in the Enterprise*' (2002) 30 British Journal of Industrial relations 529, pp.529 sq.

198 第2編 EU労働法分野における被用者の経営関与制度

第4節　被用者関与手続を導入するための制度枠組み
　　──労使自治への依拠

第1款　概説

　本指令は、冒頭でも概要を述べた通り、基本的には労使間での情報提供・協議手続の導入を労使自治に委ねている。すなわち、本指令においては、欧州労使協議会の設置を基軸とする標準的なルール（補完的要件［subsidiary requirements］）が定められているものの、これは交渉が決裂した場合等に適用される二次的なものとして位置付けられており、あくまで、一次的には労使間の合意に基づいて手続が整備されるべきものとされている。

　それゆえ、本指令においては、この手続導入のための労使交渉が円滑に行われるようにするための様々な手続的規制が置かれている。これはあくまでも労使自治を適切に機能させるための基盤を形成するに止まるものであって、本指令上、労使には広範な裁量が与えられている。ここでは、被用者関与手続を導入するにあたり、常設機関として欧州労使協議会を設立するのか、それとも必要な場合にのみ機能するアドホックな情報提供・協議手続を設けるのかという基本的な制度設計についても、一次的には労使の交渉に委ねられている。

第2款　労使自治の意義──手続の導入段階と運用の各段階について

　上記のような意義を有する労使自治であるが、本指令においては、情報提供・協議手続の導入・内容決定の段階における自治と、実際に手続を運用する段階における自治という、異なる種類の自治の存在が予定されている。この点、本指令が基本権である情報提供・協議を受ける権利の具体化を行うものであるのは前述の通りであるため、ここでは、それぞれの段階における自治の意義を、基本権規範を参照しつつ明確にしたい。

1．手続の導入段階における労使自治

① 労使自治の具体的内容——基本権規範を参照して

まず、欧州社会憲章においては、情報提供・協議の手続を具体的にどのように設計するかについて、労使が自律的に決定することが認められている。というのも、欧州社会憲章21条本文では「国内法及び慣行に従って」という文言が挿入されているところ、この「慣行」には労働協約その他の労使間での合意が含まれると解されているからである[37]。しかしながら、労使の完全なる自治に委ねられるわけではなく、欧州社会憲章が要求する権利保障として、実効的（effective）かつ十分な（adequate）ものでなければならないという限界が存する[38]。欧州社会憲章の締約国は、この限りで、憲章の実施を法律の制定によるか労使自治に委ねるのかを自由に決定することができる。

次に、EU基本憲章については、当初、慣行による実施は明文化されていなかった[39]。しかしその後、EU法や国内法による実施と並んで慣行による実施が明文で定められるようになった[40]。これにより、社会憲章と同様に、労使間の合意による情報提供・協議手続の導入・設計が可能である旨が明らかとなった[41]。

以上を踏まえて、本指令は、当事者自治の原則（principle of autonomy of the parties）に従い、合意によって情報提供・協議手続の内容等を決定するのは労使であり、これは労使が置かれた特定の状況への適応を可能とする観点からも合目的的であるとしている（指令前文19）[42]。そして、具体的制度としても、指令は、情報提供・協議手続の標準的内容（補完的要件

---

[37] Council of Europe, Explanatory Report to the Additional Protocol to the European Social Charter ETS No.128 (1988), para 34.

[38] Council of Europe, Explanatory Report to the Additional Protocol to the European Social Charter ETS No.128 (1988), para 32.

[39] e.g. Draft Charter of Fundamental Rights of the European Union Charter 4316/00 Convent 34, p.3.

[40] Draft Charter of Fundamental Rights of the European Union Charter 4422/00 Convent 45, p.8.

[41] Thomas Blanke, *'Workers' right to information and consultation within undertaking (Article 27)'* in Brian Bercusson (ed), *European Labour Law and the EU Charter of Fundamental Rights* (Nomos 2006), p.287.

［Subsidiary Requirements］）を定めているものの、これは基本的には労使間交渉が決裂した場合等に適用される二次的ルールとして位置付けられており、あくまで、一次的には労使が交渉を通じて自律的に手続を設計すべきものとされているのは既に述べたところである（指令7条・補完的要件については後述）[43]。それ故、労使は、欧州労使協議会（European Works Council）という常設の被用者代表機関をもって情報提供・協議手続の導入を行うか、それとも常設機関を導入しない形でこれを行うのかという基本的な点についても自由に決定することができる[44]。また、指令上、手続導入に関して労使が合意すべき内容のリストが挙げられているが（指令6条）、「当事者の自治を害することなく（without prejudice to the autonomy of the parties）」という留保がつけられており、自律的な制度設計に軸足が置かれている。

② 実効性確保のための労使自治に対する枠付け

どのような手続を導入するかについては労使の自治に委ねられているが、本指令は、実効性確保の観点から、一定の枠付けを行っている。

第一に、交渉の結果の取りまとめ方法について。本指令においては、経営中枢と特別交渉機関は交渉の結果として「協約（agreement）」を締結することが予定されている[45]。その法的性質については、欧州レベルの使用者側の代表と被用者側の代表を当事者とする特殊な労働協約（special kind of collective labour agreement）と理解する見解が示されているところ[46]、これに従えば、労働協約には債務的部分（obligatory part）と規範的部分（normative part）が認められるところ、本指令の文脈における被用者関与

---

42 Roger Blanpain, *European Labour Law*（14th edn, Kluwer Law International 2014), p.977; Catherine Barnard, *EU Employment Law*（4th edn, OUP 2012), p.671においては、労使が交渉を通じて自律的に規整を行うことは、政府の主導による場合と比べて、自らが置かれた具体的な状況を個別具体的に斟酌することができる点で、柔軟性を確保することができる旨が示唆されている。

43 Jan Cremers and Pascale Lorber,'*Transposition of provisions of the Recast Directive on the functioning of the European Works Council*' in Romuald Jagodzinski, *Variations on a theme?: The implementation of the EWC Recast Directive*（ETUI 2015), pp.93-94.

44 補完的要件においては、後述の通り、欧州労使協議会の導入を基礎とする手続が定められている（正井章筰・前掲注1）論文（1995年）91頁以下参照）。

手続の導入にかかる合意がこのいずれに該当するのか、またどのような法的保護を受けるのかについては、加盟国の労働法制・契約法制によって異なるものとされている[47]。もっとも、本指令の実効性確保の観点から、協約が本指令上で要求されている効果を有し、強制可能なものとなることを保障しなければならないとされている[48]。

　第二に、合意すべき内容について。労使交渉の結果として協約で何を定めるのかは、基本的には、労使自治に委ねられている（6条2項）[49]。もっとも、本指令は、完全なる放任主義を採っているわけではなく、合意すべき項目を列挙し、労使に対して一定の指針を示すことで、交渉の円滑化を図っている[50]。すなわち、本指令は、労使で異なる取り決めをしない限りは、欧州労使協議会の導入を想定したうえで、（a）協約の対象となる欧州共同体規模企業グループに属する企業又は欧州共同体規模企業の事業所、（b）欧州労使協議会の構成、構成員数及び議席の配分、（c）欧州労使協議会の機能及び情報提供・協議手続、欧州労使協議会の情報提供・協議と国内の被用者代表機関を結び付けるための取決め、（d）欧州労使協議会の会合の開催地、頻度及び期間、（e）必要な場合には、欧州労使協議会内に設置される特別委員会（selected committee）の構成、指名手続、機能、及び、手続上の規則、（f）欧州労使協議会に割り当てられる財政的、物質的資源、並びに、（g）協約が効力を発する時点と期間、協約を修正する若しくは終了させるための取決

45　本指令においては、導入交渉の成果を書面化することが要求されており（6条2項、3項）、その締結・作成にあたり、特別交渉機関は多数決原理に基づいて行動するものと規定されている（6条5項）。また、協約については有効期間を明確することや協約の変更・廃止に関する要件を明確すること等も求められている（6条2項g号）。その他にも、欧州共同体規模企業又は欧州共同体規模企業グループの構造が著しく変化した場合で、これに対処するための有効な協約上の規定がないときには、経営中枢は、自らの発意又は被用者側の発意によって、交渉を開始しなければならないとされている（13条1文）。

46　Roger Blanpain, *Involvement of Employees in the European Union*（Kluwer Law International 2002）, pp.16-17.

47　*Ibid.*

48　Karl Riesenhuber, *supra* note 6, p.696.

49　*Ibid.*, pp.696-697.

50　Wolfgang Lecher and others, *European Works Councils: Negotiated Europeanisaton Between statutory framework and social dynamics*（Ashgate Publishing 2002）, p.47.

め、及び、必要な場合には、欧州共同体規模企業又は欧州共同体規模企業グループに属する企業の構造が変化した場合に、協約が再交渉されるべき事情とその手続について、決定しなければならないと定めている（同項各号）。このように、本指令は、労使が合意すべき内容について一定の指針を示すことで、導入交渉における議論が円滑に行われるように配慮している[51]。もちろん、これらは指針を示すものに過ぎず、労使はこのリストから自由に合意する項目を決定することができるが（6条4項）、交渉すべき項目が曖昧であることによって交渉が滞ってしまう場面も想定されるので、このような指針には労使の合意を促すという意義が認められよう。

　第三に、情報提供・協議の具体的内容や水準について。本指令においては、導入すべき情報提供・協議についての定義規定が置かれている[52]。すなわち、本指令は、「情報提供とは、使用者が被用者代表に対して行う情報の伝達（transmission of data）であって、後者が、その対象（subject matter）についての知識を得るとともに、その内容を精査することを可能にするものをいう。このような情報提供は、被用者代表が、起こりうる影響について深く評価し、必要な場合には、欧州共同体規企業・企業グループの権限ある機関との協議の準備を行うことを可能にするような時点、方法、及び、内容をもって行わなければならない」と定めることで、情報提供が協議の前提となる点を明らかにするとともに、適切な時期・内容等をもって情報提供を実施させ、実質的な協議の実施を担保するための規律を設けている（2条1項f号）。また、本指令は、「協議とは、被用者代表と経営中枢（又はその他のより適切なレベルの経営機関）との間で行われる対話（dialogue）及び意見交換（exchange of views）のことをいう。これは、被用者代表が、経営責任を負うかどうかにかかわらず、協議対象となっている提案された措置につい

51　その他にも、常設機関である欧州労使協議会を設置することに代えて、アドホックな情報提供・協議手続を設ける場合における一定の規律を置いている（1条2項／2条3項、4項、6項／2条1項f号、g号／6条3項2文、3文）。もっとも、導入交渉においては、実際問題として、被用者側が欧州労使協議会の導入を望む場合が多く、このようなアドホックな情報提供・協議手続の導入が普及しているとはいえないと指摘されている（Tea Colaianni, *European Works Councils: A Legal and Practical Guide*（Sweet & Maxwell 1996), p.21）。

52　Ruth Nielsen, *EU Labour Law*（DJØF Publishing 2013), pp.200-201.

て、提供された情報に基づいて意見を表明することを可能とする時点、方法、及び、内容をもって、さらには、欧州共同体規模企業・企業グループにおいて（その意見が）考慮されうるような合理的な時点をもって、行われなければならない」と定め、協議の内容についても明らかにしている（2条1項g号）。ここでは、協議時期や内容を法定することで、単なる形式的な対話等ではなく、実質的な対話・意見交換を行い、被用者側の意見を経営に反映させるための配慮がなされている[53]。

　以上のように、本指令においては、労使自治に対する一定の枠付けを行うことで、指令の実効性を確保することを企図している。

2．手続の運用段階における自治

① 労使自治の意義──団体交渉との対比において

　本指令は、労使自治の成果として締結される協約によって、経営関与手続を導入し、その運用も労使に委ねるという立場をとっている。この運用の段階における労使自治の意義に関して、本指令が基本権（EU基本権憲章27条）の具体化を行うものである点を踏まえて、基本権について前述したところを振り返り、団体交渉との峻別が重要であることを改めて明確化しておきたい。

　まず、欧州社会憲章において、情報提供・協議の権利は、当初は団体交渉権保障の手段に過ぎなかったが、産業民主主義概念を背景に、独立した権利として、団体交渉と併せて保障されるようになった。このような保障の在り方はEU基本権憲章にも継承されている。労働者側が労働条件の向上等を目指して企業利益の分配の拡大を要求する団体交渉とは違い、情報提供・協議では、労使間の協調的な関係性を前提にしたうえで、労働者側による経営決定への関与が行われる。このようにして、（選挙権が問題とする公共的文脈と対置されるところの）私的関係において、労働者側が自らに影響のある決定へ関与することを保障されていることは[54]、確かに経営裁量を制約する側

53　Andrew Johnston, *EC Regulation of Corporate Governance*（Cambridge University Press 2009), p.327.

面があるが、労働者が商品として擬物的に扱われることを防止し、ひいては、その生産性の向上が期待できるなど、経営側にとっても利益となりうるものである[55]。こうして、労使が協調的な関係に立ったうえで共通の利益を追求するというのが、情報提供・協議手続にみられる労使自治の特徴的な点である。

　以上のことは、本指令にも通底している。まず、理念面については、本指令上、労使は協調の精神をもって（in a spirit of cooperation）相互の権利と義務に合理的に配慮して行動するものとされている（指令9条）。ここで「協調（cooperation）」という文言が用いられているのは、被用者及び被用者代表を継続事業としての企業に統合するとともに、経営上の裁量を十分尊重しながらも、経営決定についての理解・関与を促進し、それによって、建設的かつ社会的に正当な方向性で自由市場経済を活性化することを目指すことが含意されているからである[56]。ここでも、上記の基本権規範と同様、労使間の関係性は対立的ではなく協調的なものであるとされており、本指令は、賃金等の労働条件をめぐる欧州レベルでの団体交渉権を保障するものではないし、争議行為等を想定するものでもないとされている[57]。このように、本指令においては、基本権規範を淵源として、団体交渉とは性質の異なる協調型の労使自治の存在が予定されている[58]。

② 労使自治の機能の法的担保のための手段

54　Roger Blanpain, *'European Works Council: A Success Story?'* in M. Biagi ed, *Quality of Work and Employee Involvement in Europe*（Kluwer Law International 2002）, pp.30-31では、経営決定は市場の状況によって決定されることが少ないため、情報提供・協議によってそれを本質的に変更することは難しい側面もあるとの指摘がなされている。経営関与は、経営決定の変更そのものを法的に義務付けるものではなく、それに対して一定の影響を及ぼす機会を被用者側に保障するにとどまるものである点には留意が必要である。

55　A.C.L. Davis, *EU Labour Law*（Elgar European Law 2012）, p.217; Csilla Kollonay Lehoczky, *supra* note 7, p.3; Petra Herzfeld Olsson, *'Possible Shielding Effects of Article 27 on Workers' Rights to Information and Consultation in the EU Charter of Fundamental Rights'*（2016）32(2) The International Journal of Comparative Labour Law and Industrial Relations 251, p.254.

56　Roger Blanpain, *supra* note 46, p.5.

57　*Ibid.* この点を指して、同文献においては、本指令は階級闘争モデル（class-conflict model）ではなく調和的モデル（model of harmony）を採用するものであると分析されている。

本指令は、手続の運用段階における労使自治が機能することを担保するために、次のような制度を設けている。

第一に、被用者代表の保護について。本指令上、欧州労使協議会等の被用者代表は、交渉や情報提供・協議を通じて経営に関与することになるが、その過程では、被用者側と使用者の間で利益状況が対立することもある。ここで、使用者が、その構成員である被用者に対して不利益な取扱いを行ってしまうと、構成員に対する萎縮効果が生じてしまい、ひいては被用者代表が想定されている権限を十分に行使できない可能性が生じてしまうことになる。

この問題に対処するために、本指令は、次の通り、被用者代表に対する一定の保護を定めている。すなわち、本指令10条3項1文によれば、特別交渉機関、欧州労使協議会、及び、アドホックな情報提供・協議手続に従事する被用者代表は、その職務を行うにあたり、その雇用されている国において効力を有している国内法及び／又は慣行によって被用者代表に与えられているのと同様の保護及び保障を享受するものとされている。

ここでは具体的な保護内容が指令上で定められているわけではなく、本指令によって導入されるEUレベルの被用者代表が、国内的文脈において既に存在する被用者代表と同様の保護を受けると定めるにとどまっている。そもそも、EU法の原則として同等性原則（principle of equivalence）が認められていることからすると、本規定はこの原則の存在をEUレベルの情報提供・協議の文脈において改めて確認するものに過ぎないのであって、ここから新たな具体的な保護がEU法上認められるわけではないとされている[59]。もっとも、欧州労使協議会が国際的文脈において設立されるものであるという点を考慮すると、通常の国内の被用者代表とは異なった保護が受けられる可能性があると指摘されている[60]。すなわち、被用者代表に対する保護の内

---

58 このような基本方針のもと、本指令が情報提供と協議のそれぞれについて定義規定を設け、実質的な経営関与の機会を保障しようとしているのは前述の通りである（2条1項f号及びg号）。これは情報提供・協議の本質部分を定めたものであり、指令の実効性確保の観点から、経営中枢と特別交渉機関は、これを変更しない限りにおいて、導入交渉を行うものとされている（Séverine Picard, *European Works Councils: a trade union guide to Directive 2009/38/EC*（ETUI Report114 2010), p.21)。

59 Karl Riesenhuber, *supra* note 6, p.701.

容は加盟国ごとに異なっているところ、欧州労使協議会の構成員はその中から自身に一番有利な制度の適用を主張しうることから、特定の加盟国法の枠内でのみ保護を受ける国内の被用者代表よりも充実した保護を受けられる余地がある[61]。

　以上のように、本指令は、被用者関与手続の実施に携わる被用者代表を保護するための規定を設けることで、情報提供・協議の機会が妨げられないように配慮している。

　第二に、機密情報の保護について。本指令は、被用者側が経営に関与する余地を認めるものであることから、欧州労使協議会等に対して、一定の経営事項に関する情報を提供することになる。しかしながら、これらの中には経営上の機密事項が含まれる場合があるので、それらを漏洩リスクから保護する必要性がある[62]。そこで、機密情報の保護について、以下の二つの規定が置かれている。

　まず、使用者が明示的に機密情報であると示して提供した情報については、被用者側に対して守秘義務が課せられている（8条1項1文）。また、同様の義務は、アドホックな情報提供・協議手続における被用者代表に対しても課されている（8条1項2文）[63]。この義務の特徴は、情報をそもそも提供しないと定めるのではなく、情報を被用者側に提供したうえで、その利用の適正化を図っているところにある。被用者側としては、当該情報を他者に公開することはできないものの、交渉や協議のための判断材料等として利用することには制限を設けられないことから、本来的な権限の行使という観点か

60　Roger Blanpain, *European Works Councils: The European Directive 2009/38/EC of 6 May 2009* (Kluwer Law International 2009), pp.54-55.

61　なお、本指令10条3項2文では、被用者代表の保護が要請されるべき場面として、経営中枢との会合への出席、代表機関の構成員がその職責を果たすために労務に従事しなかった期間の賃金支払いという事情を明示する事で、EU法の観点から、加盟国法・慣行に対して一定の枠付けが行われている。

62　Pascale Lorber, *supra* note 35, p.580-581. このような懸念は導入段階においても生じうるため、本指令は、導入交渉についても同様に、機密情報に係る規定を適用している。

63　この守秘義務は、それぞれの機関の構成員の任期が満了した後についても、継続して課せられることとされている（8条1項3文）。

ら見れば、この義務による負担はさほど大きいものではない。このような点を捉えて、本規定は、機密情報に当たるのか否かを使用者の主観に委ねる（客観的に機密性が認められなくとも、使用者が明示すれば守秘義務の対象とする）ことで、使用者の経営情報の保護を重視する姿勢を打ち出しているものと解される。

　次に、当該情報が、客観的な基準に照らして、当該企業の活動に深刻な悪影響をもたらしうるものであるか、それに対して有害となりうるものである場合には、経営中枢には、そのような情報を提供する義務が課されないものとされている（8条2項1文）。

　この義務の特徴は、上記の守秘義務とは対照的に、被用者代表への情報の不提供を定めているところにある。すなわち、守秘義務に関して、被用者側は、他者に情報を公開することについては制約を受けるものの、情報の入手自体は可能であり、これを交渉や協議等の本来的権限を行使するために利用することはできる。これに対して、本義務に関しては、被用者代表は情報の入手そのものが不可能となることから、交渉や協議等を行う際の判断材料が減少し、本来的権限の行使にも影響が出てしまうことになる[64]。

　そこで、本指令は、不提供の対象となる情報の範囲については、使用者の主観ではなく、客観的基準をもとに判断するとしたうえで、これを企業活動に対する悪影響があるものに限定することで、欧州労使協議会等の機能が損なわれないように配慮している。それも、本指令は、情報提供義務が免除されるのかを行政又は司法の事前の認証（authorisation）に係らしめることで、当該情報が不提供情報に該当するかをめぐる紛争を防止するとともに、使用者の恣意的な運用を未然に防ぐための方策も視野に入れている（8条2項2文）。

3．小括

　以上のように、EU法（＝基本権規範及び本指令）においては、情報提供・協議手続の運用段階における（団体交渉と対比されるところの）労使自

---

64 Karl Riesenhuber, *supra* note 6, p.700.

治と、その導入段階における（手続の法定方式と対比されるところの）労使自治という、異なる次元での労使自治が併存している点に特徴が見られる。

第5節　手続の導入交渉における合意形成支援措置

第1款　概説

上記の通り、補完的要件所定の被用者関与手続はあくまでも労使交渉が決裂した場合等に適用される二次的なものである。

もっとも、補完的要件は、単なる二次的ルールに留まらず、導入交渉の局面において、最低基準（minimum standards）として機能しうるという重要な役割を果たしている[65]。

そもそも、本指令が想定するような経営事項に関する情報提供・協議手続を整備することは、一方で、労働者側には雇用悪化を未然に防止するための機会を与えるというメリットが生じるが、他方で、使用者側には経営裁量が一定程度制約されてしまうといったデメリットが生じる。それ故、労働者側が充実した手続の導入を望む傾向があるのに対して、使用者側はできるだけ簡素な手続の導入（又は手続をそもそも導入しないこと）を望む傾向にある。ここでは、両者の選好が対照的であることから、導入交渉で労使が合意に至ることが困難となる可能性がある。そこで、ここでは、労使が合意を形成できるように支援する法的な措置が必要となる。この点、本指令においては、導入交渉の当事者の観点、及び、導入交渉が整わない場合のサンクションの観点から、そのような支援措置を設けている。

第2款　労使自治の当事者構成──意思決定単位での交渉の実質性担保

本指令は、被用者関与手続の導入交渉を円滑に行わせるために、「経営中枢（central management）」が使用者側の代表機関として、また、「特別交渉機関（special negotiating body）」が被用者側の代表機関として、交渉当

65　A.C.L. Davis, *supra* note 55, p.248.導入交渉における補完的要件の機能については脚注102も参照。

事者となる旨定めている。

1. 被用者側の交渉主体——特別交渉機関

指令上、特別交渉機関は被用者関与手続の導入をめぐって経営中枢と交渉を行うために設置される被用者代表機関であると定義付けられている（2条1項i号）。

この機関は既存の被用者代表機関の単なる延長線上にあるものではなく、EU法上の特有の意義を有するものとされている。欧州共同体規模企業・企業グループにおいて被用者代表機関がすでに存在している場合も想定されるものの、これらは基本的には特定の加盟国に限定された国内的な組織にすぎないため、EUレベルで交渉を行うための国際的な代表機関の設立が必要とされるからである[66]。

また、本指令上、手続の導入交渉の局面における被用者代表機関と手続の運営局面におけるそれとがされている点は改めて銘記すべきである。すなわち、特別交渉機関は、EU法において一般的な地位を有しているわけではなく、情報提供・協議手続を導入するための合意を締結するという目的に必要な限りで権限を有する、限定された法人格を有する機関として位置付けられている[67]。それ故、特別交渉機関は、交渉の結果として導入されうる欧州労使協議会（＝情報提供・協議手続の運営段階での主体）とは理論上区別される被用者代表機関であり、手続の導入交渉のみを行う専門的代表機関であるという性格を有している。この点に、情報提供・協議にかかるEU法上の労使自治の特色が見られる。

このような導入交渉の専門機関であるという性格から、特別交渉機関は、様々な加盟国の被用者をバランスよく代表しなければならないとされており（前文26）、指令上、特別交渉機関の構成員の選任について、基本的には各加

---

66 Karl Riesenhuber, *supra* note 6, p.693.

67 Roger Blanpain, *supra* note 60, p.39; Ruth Nielsen, *supra* note 52, p.204. なお、導入交渉の結果として、情報提供・協議を行う常設的な被用者代表組織として欧州労使協議会（European Works Council）が導入されることが想定されるが、この機関も、国際的なレベルでの経営関与を可能とするEU法上の専門的機関として、独自の位置付けがなされるものである（前文15）。

盟国法に委ねられるとしながらも（5条2項a号1文）、各加盟国における被用者数に応じた議席数配分を行うなど（5条2項b号）、EU法上の観点から一定の枠付けが行われている。

　そして、この特別交渉機関は、労働組合のように使用者側との対立的構造を含意するものではなく、「合意に達する目的をもって、協調の精神において（in a spirit of cooperation with a view to reaching an agreement）」導入交渉を行うべきであるとされている（6条1項）。情報提供・協議手続は、参加型民主主義概念のもと、労使の協調的関係性を前提とするものである。しかしながら、現実的には、それによって経営裁量が制約を受けてしまう側面があるので、労使の間で利益衝突が起きる可能性がある。このような関係性にある労使間では、合意形成に向けて、あらゆる側面での継続的かつ真摯な努力が求められるところ、上記の協調の精神という概念は、導入交渉の局面でそれを可能とするための重要な理念的指針を示すものである[68]。このような協調的な交渉によって、労使は、指令で認められている手続設計に係る裁量を適切に行使し、自らの置かれた具体的状況に最適な手続を導入することができる[69]。

　以上のように、本指令においては、EUレベルでの正統な代表性に配慮するために、特別交渉機関という導入交渉の文脈に権限が限定された特有の専門的代表機関の設置が予定されており、それを協調的な関係性のもとで交渉を行う主体として位置付けることで、経営関与手続の導入交渉が円滑に行えるように配慮されている。

2．使用者側の交渉主体──経営中枢・企業グループ単位での規律

　本指令は、経営中枢を「欧州共同体規模企業（Community-scale Undertakings）の経営中枢、又は、欧州共同体規模企業グループ（Community-scale group of undertakings）の場合には支配企業の経営中枢

---

68 Roger Blanpain, *supra* note 46, p.12. なお、交渉を経て導入された情報提供・協議手続を履践する段階でも、欧州労使協議会が同様に協調の精神に則って行動すべき点は前述の通りである（9条）。
69 Séverine Picard, *supra* note 58, p.107.

をいう」と定義付けている（2条1項e号）。ここで、実際の企業・企業グループのどの部門が「経営中枢」該当するのかについては、それぞれの具体的状況に応じて個別的に判断されるが、例えば特定の企業の取締役会がこれに当たる場合が想定される[70]。

　ここで注目されるのは、単独の企業（＝欧州共同体規模企業）だけでなく、それを超えた企業グループ（＝欧州共同体規模企業グループ）が視野に入れられている点である。企業グループにおいては、支配企業を頂点とする主従的構造が見られ、被支配企業が自らの経営方針等を独立して決定しない（＝支配企業がグループ全体の経営方針を集権的に決定する）場面が想定されうる。前述したように、EU基本権憲章においては、このような事実に対応するため、立法過程で「企業において（within the undertaking）」という文言が削除されるに至った。本指令の上記規定は、この基本権規範に対応するものであると解される。このような規定により、被用者側の代表機関である特別交渉機関は、企業グループ内において経営判断を行うべき実質的な権限を有している機関との交渉を行うことができる。この点は、前述したように、複数の企業を企業グループとして一体的に捉えることができるかにつき、支配的影響力基準が採用されていることからも明らかである。

　すなわち、本指令は、被用者数や国際性等の一定の要件[71]を満たすことを前提に、企業グループを支配企業と被支配企業の総体であると定義した上で（2条1項b号）、資本関係や役員の選任権限等を判断基準として、支配的影響力（3条1項）を行使する企業とそれを行使される企業を選定し、前者を支配企業として、また、後者を被支配企業として位置付けている。そのため、欧州共同体規模グループの事例において、支配企業の経営機関を導入交渉の相手方として定めることは、当該グループ内で支配的影響力を有し、ヒエラルキーの最上位に位置する企業の経営上の意思決定権限を有する機関と

---

70 Karl Riesenhuber, *supra* note 6, p.688.
71 前述の通り、①加盟国における被用者数の合計がグループ全体で1000名以上であること、②グループ企業が二つ以上の加盟国に所在していること、③一つの加盟国における被用者数が150名以上であるグループ企業が存在し、かつ、他の加盟国における被用者数が150名以上の他のグループ企業が一以上存在していることという三つの要件が定められている（2条1項c号）。

の直接的な導入交渉を可能にすることを意味する。

　本来的に、経営関与のための情報提供・協議の実効性を担保する観点からすると、法人格という法的な観点から交渉相手を分断的に捉えるのは適切ではなく、経営上の意思決定が行われる実質的な単位に合わせた交渉を行うことが求められる。上記の規定は、単独の法人格を超えて、経済活動が行われている実情に照らした交渉主体の選定を行うことで、そのような要請に応えるものである。

3．使用者側の二次的交渉主体——みなし経営中枢・国際的事業活動への対応

　現代の経済環境を見ると、事業活動が特定の国や地域の中だけで完結している例ばかりでなく、むしろ国際的・広域的な規模でそれが行われる場合が少なくない。その活動の一環として、企業グループが国際的・広域的に組織されるという現象も現実に看取されるところである。ここで、企業グループがEU域内にとどまらない広域レベルで組織され、支配企業がEU域外に置かれる場合には、EU法である本指令による規律付けが困難となってしまうため、交渉当事者の確保が問題となる。すなわち、ある企業グループが欧州共同体規模企業グループであると判断されたとしても、当該企業グループの支配会社の経営機関等がEU域外に位置している場合には、指令の適用範囲の領域的限界から（1条6項参照）、交渉の一方当事者を欠いて導入交渉が行えないこととなってしまう。

　そこで、本指令は「みなし経営中枢（deemed central management）」という概念を導入することで立法上の対処を行っている。みなし経営中枢とは、「必要であれば指名される加盟国内の経営中枢の代表機関」（4条2項1文）を、それが存在しない場合には「加盟国内で最も多くの被用者を雇用している事業所又はグループ企業」（同2文）を意味すると定義されている。指令は、このみなし経営中枢を本来的な経営中枢が域外に所在する場合における代替的な交渉当事者（＝二次的な交渉主体としてのみなし経営中枢）とすることで、導入交渉の機会が失われないように配慮している。

4．企業グループ内での相互関係——交渉開始段階での情報提供義務に着目して

(1) 問題の所在——経営中枢の義務を踏まえて

　これまで検討してきた通り、本指令上、情報提供・協議手続の導入交渉は企業グループ単位で行われることが想定される。ここで、経営中枢（又はみなし経営中枢）は、グループ全体を代表する交渉主体として、協調の精神のもと（6条1項）[72]、欧州共同体規模企業グループにおいて情報提供・協議手続を導入するために必要となる条件や手段を創出する「責任（responsibility）」を負うものとされている（4条1項及び2項）。ここでは「義務（obligation）」ではなく「責任（responsibility）」という文言が用いられているものの、後述する通り、CJEU が経営中枢（又はみなし経営中枢）の具体的な義務を導くための一般条項として用いていることから[73]、同規定は、単なる訓示規定ではなく、強行的効力を有するものと言える。

　もっとも、本指令においては、経営中枢と被用者側[74]の双方が発意権者として並列的に定められているため、交渉開始の発意を経営中枢が行うことまでは義務付けられていない点には留意が必要である（5条1項）[75]。ここでは、いずれからの発意もない場合には交渉が行われないことになるが、本指令が経営関与手続の導入を労使自治に委ねている以上、労使の自主的な選択の結果として導入交渉が実施されないのはやむを得ない。しかし問題なのは、被用者が非自発的に発意を行わない（＝行えない）可能性がある点である。とりわけ、本指令の適用要件を充足し、その保護のもとで導入交渉を行えるかどうかを判断するには、企業間の支配関係の有無等の使用者側に偏在してい

72　本指令によれば、前述した協調の精神に則った交渉の義務は、経営中枢側にも課せられている（6条1項）。指令上、導入交渉における労使の関係性は、対立的なものではなく、情報提供・協議手続の導入という共通の目的に向けた協調的なものである点が徹底されている。

73　Karl Riesenhuber, *supra* note 6, p.688.

74　具体的には、被用者側から発意する場合には、二以上の異なる加盟国における二以上の企業もしくは事業所の100名以上の被用者又はその代表が、書面を用いて、手続開始を請求することが必要であるとされている（5条1項）。ここでは、大きくみると、国際性要件、人数要件及び様式性要件の三つを満たせば被用者側からの発意が可能となる。

75　Roger Blanpain, *Labour Law and Industrial Relations of the European Community*（Kluwer Law and Taxation Publishers 1991), p.193-194.

る情報を入手する必要があるため、それを可能にする制度的基盤がなければ、自主的な選択があったと評価することはできない。この点、使用者やその親会社等に情報提供を行わせることが考えられるが、国際的に事業展開が行われる中で必要な情報が必ずしも集約されているとは限らず、それら企業が情報を有していないことも想定されるため、企業間での情報共有の仕組みを整備することもあわせて要請される。これらの問題は、交渉開始段階における情報提供義務をめぐる一連のCJEUの先決裁定において顕在化することになる。

(2) 前提的考察——Bofrost 事件先決裁定

　企業グループ内部の相互関係を考察するに先立って、まず、被用者側と使用者側の垂直的な関係性における事前の情報義務について検討する。

　そもそも、経営中枢（又はみなし経営中枢）の上記義務は、前述の通り、導入交渉に際しては限定的なものである。というのも、経営中枢（又はみなし経営中枢）は、導入するために必要となる条件や手段を創出することが義務付けられるに止まっているのであって、導入交渉の発意を行うことまでは義務付けられていないからである（経営中枢も発意権者に含まれているが[5条1項]、それは発意が可能というのを意味するのであって、義務付けまでがなされるわけではない）[76]。したがって、被用者側からの交渉開始の発意がなく、経営中枢側もそれを行わない場合には、導入交渉は実施されず、結果としてEUレベルでの情報提供・協議手続も導入されないことになる[77]。ここで、経営中枢が、自らの経営裁量への制約を避けるために、経営関与の導入に対して消極的な態度を取りうる点を考慮すると、より重要となるのは被用者側からの発意である。

　しかしながら、本指令の適用要件は、上述の通り複雑なものである。とりわけ、欧州共同体規模企業グループの事例では、企業間の支配・被支配の関係（＝支配的影響力[3条1項]の有無）を明らかにしなければ適用の有無

---

[76] Pascale Lorber, '*2009/38/EC: European Works Council*' in Monika Schlachter (ed), *EU Labour Law; A commentary* (Kluwer Law International 2015), p.573.

[77] Roger Blanpain, *supra* note 42, p.977; Catherine Barnard, *spura* note 42, p.976.

を判断できない（例えば、各企業の被用者数が個別的に分かったとしても、それらが企業グループに属しているのかが分からなければ被用者数を合算して良いのかを判断できないし、交渉主体である経営中枢がどの企業に置かれているのかも判断できない）が、被用者側がそのような情報を事前に入手するのは必ずしも容易ではない（他方で、経営中枢はそのような情報を保有しているのが通常である）[78]。そこで、ドイツにおいて、事業所委員会（Betriebsrat）が、導入交渉開始に先立って、支配関係や被用者数に係る情報提供を求めたが、使用者側がこれを拒否したという事案が生じた（＝労使間の事前の垂直的情報提供義務の有無の問題）。この点、後述の通り、現行の指令であれば明文規定をもって事前の情報提供が認められているが、原初版本指令においてはそのような明文上の規律を欠いていた。そのため、ドイツ連邦労働裁判所は、本件を審理するにあたり、企業グループが問題となる場合に、支配・被支配の関係が確認される前の段階であっても、本指令によって事前の情報提供が義務付けられるのか、その対象事項は何かについて、CJEU に先決裁定を求めた。

　本件（Bofrost 事件）[79]において、CJEU は、EU レベルでの情報提供・協議を保障するという指令の目的は労使の交渉を通じて達せられるべきものであるところ（裁定28-29段）、その実効性の確保のためには、交渉の開始の発意を行いうるかを判断するための情報へのアクセスを被用者側に保障することが前提条件となる（裁定32-33段）などとして、事前の情報提供義務の存在を肯定した（裁定34段）[80]。もっとも、支配関係が確定する前の段階では、

---

78 Opinion of AG Saggio in Case C-62/99 *Betriebsrat der bofrost Josef H. Boquoi Deutschland West GmbH & Co. KG v Bofrost Josef H. Boquoi Deutschland West GmbH & Co. KG* EU:C:2000:502, para.14.

79 Case C-62/99 *Betriebsrat der bofrost Josef H. Boquoi Deutschland West GmbH & Co. KG v Bofrost Josef H. Boquoi Deutschland West GmbH & Co. KG* EU:C:2001:188, ［2001］ECR I -2579. なお、本件については、上田廣美「EU 法の最前線（28）──欧州労使協議会設置に関する情報の従業員への提供義務」貿易と関税50巻 5 号（2002年）75頁以下においてすでに基礎的な分析がなされている。

80 このような事前の情報提供義務は、後述する K ühne & Nagel 事件先決裁定（60段）において、本指令 4 条 1 項所定の一般的義務の一内容を形成するものと理解されている（Ruth Nielsen, *supra* note 52, p.203）。

経営中枢の所在が不明であるため、情報提供を請求する対象を特定できないという不都合があるところ、CJEU は、指令による義務付けが及ぶのは支配企業の経営機構（＝経営中枢）に限られないと判断した（裁定39段）。これにより、被用者側は、非支配企業の経営機構（＝非経営中枢）に対してであっても、事前の情報提供を請求できることとなる。

そのうえで、当該経営機構は「企業グループの構造又は組織に関する情報が被用者関与手続の導入交渉を開始するために必要な情報の一部分を構成する場合には、当該情報のうち、自らが既に所有しているか、入手可能なものについては、これを要求している国内的な被用者代表機関に提供する義務を負っている」との判断が示された（裁定39段）。

(3) 企業グループ内部での相互関係——水平的情報請求[81]

① 問題の所在

以上のように、グループ傘下の全ての企業の経営機構は、労使間の垂直的な関係において、経営中枢であるかを問わず、支配関係を含めた情報を事前に提供する義務を負っている。しかしながら、企業グループの事例においては、情報提供義務の対象となる情報が経営中枢によって独占的に保有されていたり、各グループ企業に分散して存在している場合が想定される。すなわち、被用者側からの請求を受けた企業の経営機構が必要な情報を有しているとは限らない。そこで、上記義務を履行するためには、企業グループ内部における水平的な関係において、各企業が有している情報を共有することが重要となる。

この点、支配企業の経営機構（＝経営中枢）であれば、企業グループ全体についての情報の多くをすでに有しているとともに、自らが有していない情報についても、支配的影響力を背景として他のグループ企業から入手することが可能であると一般的には考えられる。これに対して、そのような影響力を有していない企業の経営機構については、そのようにして情報を入手することが必ずしも容易であるとは言えない。例えば、みなし経営中枢は、被用

---

81 水平的情報請求（horizontale Auskunftsanspruch）の用語については、Matthias Spirolke, EWiR 2004, 199-200（Anmerkung), S.200に依拠した。

者数の多寡等で選定されるに過ぎないことから、必要な情報を有しているとは限らない。そこで、経営中枢に対して情報提供を求めることが考えられるが、経営中枢が、その支配的影響力を背景として、被支配企業からの情報開示請求に応じないことが想定される[82]。さらには、支配企業がEU域外に位置し、本指令の適用を受けない場合にはそのような情報開示にさらに消極的になる懸念もある。そのような場合に、被用者側から情報提供を求められた非支配企業の経営機構は、支配企業の経営機構（＝経営中枢）や他のグループ企業の経営機構から情報を入手できなかったことをもって、これを拒絶することができるのか、換言すれば、企業グループ内部という水平的な関係性において、情報の開示請求が義務付けられるのかが問題となる。

② Kühne & Nagel 事件先決裁定——水平的情報請求の承認

　この点、CJEU は、本来的な経営中枢が域外に所在しており、域内のみなし経営中枢がその義務を替わって履行しなければならないという事例（＝Kühne & Nagel 事件）[83]において、自らが必要な情報を有していなくとも、それを他の企業から入手しなければならないとの判断を示した。これにより、指令上、自らが情報を保有していないことを理由として、被用者側からの情報提供を拒絶することは認められないことになる。

【先決裁定要旨】

　被用者関与手続の導入に必要な条件及び手段を創出するためには、経営中枢又はみなし経営中枢の責任は、導入交渉の開始に必要な情報を被用者代表に提供する義務を包摂するというべきである（51段）。

　経営中枢は、欧州共同体規模企業グループの事例では、支配企業、すなわちグループ内の他の全ての被支配企業に対して支配的影響力を行使しうる企業の経営中枢である（本指令3条1項及び2項）。それ故、当該経営中枢は、前述した情報を所有しているか、入手可能な立場にあることから、この義務

---

82 Filip Dorssemont, '*The European Works Council Directive and The Domestic Courts: a critical analysis of the legal issues at stake*' in F. Dorssemont and T. Blanke（eds）, *supra* note 5, p.227.

83 Case C-440/00 *Gesamtbetriebsrat der Kühne & Nagel AG & Co. KG v Kühne & Nagel AG & Co. KG* EU:C:2004:16,［2004］ECR Ⅰ-787.

を容易に履行することができる（52段）。これに対して、みなし経営中枢は必ずしも当該情報を保有しているわけではない。さらに、本件がそうであるように、みなし経営中枢は、同一グループ内の企業間の法的関係において、当該情報を他のグループ企業から入手することのできる立場にあるのが通例であるというわけでもない（53段）。

しかしながら、本指令の目的と全体的な制度設計を考慮すると、みなし経営中枢が通常は経営中枢に対して課せられる責任を負担し義務を履行するためには、本指令4条1項については、みなし経営中枢は、域内に所在する他のグループ企業に対して被用者関与手続導入に必要な情報を請求しなければならないのであり、それと同時にそのような情報を入手する権利を有しているものと解釈しなければならない（54段）。

次に、域内の他のグループ企業の義務について見ると、本指令前文14では、企業グループの被用者に対する情報提供・協議の仕組みは、支配会社が域内に所在するか否かとは無関係に、域内に所在する全てのグループ企業を対象とするものでなければならないと定められている（55段）。さらに、本指令11条1項によれば、各加盟国は、欧州共同体規模企業グループに属する国内企業の経営機関が、支配会社が当該加盟国内に所在するか否かとは無関係に、指令所定の義務を履行することを保障しなければならないとされている。Bofrost事件先決裁定31段において判示された通り、上記規定の現行の文言は、使用者側にとって、所定の義務の範囲が経営中枢に対してのみに限定されるべきではないことを明確にしている（56段）。また、Bofrost事件先決裁定39段でも示された通り[84]、企業グループ内の全ての企業は、被用者関与手続の導入交渉を開始するのに必要な情報のうち、すでに所有しているか入手可能なものについて、それを要求している国内的な被用者代表機関に提供すべき義務を負っている（57段）。

しかしながら、そのような義務が存在するという事実は、被用者関与手続導入のために必要となる条件及び手段を創出するという主要な義務（4条1項）がみなし経営中枢に課せられているということを否定するものではない

---

84 厳密には、Bofrost事件先決裁定39段を引用している本件先決裁定47段が参照されている。

（58段）。それ故、本件先決裁定55段及び56段で参照された本指令の規定を考慮すると、指令の実効性を確保するためには、域内の他のグループ企業は、みなし経営中枢が上記の主要な義務を履行することを援助する義務を有しているというべきである。そうすると、必要な情報を受領するというみなし経営中枢の権利からは、他の各グループ企業が、当該情報を現に所有しているか入手可能な立場にある場合に、これをみなし経営中枢に提供する義務を負うということが論理必然的に導かれる（59段）。このような本指令4条1項及び2項2文並びに11条1項の解釈は、とりわけ、指令が導入しようとする国際的な情報提供・協議システムを適切に機能させるという必要性から導かれるものである。経営中枢が域内に所在しておらず、みなし経営中枢に対して必要な情報を提供していない場合であっても、本指令によって、みなし経営中枢は、通常は経営中枢が負うべき義務を履行するために、他のグループに対して必要な情報の提供を請求することができる（60段）。

　以上のように、CJEU は、みなし経営中枢に対して、本指令4条1項及び2項の一般的義務（責任）の一内容として、自らが保有していない情報を他のグループ企業から入手する権利を有し義務を負うと判断した。そのうえで、それら他企業に対しても、上記義務の履行を援助するため、みなし経営中枢に自らの保有する情報を提供する義務が課せられていると判断した。

　ここで注目されるのは、企業グループを全体として一括りにして扱うのではなく、それが複数の企業から構成されていることを前提としたうえで[85]、それら企業の間には事実上の交渉力・情報格差が存在するという内部関係を考慮している点である。みなし経営中枢は、本来的な経営中枢ではないため、十分な情報を保有しているわけではないし、情報を他のグループ企業から入手するだけの影響力を有していないことも想定される。それ故、みなし経営中枢に水平的な情報提供義務を課すだけは、Bofrost 事件先決裁定で認められた垂直的な情報提供義務を履行することは困難である（情報提供を請求した対象企業がそれに応じなかった場合には、結果として被用者側への情報提供ができないことになる）。そこで、CJEU は、みなし経営中枢に対して水

85　Wolfgang Däubler, BB 2004, 446-447（Anmerkung）, S.447.

平的な情報提供を受ける権利を保障したうえで、それに対応する義務として、支配企業や他の非支配企業に対して協力義務（＝水平的情報提供義務）を課すに至った[86]。この判断は、本指令が労使間において定めている協調の精神（6条1項・9条）の発想を、企業相互の関係性に持ち込むものである[87]。これにより、企業グループ内部という水平的な関係性において、情報提供が行われる基盤が整うことになる。

　もっとも、他のグループ企業も、企業グループ全体の中で見れば、被支配企業に過ぎないのであるから、事前の情報提供義務の完全な履行を保障するためには、グループ全体を統括している支配企業の経営機構（＝経営中枢）に対する水平的な情報提供の請求が重要となる。しかしながら、CJEU は、本件先決裁定において、みなし経営中枢に対して水平的情報提供義務を負う企業を域内の企業に限定する判断を示している（54段、55段、56段、及び59段等）。それ故、本件の場合には、経営中枢に対して情報開示義務を課すことはできないということになる。この点については、経営中枢がみなし経営中枢に水平的情報提供を行わず、結果としてみなし経営中枢が被用者側への垂直的情報提供義務を履行できなかった場合には、本指令4条2項所定の義務の不履行があったとして、みなし経営中枢に対してサンクションが課せられると解釈することで、一定の対策をすることが可能である。経営中枢はグループ全体を統括しているところ、そのような解釈が採られるのであれば、自らが支配下に置く企業がサンクションを受けるのを回避するために、必要な情報を提供するという事実上の圧力がかけられることになるからである[88]。しかしながら、学説上は、国際法上の属地主義（Territorialitätsprinzip）の観点から、そのような圧力手段を使って域外の企業に対する実質的な義務付けを行うことは認められず、その旨は本指令4条においても明確に述べられているとして[89]、本来的な経営中枢が水平的情報提供義務を負うことはない

---

[86] Opinion of AG Tizzano in Case C-440/00 *Gesamtbetriebsrat der Kühne & Nagel AG & Co. KG v Kühne & Nagel AG & Co. KG* EU:C:2002:445, paras. 33 and 39.

[87] Filip Dorssemont［2004］CML Rev. 1701-1716（note）, p.1712.

[88] Opinion AG Tizzano in Case C-440/00 *Gesamtbetriebsrat der Kühne & Nagel AG & Co. KG v Kühne & Nagel AG & Co. KG* EU:C:2002:445, para.35.

（したがって、みなし経営中枢は域外の経営中枢に対して情報提供を請求する必要はない）と主張されている。

以上のように、CJEU は、指令の実効性確保の観点から、被用者側が交渉開始の発意を行うのに必要な情報を入手できるようにするため、EU 域内という限定付きではあるが、企業グループ内での水平的な情報提供・入手の権利義務の存在を肯定する判断を示した。

本事例は、みなし経営中枢が垂直的情報提供義務を負い、他企業に水平的情報提供請求を行った事例であったが、その後、他企業が垂直的情報提供を求められた事例（C-349/01）[90]においても先例として踏襲されている[91]。これは、具体的には、被用者側が経営中枢・みなし経営中枢のいずれも置かれていない企業に垂直的情報提供を求めたにもかかわらず、当該企業は、経営中枢とみなし経営中枢から必要な情報の提供を得られないことを理由として、その請求に応じなかったという事例である。ここで、CJEU は、みなし経営中枢が負っている垂直的情報提供義務は、上記先例に言う本指令の目的や一般的制度枠組みに照らすと、被用者代表に対して直接的に情報提供を行う場合だけでなく、他のグループ企業を媒介として間接的に情報提供を行う場合を包摂するものであると判断し、他企業に対するみなし経営中枢の水平的情報提供義務の存在を肯定した[92]。これにより、「みなし経営中枢→他のグループ企業→国内の被用者代表」[93]の順で必要な情報が提供されることになる。そして、上記の一連の判例法理の展開が2009年改正の際に明文化され、現在に至っている（4条4項1文）[94]。

以上の議論は、あくまでも、被用者側が導入交渉の開始を発意できるのかを判断するための事前の情報を提供するという限定的な文脈におけるもので

---

[89] Michael Kort, JZ 2004, 569–572（Anmerkung）, S.571–572.

[90] Case C-349/01 *Betriebsrat der Firma ADS Anker GmbH v ADS Anker GmbH* EU:C:2004:440, [2004] ECR I -6803.

[91] Klaus Mayr ZESAR 2005, 48（Anmerkung）, S.48.

[92] Case C-349/01 *Betriebsrat der Firma ADS Anker GmbH v ADS Anker GmbH* EU:C:2004:440, [2004] ECR I -6803, paras 56 seq.

[93] 一方で、前半の「みなし経営中枢→他のグループ企業」の部分は水平的情報提供を、他方で、後半の「他のグループ企業→国内の被用者代表」の部分は垂直的情報提供を、それぞれ意味する。

ある。しかしながら、現代の事業活動が企業グループ単位で行われることが少なくないという事実を直視したうえで、その内部における各企業の相互関係をどのように規律すべきか（この文脈では、遍在する情報を企業グループ内部でどのように共有し、被用者側に対する義務を履行すべきか）についての基礎的な素材を提供するという点においては、単独の企業を超えた、企業グループ単位での労使自治の円滑化手法の一つの在り方を示す例として、重要な指摘を含むものと解される[95]。このような経緯を経て導入された上記規定は、経営中枢に対して交渉の開始そのものを直接的に義務付けてはいないもの、被用者側の発意の重要性に着目し、これが非自発的な形で阻害されないような制度的基盤を整備するという機能を果たすものであると言える。

第3款　導入交渉が整わない場合のサンクション
——標準的な手続の片面的強行適用制度

1．問題状況の再言

　これまでに検討した通り、本指令上、情報提供・協議手続の導入は労使の自律的な交渉に委ねられることとなっている。そして、その交渉は労使が協調の精神のもとで行う協調的なものであるとされており（6条1項）、導入に際して、労使には、交渉決裂を選択肢に入れたうえで対抗的にそれぞれの利益の確保に固執するのではなく、あくまでも、互いの利益に配慮したうえで協調的に交渉することが求められている[96]。しかし実際上の問題として、

94　A.C.L. Davis, *supra* note 55, p.247; Philippa Watson, *EU Social and Employment Law*（2nd edn, OUP 2014）, p.194. 具体的には、本指令4条4項1文において、「欧州共同体規模企業グループに属しているすべての企業の経営機構、並びに、欧州共同体規模企業及び欧州共同体規模企業グループの経営中枢又はみなし経営中枢は、本指令5条所定の交渉を開始するために必要な情報、特に企業又は企業グループの構造及び全被用者に関する情報を入手し、本指令の適用によって当事者となる者に提供すべき責任を負っている」旨が定められている。

95　なお、使用者側が、被用者側の交渉主体である特別交渉機関の組成に際して、事前の情報提供を超えた積極的な役割を担うべきかも問題になるが、Filip Dorssemont, *supra* note 87, 1701-1716, p.1714では、集団的交渉の自治的な性格からすると、使用者側の役割は補足的なものに留めるべきであり、そのような積極的な役割を果たすのはあくまでも被用者側であるべきであると指摘されている。この観点も踏まえれば、事前の情報提供義務の問題は、労使自治の在り方に関するより広範な議論を喚起する契機であるとも言える。

経営事項に関して被用者側と情報提供・協議を行うことは使用者側の裁量を制約し機動的な経営を阻害しうる側面を有していることから、労使の利益が衝突する可能性がある[97]。したがって、導入交渉を成功させ、手続の導入を図るためには、労使間で合意が形成されるのを支援する措置を設けることが重要となる。この点、通常の団体交渉であれば、争議行為という実力行使を用いた措置が考えられるが、情報提供・協議は労使の協調的関係性を前提とする手続であって、その導入交渉も同様の理念のもとに行われるべきものであることは前述の通りである。したがって、本指令のもとでは、労使間の対立関係を内在させる争議行為とは異なった支援措置が求められる。

２．標準的な手続の片面的強行適用制度
──労使双方への交渉のインセンティブ付与

そこで、本指令においては、標準的な手続の片面的強行適用制度が設けられている。まず本指令は、附則（Annex）という形で、標準的な情報提供・協議手続を定めている。これは補完的要件（subsidiary requirements）と呼ばれる。もちろん、指令上、手続内容の設計は労使の交渉に委ねられるのが基本であるので、附則所定の手続の導入はあくまでも二次的ルールとして位置付けられている。すなわち、補完的要件は、①経営中枢及び特別交渉機関が補完的要件を適用することを決定した場合、②経営中枢が被用者側の要求から６ヶ月を経過しても交渉の開始を拒否している場合、又は、③経営中枢と特別交渉機関が交渉を開始したものの、被用者側の交渉の開始要求から起算して３年間を経過しても労使が合意に至らない場合で、特別交渉機関が交渉の打切りを決議しないときに適用されると規定されている（７条１項）。

これらのうち、①は労使自治の結果として当然尊重すべきものであるから措くとして、それ以外の②③の要件は、合意形成支援の観点から注目される

---

96 *Ibid.*, p.582.

97 Corinne Sache-Durand, '*Information and Consultation in the Recast Directive*' in F. Dorssemont and T. Blanke（eds）, *supra* note 5, pp.315-316. 同様の指摘は、ピーター デ コスタ＝和久利望「欧州ワークス・カウンシルの概説と Brexit による影響」国際商事法務47巻10号（2019年）1210-1212頁においてもなされている。

ものである。いずれも、使用者側が導入に消極的な場合であっても、被用者側の意思を斟酌し、情報提供・協議手続の導入を強行的に行うものだからである。まず、②の要件は、被用者側から交渉開始の発意があることを補完的要件適用の前提とする点で[98]、被用者側の意思を尊重するものであるが、他方で、交渉に応じたくない使用者にとっては、自らの意思に反して、その適用を強制されることになる。次に、③の要件は、補完的要件の適用を一定期間の単純な経過のみに係らしめるのではなく、被用者側が交渉の打切りを決議[99]していないことを追加的要件としている。それ故、交渉継続にかかる被用者側の意思を尊重する一方で、使用者側の意思は考慮されない規定となっている。以上二点からうかがえる通り、補完的要件の強行適用は、使用者側の意思のみを制約する片面的な性格を有する制度といえる。

　このような制度設計を採ることで、経営裁量確保の観点から手続導入に消極的な使用者側に対して、合意形成に向けて積極的に交渉を行うインセンティヴを生じさせることが可能となる。すなわち、通常のゼロベースの交渉であれば、交渉の決裂は手続の不導入を意味することから、消極的な使用者側には、被用者側の求めに応じて積極的な交渉を行うというインセンティヴが生じ難い。しかしながら、上記制度の存在により、交渉の決裂は、補完的要件の適用を意味することになる。そして、そこでは欧州労使協議会（＝情報提供・協議を行う常設の被用者代表機関）の導入を基軸とする比較的充実した手続が定められていことから、使用者側には、多少不利益があったとしても可能な限り譲歩し、交渉が決裂してしまうことを回避すべき要請が働く[100]。他方で、被用者側にも、標準的ルールの画一適用による硬直性を回避する意

98　なお、指令上、交渉開始の発意がある場合であっても、特別交渉機関は、EU レベルでの被用者代表機関として改めて審議し、３分の２以上の特別多数決をもって導入交渉を開始しない旨の決定を行うことで、補完的要件の適用を回避できる（５条５項）。

99　開始後に交渉を打切るためには、特別交渉機関の構成員の３分の２以上の特別多数決による決定を行う必要がある（５条５項）。

100　Iacioi Senatori *'Directive 2009/38/EC on the establishment of a European Works Council'* in Edoardo Ales et al (eds.), *International and European Labour Law: Article-by-Article Commentary* (Nomos2018), pp.1623 and 1626-1627; Brian Bercusson, *European Labour Law* (2nd edn, Cambridge University Press 2009), p.22.

図から[101]、使用者側の提案に真摯に応じるべき要請が働く。これにより、労使は、自らの置かれた状況に応じた柔軟な制度の在り方を実質的に交渉するように促され、結果として労使合意の自律的な形成が後押しされることとなる[102]。補完的要件は、労使間での対立的構図を前提とする争議行為とは異なる方向性において、導入交渉における合意形成を促進すべき重要な役割を果たしうる[103]。

　以上のように、補完的要件の適用にかかる規律は、労使双方に対して実質的交渉を行うべきインセンティヴを与えるものであり、両者間の対立的構造を必ずしも前提とはしてない点に特色がある。前述の通り、情報提供・協議を通じた労使自治は、参加型民主主義概念のもと、労使が協調的な関係性にあることを前提とするものであることからすれば、それを導入するための交渉も同様に協調性を旨とすることが求められる[104]。この点、標準的手続の片面的強行適用制度は、争議行為とは異なり、労使間の協調的関係性を維持しつつも、導入交渉における合意形成を強力に支援することを可能にするものである。このような規律は、EU 法における労使自治を機能させるための制度

---

101 補完的要件の適用（＝標準的手続の導入）は包括的なものであって、自らに好都合な部分のみを選択的に適用させることや、一部内容をアレンジすることができない点に硬直性が見られる。

102 実際にも、補完的要件がそのまま適用された事例は少数にとどまる旨指摘されている（Michael Gold, 'The European Works Councils Directive: Changing rationales for EU regulation of employee participation' in M. Whittall et al (eds), Towards a European Labour Identity: The Case of the European Council (Rutledge 2007), p.33; Report Group of Experts Implementation of Recast Directive 2009/38/EC on European Works Councils, December 2010, pp.35-36）。これに対して、補完的要件は最低基準（minimum standards）として機能するとの見解もあり（Brian Bercusson, supra note 100, p.22）、被用者側がどれほど譲歩するかについては議論がありうるところである。

103 Séverine Picard, supra note 58, p.21.

104 導入交渉と情報提供・協議が同様の理念に立つべきことは、特別交渉機関（＝交渉段階での主体）と欧州労使協議会（＝情報提供・協議を行う主体）の間に一定の制度的な連続性があることからもうかがえる。すなわち、欧州共同体規模企業・企業グループの構造が著しく変化する場合における適合化交渉（adaptation）の際には、既存の欧州労使用議会の構成員の一部が特別交渉機関の構成員として選出されることになるのに加え（13条第2文）、指令所定の標準的手続（補完的要件所定の手続）が導入されてから一定期間経過後に行われる再交渉の際には、必要な修正を加えつつも、欧州労使協議会を特別交渉機関と読み替えたうえで、交渉が行われる（附則1条f号）。このような手続主体における相互性は、それら主体が共通の理念のもとに行動することを含意するものであり、ひいては、それら主体によって運営される手続自体の性格が同質であることも示唆されていると解される（Josee J.M. Lamers, supra note 5, pp.360-361.）。

的基盤の多様性を示すものとして、重要な意義を有すると解される。

3．標準的な手続（補完的要件）の内容

上記のような合意支援措置の意義を評価するに当たっては、片面的に強行適用されるものとされている標準的な手続（補完的要件）の内容を踏まえる必要があるため、以下、検討する。

(1) 経営関与の主体について

① 概説

本指令では、情報提供・協議手続の導入に際して、常設的機関として欧州労使協議員会を設けるのか、アドホックな情報提供・協議手続を設けるのかといった二つの選択肢が用意されているところ、補完的要件は前者の採用を前提としている。そのうえで、その設置、構成及び権限についての具体的な定めが置かれている。

② 欧州労使協議会の構成

欧州労使協議会は、欧州共同体規模企業又は欧州共同体規模企業グループの被用者のうち、被用者代表（これが存在しない場合には全被用者）によって選任又は指名された者で構成される（附則1条b号1文）。

選任・指名手続の内容は、国内法及び／又は慣行によって決定されるとされているが（同号2文）、構成員の人数については、それぞれの加盟国における被用者数に応じて、一定の標準形が示されている。すなわち、補完的要件は、それぞれの加盟国に関して、全ての加盟国の被用者数に対する当該加盟国の被用者数の割合が10%（又はその残余）になるごとに一議席を割り当てるものと定めている（附則1条c号）。

もっとも、組織としての規模が拡大すればするほど、意見の相違等を調整することが難しくなってしまう可能性がある。そこで、欧州労使協議会は、常設的な機関として、最大で5名から成る特別委員会（selected committee）を選出することとされており（附則1項d号）、この委員会に一定の権限を移譲することで迅速な意思決定を行うことができる。

上記のような欧州労使協議会の構成について、経営中枢又はその他のより適切なレベルの経営機関は情報提供を受けるものとされている（附則1項e

号）。

③ 欧州労使協議会の権限

欧州労使協議会の権限は、国際的な問題についての情報提供・協議に限定されている（1条3項及び4項、附則1条a号）。具体的には、欧州共同体規模企業・企業グループの全体に関係する事柄、又は、少なくとも二つの加盟国で二つ以上の企業又は事業所が関係する事柄に限定されている（1条4項）。

また、欧州労使協議会の権限は、後述する情報提供・協議の対象事項の面からも明確化されている。もっとも、附則所定の項目はあくまでも例示的なものであって、欧州労使協議会はこれよりも広範な権限を有するものとされている[105]。

(2) 欧州労使協議会の職務－情報提供・協議手続

欧州労使協議会は、自らの権限の範囲内で、情報提供・協議手続を実施することになるが、その手続は、定期的なものと臨時的なものの二つに大別される。

① 定期的な情報提供・協議

欧州労使協議会は、経営中枢との間で、年に一回の頻度で、定期的な情報提供・協議の機会を得るものとされている（附則2条）。その際、経営中枢は、欧州共同体規模企業・企業グループの事業の発展状況及び今後の見通しについて報告書を作成し、手続における基礎的資料としなければならないとされている。これにより、客観的資料に基づいた情報提供・協議が可能となり、労使による意見交換が形骸化したものとなってしまうことを防止することができる。ここでは、対象事項について、企業等の発展状況と今後の見通しという抽象的な規定が用いられているが、これは、企業の構造及び企業の置かれた経済的・財務的・社会的な状況（及びその見込み）をはじめとして、雇用に関連する決定、投資、労働条件及び労務提供の方法や、企業の支配権の移転、労務提供地の変更等のような広範な事項を被用者関与の対象とするものとされている（1条a号参照）[106]。

---

[105] Pascale Lorber, *supra* note 35, p.597.

② 臨時的な情報提供・協議

被用者の利益を著しく害する例外的な状況が起きた場合（特に移転 [relocations]、事業所又は企業の閉鎖、集団的整理解雇の場合）には、特別委員会（これが存在しないときは欧州労使協議会）は、その旨の情報提供を受け、協議する権利を有するとされている（附則3条）。具体的には、経営中枢又は当該事情に関する決定権限を有する他のより適切なレベルの経営機関との間で、会合を持つ権利があるとされている（附則3条2文）。

ここでは、定期的な手続とは異なり、基本的には特別員会によって手続が行われることが予定されており、その他の欧州労使協議会の構成員は関与できないことになるものの、当該事情又は経営決定によって直接的に影響を受ける者として事業所及び／又は企業によって選出・指名された欧州労使協議会の構成員については、会合に参加する権利を有するものとされている（附則3条3文）。

このような会合は、経営中枢又はその他の適切なレベルの経営機関によって作成された報告をもとに、可及的速やかに開かれるものとされている（附則3条4文）。このような報告に対し、労働者側は、会合終了時又は合理的な期間内に意見を提出することができる。

もっとも、この会合は、経営中枢の経営権（prerogative）に影響を与えるものではないとされており（附則3条5文）、附則所定の被用者関与は、共同決定権を認めるものではない点が明らかにされている。

③ 両者に共通の規定

経営中枢が具体的にどのような事項について情報提供すべきかが問題となるところ、附則においては、雇用、投資、及び、本質的な組織変更の状況及び今後見込まれる傾向、新たな労務提供方法又は生産過程の導入、生産の移転、合併、企業や事業所の全部又は重要部分の閉鎖、及び、集団的整理解雇がその対象となると規定されている（1条a号2文）。ここでは、集団的整理解雇のような被用者に直接関係するような事項だけでなく、事業再編や効率化のための施策等のような経営事項についても、広く情報提供の対象とな

---

106 *Ibid.*

っている点が特徴的である。

　ここで提供される情報をもとにして、被用者代表と経営中枢との間で協議が行われることになるが、補完的要件においては、その具体的な態様についても定められている。すなわち、協議手続において、被用者代表は、開示された情報に関する意見を表明した場合には、これに対する経営中枢の応答を得るとともに、その理由についても通知を受けるものとされている（1条a号3文）。この規定により、使用者側が合理的な理由もないのに形式的な応答に終始したりすることが難しくなり、協議手続を実質化することができるようになっている。

第6節　小括

　これまで検討してきた通り、本指令には、被用者関与手続の導入・設計を労使自治に委ねるという基本的立場を採用したうえで、これを円滑に機能させるための様々な手続的規制を設けている点に特徴が見られる。

　具体的にはまず、被用者側による導入交渉開始の発意が妨げられないように、交渉開始前の段階における情報提供義務が課せられている。被用者側が、本指令に従って経営関与手続の導入開始を発意するためには、その前提として、本指令が適用されることを認識する必要性がある。しかしながら、本指令の適用要件充足性を判断するに際しては、企業間における支配的影響力の有無を確定し、企業グループにおける全容を把握する必要性がある。しかしながら、このような情報は使用者の側に偏在していることが多いため、このような情報格差を放置したままでは、被用者側が本指令の適用の有無を判断できず、結果として交渉開始の発意が非自発的に妨げられてしまう懸念がある。そこで、CJEU は、交渉会前の段階における情報提供義務を課すことで、このような懸念に対処する解釈論を提示し、現在では、その内容が明文化されるに至っている。

　次に、本指令の最大の特徴ともいえるが、本指令は、指令上で被用者関与手続の標準モデルを提示しながらも、その導入を直ちに強制するのではなく、あくまでも、労使交渉によって柔軟に設計された手続の導入を優先させる制

度設計を取っている。

　そもそも、被用者関与の導入については、労使間で利益状況が対立する可能性があることから、交渉が調わないという事態が起こりうる。すなわち、より強度の権限を得たい被用者側と、経営裁量を維持したい使用者側との間では、どのような被用者関与の仕組みを設けるのかについて、合意に至るのが難しい場面が想定される。このような場面で、デッドロックに陥らないようにするため、本指令では、一定期間内に労使が合意に至ることができなかった場合等に強制的に適用される標準的なルールとして補完的要件が設けられている。この標準的なルールがあることにより、被用者側は、経営事項に関して広範な情報提供・協議を受けることができるようになる。

　また、このルールのより重要な機能としては、導入交渉の際の基準として作用することが挙げられる。すなわち、被用者側とすれば、交渉が平行線となればこのルール所定の被用者関与の権利を得ることができるので、これよりも軽度の意に沿わないような内容で無理に合意すべきインセンティブが減少する。その一方で、使用者側からすれば、このルールの内容が比較的高度であることから、被用者側と真摯に交渉し、専門的知識を有する経営者側により多くの権限を残せるように説得するインセンティブが生じることになる。このように、導入交渉においては、標準的なルールを基準として労使間における交渉の活性化・円滑化が期待される。

　その際に重要となるのが、導入交渉において、労使は対立する存在としてではなく、協調的な関係性に立つ存在として捉えられている点である。本来的に、経営関与は当該企業の合理的運営を行うという共通の目的に向けた労使間での協力関係を必要とするところ、以上のような制度は、労使間の対立構造を前提としない方向性において、被用者関与の導入を強力に支援するための具体的な一つの在り方を提示するものと言える。

　このような関係性は、手続の運用段階においても妥当するとされている。被用者関与をめぐっては、被用者側の利益保護と使用者側の経営裁量の確保という単純な二項対立に終始するのではなく、両者が一定程度相対的な関係にあり、情報提供・協議が競争上の利点等をもたらしうる点にも留意する必要性がある。

第5章　一般法——欧州労使協議会指令　　231

　そのうえで、標準的ルールの内容を見ると、情報提供・協議については、臨時的・定期的な手続の双方が具体的に定められている。前者では、被用者の利益に深刻な影響を及ぼす例外的な経営決定に対する臨時的な情報提供・協議が定められている。これに対して、後者においては、雇用に対する影響が明らかとなっていない状況下で、年間の経営計画等の比較的広範な経営事項についての情報提供・協議が認められている。このように、複数の手続を想定し、雇用に対する悪化が具体的に見込まれるか否かにかかわらず被用者関与の余地を認めている点に、標準的ルールの特徴がある。

　その他にも、本指令においては、機密情報の保護や、被用者代表の保護など、導入交渉や被用者関与制度を適正に運用するための規制を設けることで、労使自治を効率的に機能させるために必要な前提条件が整えられている。

　以上のように、本指令は、労使自治を基礎としつつも、これに対して完全な放任主義を取るのではなく、交渉段階における情報提供を義務付ける等の様々な手続的規制を行うことで、導入交渉が円滑に行われるような制度的な基盤を提供している。

第 3 編

EU 会社法分野における被用者の経営関与制度

本編では、EU 会社法における被用者関与制度を検討する。会社法制においては、労働法規制と同様に情報提供・協議制度（information and consultation）が設けられるとともに、萌芽的ではあるが、労働者を会社組織内部から関与させる被用者参加制度（employee participation）も導入されている。以下では、まず欧州会社法制を概観したうえで、欧州会社における被用者関与制度（情報提供・協議及び被用者参加）の分析を行っていくこととする。

第1章　欧州会社制度の概要

EU においては、各加盟国法から独立した独自の会社形態として、「欧州会社（Societas Europaea）」が定められている。この欧州会社においては、被用者を経営に関与させる点が重要視されており、そのための具体的な制度を導入することを会社の設立要件と関連付けている。具体的には、企業組織外における被用者関与として情報提供・協議（information and consultation）が、企業組織内における被用者関与としての被用者参加（participation）が想定されているが、その導入の方法や法的取り扱いという点では、それぞれの特性に応じた相違がある。

第1節　法源・根拠法

欧州会社における被用者関与制度は、欧州会社規則[1]と欧州会社被用者関与指令[2]の二つを法的根拠としている。

---

1 Council Regulation（EC）No2157/2001 of 8 October 2001 on the Statute for a European company（SE）[2001] OJ L294/1.

236 第3編　EU会社法分野における被用者の経営関与制度

　まず前者について、EU法は、各加盟国の国内法によって設立される会社について被用者関与を認めているわけではなく、国内法から独立した超国家的な会社形態である欧州会社を創設した上で、被用者関与を制度化している。前者の欧州会社規則は、このEU独自の会社形態の設立根拠となっている。

　次に後者について、欧州会社規則は、後述する通り、一部の場合を除き、経営への参加を含む被用者の経営関与の枠組みを設けることを設立要件としている（12条）。後者の欧州会社被用者関与指令は、その構成や権限等についての詳細を定めている。

　以上のように、EU法は、欧州会社規則を根拠としてEU独自の会社形態を創設した上で、経営関与の詳細が欧州会社被用者関与指令を定めている。

第2節　欧州統合における欧州会社制度の位置付け

　欧州統合においては、単一市場（現：域内市場）の樹立が目指されているが、これを機能させるためには会社制度の近接化・統一化が必要となる[3]。すなわち、経済活動を担う重要な主体として会社が挙げられるところ、その構成やガバナンス構造等に根本的な差異がある場合には、特定の加盟国法を根拠とする会社が競争上有利になったり、合併等の組織再編を行う場合に困難を生じたりする等の問題が生じうる。そこで、会社制度を統一化するか、少なくとも基本原理を共通にするための近接化を行うことで、会社の経済活動を公正かつ効率的なものにし、単一市場を実質的に機能させることが可能となる[4]。

　会社制度を共通化させるための具体的な方策としては、大別すると、各国の加盟国法を根拠に会社が設立・運営されることを前提としてそれぞれの国

2　Council Directive 2001/86/EC of 8 October 2001 supplementing the Statute for a European company with regard to the involvement of employees［2001］OJ L294/22.

3　欧州統合における会社法制の意義等については、森本滋『EC会社法の形成と展開』（商事法務、1984年）27頁以下で詳細な分析がなされている。

4　P.M. Storm, ‘*Statute of a Societas Europaea*’（1967）5 Common Market Law Review 265, p.267 sq.

内法を近接化させる方法と、各加盟国の国内法を前提とはせずにEU法を直接の根拠として各国内法から独立した超国家的な会社形態を認める方法の二つが挙げられる[5]。

これらのうち、欧州会社制度は、後者の類型に該当するものである。EUにおいては、前者の類型、すなわち各加盟国の立法を近接化させるための立法が試みられた時期もあったが、被用者関与のあり方をめぐって各国の意見を調整することができずに、頓挫してしまったという歴史がある[6]。その後、被用者関与制度については、欧州労使協議会指令等において一定の立法化がなされるに至るが、これらはあくまでも労働法の枠内でのみの議論にとどまる。労働法だけでなく、会社法も視野に入れた上で、被用者関与制度が実際に立法化されるに至ったのは、この欧州会社制度がはじめてである。

このように、欧州会社制度には、EU全域に共通する超国家的な会社形態を認めるといった特徴があり、また、その導入に際して、被用者関与制度を当初から組み込んでいた点に意義が認められる。

第3節　欧州会社の設立

欧州会社とは、EU域内で設立された公開有限責任会社（public limited-liability company）のことをいうが（欧州会社規則1条1項）、その設立方法には、基本的に、次の4通りのものがある[7]。これらは、単なる会社法上の議論ではなく、後述する通り、被用者関与制度の内容にも影響する点で、労働法上の議論としても意義を有するものである。

第一に、合併による設立について。加盟国の法律に基づく既存の国内会社

5　国際的文脈における規制手法の類型についての詳細な研究として、Martina Eckardt and Wolfgang Kerber, 'Developing Two-tiered Regulatory Competition in EU Corporate Law: Assessing the Impact of the Societas Privata Europaea' (2014) 41(1) Journal of Law and Society 152, p.154 sq 等を参照。

6　欧州統合における会社法制上の被用者関与制度の史的展開については、濱口桂一郎『新・EUの労働法政策』（労働政策研究・研修機構、2022年）219頁以下で詳細な分析が加えられている。

7　欧州会社の設立方法については、Nicola de Luca, European Company Law: Text, Cases and Materials (Cambridge University Press 2017), pp.140-146を参照。

は、国際的な文脈において合併（merger）をすることで、欧州会社を設立することができる（欧州会社規則17条1項）。具体的には、吸収合併と新設合併が認められており、前者の場合においては、合併に参加する企業は、一社のみが存続し、そのほかの企業の法人格は消滅することになるのに対して、後者の場合においては、合併に参加する企業の法人格は全て消滅することになる。合併によって設立された欧州会社については、その本店が所在する加盟国法における公開有限責任会社として扱われる（欧州会社規則15条1項）。

　第二に、持株会社の設立による欧州会社の設立について。加盟国の法律に基づく既存の国内会社は、新たに持株会社を設立することで、欧州会社を設立することができる（欧州会社規則32条1項）。持株会社として設立された欧州会社は、その本店が所在する加盟国法における公開有限会社として扱われる（欧州会社規則15条1項）。ここでは、合併の場合とは異なり、持株会社である欧州会社の設立に参加した企業の全てが、消滅することなく、国内会社として存続する点に特色がある。

　第三に、子会社の設立による欧州会社の設立について。加盟国の法律に基づく既存の国内会社又は欧州会社は、子会社を設立することで、欧州会社を設立することができる（欧州会社規則35条）。ここでの特徴は、既存の国内会社だけでなく、欧州会社も子会社として欧州会社を設立できる点である。したがって、国内会社が上記の持株会社の形態で欧州会社を設立した上で、子会社の設立等を含め、企業グループの組織運営をこれに一任することも可能となっている。

　第四に、転換（conversion）による欧州会社の設立について。加盟国の法律に基づく既存の国内会社は、その法形式を欧州会社に転換することによって、欧州会社を設立することができる（37条1項）。この設立方法は、当初、被用者関与の権利を制限しうるものとして認めない方向性が示されていた[8]。例えば、ドイツ国内の企業のように共同決定[9]を通じた高度の被用者関与が認められている企業が、欧州会社に転換する際に既存の被用者関与を継承せずに廃止するといった形で、被用者の権利を制限する目的で濫用されるので

8　濱口・前掲注6）書253頁。

はないかという懸念があったのである。しかしながら、その一方で、欧州会社の設立を容易にし、域内市場に寄与するといった観点からすれば、この設立形態にも利点がある。そこで、最終的には、被用者の権利を制限することのないように配慮する規定（第2章第5節第2款参照）を盛り込んだ上で、この設立形態が導入されるに至った。

第4節　欧州会社の構造

第1款　総説

　加盟国間で異なった法的伝統があることに照らして、欧州会社規則は、画一的な企業構造を定めるのではなく、複数の選択肢を準備している。具体的には、株主総会（general meeting of shareholders）を共通の必置機関とした上で、①監督機関（supervisory organ）と経営機関（management organ）を分離した二層制（two-tier system）を採るのか、②両者を一体化した管理機関（administrative organ）を設ける一層制（single tier system）を採るのかのいずれかについて、定款（company's statute）で選択できるとしている（欧州会社規則38条）。

第2款　二層制

　二層制においては、業務執行を行う権限とそれを監督する権限が、異なる機関に分離して帰属している。具体的には、前者の権限は経営機関に、後者の権限は監督機関にそれぞれ帰属するものとされている（欧州会社規則39条1項、40条1項）。

　これらのうち、被用者が直接的に経営権限を行使することはあまりなく、その参加が主に検討されるのは監督機関についてである[10]。そこで、被用者

9　ドイツにおける共同決定制度については、正井章筰（尾形祥ほか補訂）『ドイツにおける労働者の共同決定——歴史と制度』（早稲田大学出版部、2023年）、山本陽大「ドイツにおける集団的労使関係システムの現代的展開——その法的構造と規範設定の実態に関する調査研究」労働政策研究報告書 No.193（労働政策研究・研修機構、2017年）88頁以下等参照。

が経営上有している影響力を明らかにすべく、監督機関の権限の具体的内容を検討すると次の通りになる。

第一に、監督機関は、経営機関の構成員を選任する権限を有している（欧州会社規則39条2項）。これにより、被用者利益に配慮する者に対して経営権を与えることができるので、組織構成という観点から自らの利益を確保することができる。

第二に、監督機関は、経営機関が行う具体的な業務執行を監督する権限を有している（欧州会社規則40条1項1文）。

この権限を行使することで、経営決定が雇用に対して悪影響をもたらすことを一定程度防止することができる。加えて、この権限を行使するためには判断材料が必要となるところ、本指令は、経営機関に対して欧州会社の事業の進捗状況と今後の予想を監督機関に定期的・臨時的に報告する義務を課すことで（欧州会社規則41条1項及び2項）、この要請に応えている。もっとも、通常は、監督機関が当該経営決定に対する否決権等を有していないことから、このような監督権限は限定的なものに留まっている。これは、経営を行うのはあくまでも経営機関であり、監督機関はそのような権限を行使するものではないとされていることに由来する限界である（欧州会社規則40条1項第2文）。

第三に、監督機関は、一定の取引については、より強力な経営監督権限を有している。すなわち、定款において列挙されている特定の種類の取引については、通常の業務執行とは異なり、監督機関の承認が必要とされる（欧州会社規則48条1項）。これにより、被用者代表は、経営機関の経営裁量に直接的に制約を加えた上で、より強度に自らの利益を確保することができる。

第3款　一層制

一層制においては、業務執行を行う権限とその監督を行う権限の双方が一

---

10 二層制か一層制かという企業構造の問題と被用者関与制度との関連については、Stefan Grundmann, *European Company Law*（Intersentia Publishing 2012), p.255 sq 参照。また、それぞれの内容については、高橋英治『ヨーロッパ会社法概説』（中央経済社、2020年）339頁以下参照。

元的に管理機関に帰属するものとされている。

このような組織構造を採用することは、被用者に対して経営を行う直接的な権限を付与することにつながる[11]。すなわち、二層制において被用者の参加が主に検討されているのは監督機関への参加であり、経営機関への参加はあまり想定されていなかったのに対して、一層性は、権限が複数の機関に分離して帰属していないことから、参加する被用者の権限を監督権限にのみに限定すること（＝経営権限を付与しないこと）が困難となるのである。

一層制において、日々の業務執行は特定の業務執行取締役（managing directors）に委任することができるが（欧州会社規則43条1項1文）、それ以外の業務執行については、少なくとも3か月に一度の頻度で定められる定款の規定に従い、会合を開いて協議し、決定する（欧州会社規則44条1項）。ここでは、欧州委員会の事業の進捗や将来の展開等についての議論が行われる。その前提として、全ての構成員は、管理機関に提出されるあらゆる情報を調査する権利を有している（欧州会社規則44条2項）。このような仕組みをとることで、一部の構成員に権限が過度に集中することを防止し、業務執行の適正さを担保することが目されている。

第4款　二類型の選択に係る任意的性格

以上のように、被用者参加を認めるに際しては、一層制と二層制という二つの類型が選択肢として用意されているところ、いずれを採用すべきかにつき、EU法は強行的な規制を設けておらず、各社の任意に委ねている[12]。

この点、設立されようとしている欧州会社の本店所在地の加盟国法（＝国内法）において採用されている組織形態が採用される傾向があるとも考えられるが、実態調査を踏まえた研究によると、必ずしもそのような傾向が見られるわけではないと指摘されている[13]。また、一層制と二層制のいずれがコーポレート・ガバナンスのモデルとして優れているかについては議論が決着

---

11 *Ibid.*

12 Nicola de Luca, *supra* note 7, p.257 sq.

13 Caspar Rose, '*The New Corporate Vehicle Societas Europaea（SE）: consequences for European corporate governance*'（2007）15（2）Corporate Governance: An International Review 101, p.113.

しておらず、前者には、意思決定の機動性を確保できるというメリットがあるが、他方で、監督機能が不十分なものになりうるというデメリットがあり、反対に、後者には、独立した機関が設けられることにより監督機能を担保できるメリットがあるが、他方で、機動性に欠ける懸念があるというデメリットが見られる[14]。そのため、いずれかのモデルに収斂するという経済上の実態も看取されず、結局のところ、各社が自らの置かれた具体的状況に応じて決定していくものと解される[15]。

もっとも、経営参加を視野に入れる場合に一層制をとると、経営上の意思決定を広く行う機関に従業員を直接参加させることになる。ここで、株主利益の最大化を指向しうる経営者と労働者との間で利益対立がありうる点[16]を考慮すると、経営参加を認める事例においては、二層制の導入を行う傾向が見られるのではないかとも思われる[17]。

---

14 *Ibid*, p.115-116.

15 *Ibid*.

16 *Ibid*, p.118-119.

17 本制度の採択の経緯において、反対意見が見られたのも、まさにこの点を懸念してのことであった（Catherine Barnard, *EU Employment Law*（4th edn, OUP 2012）, p.674）。

第2章　欧州会社における被用者関与制度

第1節　欧州会社における被用者関与指令[18]の概要

　本指令の目的は、全ての欧州会社（Societas Europaea）において、被用者が経営に関与するための取り決めがなされるようにするところにある（本指令1条）。

　この目的を達するため、本指令は、労使間において被用者関与の内容について合意するための交渉手続についての定めを置いている（本指令3条乃至7条）。すなわち、本指令は、被用者利益を代表するものとして特別交渉機関（special negotiating body）という代表機関を設立したうえで、これを欧州会社の設立に参加しようとしている会社（以下、参加会社［participating company］）と交渉させ、被用者関与の仕組み（arrangement for employee involvement）を導入することを予定している。すなわち、被用者関与としては、情報提供・協議（information and consultation）と被用者参加（employee participation）といった選択肢が用意されているところ、そのいずれを採用するのか、また、その具体的内容をどのように設計するのかについては、指令が一律的に強制するのではなく、あくまでも、労使自治に基づ

---

18 本指令に関する先行業績としては、濱口桂一郎「概説 欧州会社法の誕生──労働者関与指令を中心に」世界の労働52巻1号（2002年）40頁以下、中野聡「欧州会社法『従業員関与指令』」豊橋創造大学紀要6号（2002年）65頁以下、松田和久「欧州会社（SE）の運営における従業員の関与」千葉商大論叢42巻4号（2005年）143頁以下、メネー・クラウディア「欧州会社に未来はあるか──欧州レベルの共同決定権拡大運動」経営民主主義57号（2014年）3頁以下、明山健師『EUにおけるコーポレート・ガバナンス──欧州株式会社制度の体系化と企業の実践』（税務経理協会、2013年）、高木雄郷「欧州会社の新コーポレートガバナンス──欧州労連のEU枠組労働者参加指令」経営民主主義63号（2016年）35頁以下等が挙げられる。

いて決定されるものとされている。

このように、被用者関与制度の整備を労使自治に委ねるという仕組みは、欧州労使協議会指令（第2編第5章参照）と共通するところがある。名称が異なるものの、本指令においても、標準的なルールとして、標準的規則（standard rules）というものが定められているが、これは基本的には労使間での交渉が決裂した場合等に適用される二次的なものとして位置付けられており、あくまでも、労使が交渉を行うことで自律的に制度を導入することが基本であるとされている。

もっとも、被用者関与制度を整備するにあたり、交渉を担当すべき当事者の構成や権限等が不明確であると、労使自治が十分に機能せず、適切な交渉が行われない可能性がある。そこで、本指令は、欧州労使協議会指令と同様に、労使間で行われる交渉に関する一定の手続的規制を設けることで、この問題への対処している。

以上のように、本指令は、労使自治に基礎を置いた形で、欧州会社における経営関与手続を整備するための規律を置いている。

第2節　被用者関与の理論的背景
——産業民主主義

被用者関与を立法化する動きが本格化した背景には、産業民主主義（industrial democracy）という概念が存在する。ここでは、欧州会社制度の立法段階で扱われた議論を検討することで、欧州会社における被用者関与制度を分析する基礎としたい。

EC委員会は、「欧州共同体における被用者参加と企業構造」[19]と題するコミュニケーションにおいて、各国法制を比較検討することで、次の点を明らかにした。その内容は本書において既に検討した通りであるが（第2編第2章第2節第3款の2）、ここでは差し当たり、EUにおいては、民主主義的

---

19 *Employee participation and company structure in the European Community*, Bulletin fo the European Communities Supplement 8/75, COM(75)570.

要請から生まれる産業民主主義（industrial democracy）という理念を基礎として、被用者を、公私にわたって多大なる影響を及ぼしうる経営決定の検討過程に関与させるための立法が求められている旨が指摘されていた点を再言しておく。

　本指令はそのような立法として位置付けられるものであり、その内容は以下で検討するが、情報提供・協議を通じた経営関与に加えて、経営組織への直接参加を通じた経営関与が想定されている点が、前編において検討した労働法分野における規律と異なる。この点、前者については、EU基本権憲章27条による規範的な基礎付けがなされるのは前述の通りであるが、後者については、同条の保障の範囲外であるとされている[20]。後述するように、本指令は、被用者関与の諸条件についての合意をすることなしに設立することができないという基本的立場を採用しているが、ここで必ず導入しなくてはならないのは前者のみであり[21]、後者はこの限りではない。このような相違の背後には、上記の基本権的な基礎付けの有無が関係しているものと見られる。

第3節　本指令の適用範囲

　上記の目的規定から明らかな通り、本指令は、欧州会社において、被用者が経営に関与する（＝経営上の意思決定に影響を及ぼす）ための仕組みを導入することを企図している。このことに起因して、本指令では、次のような定義規定を置くことで、その適用を本指令の目的達成に必要な範囲に限定している（2条各号）。

　まず、本指令はあくまでも欧州会社における被用者関与を導入するためのものであるので、どれだけ企業が国際的に事業活動を行っていたとしても、これが適用対象となることはない。そこで、本指令は、「欧州会社（Societas Europaea）とは、欧州会社規則に従って設立されるすべての会社のことをいう」と定めることで（同条a号）、本指令が欧州会社規則を補完するもの

---

20 Meyer/Hölscheidt/Hüpers/Reese, 6. Aufl. 2024, GRC Art. 27 Rn. 8, 12, 19, 24.

21 Philippa Watson, *EU Social and Employment Law*（2nd edn, OUP 2014）, p.200.

246 第3編 EU会社法分野における被用者の経営関与制度

であり、欧州会社の形式をとって登録されている会社[22]のみを規制対象としていることを明らかにしている。

　もっとも、後述する通り、被用者関与手続の導入は、欧州会社の設立要件と関連付けられていることから、その導入のための労使交渉は欧州会社の設立前に行われることになる。ここでは、欧州会社が未だ存在していないのであるから、交渉当事者としては、その他の組織体を選定する必要がある。

　そこで、本指令は、欧州会社の設立に直接的に参加する会社として、参加会社（participating companies）という概念を導入し、使用者側の交渉当事者としている同条b号。その上で、本指令は、会社が企業グループを形成して事業活動を行っていることが少なくない社会状況に鑑みて、参加会社単体ではなく、その子会社や事業所も含めたグループ単位での規制を企図している。具体的には、関係子会社又は事業所（concerned subsidiary or establishment）という概念を導入し、これを、参加会社の子会社又は事業所のうち、欧州会社の設立後、当該欧州会社の子会社又は事業所となることが提案されているものをいうと定義することで（同条d号）、欧州会社の企業グループに含まれる子会社・事業所を包括して規制対象としている。ここで、子会社（subsidiary）をどのように定義するかについては、資本関係に着目するのか、事実上の支配関係に着目するのか等、様々な基準がありうる。この点、本指令は、他の指令の基準を流用した定義付けを行っており、具体的には、他の会社から、欧州労使協議会指令3条（第2編第5章参照）に定めるところの支配的影響力（dominant influence）を受ける会社のことを子会社と定義している（同条c号）。

　以上のように、本指令は労使の自律的な交渉によって欧州会社における被用者関与手続を導入することを目的としているところ、その交渉を行うべき当事者について、欧州会社の設立に関与するか否か等に着目した定義規定を置くことで、その適用範囲を目的達成に必要な限りに限定している。

22　この点、欧州会社規則によれば、前述の通り、参加会社は、合併、持株会社の設立、子会社の設立、欧州会社への転換といった四つの方法を用いて、欧州会社を設立することができる（同規則15条乃至37条）。ここでいかなる設立方法を用いるかは、後述するように、単なる会社法上の問題ではなく、特別交渉機関の構成にも影響を与える労働法上の問題でもある（3条）。

第4節　被用者関与の導入交渉の開始段階における規律

　上述の通り、本指令は、被用者関与について、画一的な定めを置くのではなく、どのような制度を設けるのかを労使自治に委ねている。具体的には、被用者関与手続を導入することを欧州会社の設立要件と関連付けたうえで、使用者側に対して、労働者側との交渉開始を義務付けている。

　もっとも、労使間には情報・交渉力格差があることから、導入交渉が形骸化したものになってしまう危険性がある。そこで、本指令は、以下で検討する通り、被用者関与制度をめぐって労使間で誠実な交渉が行われるようにするための手続的な規制を置いている。この点については、第2編第5章で検討した欧州労使協議会指令の規律と相当程度の類似性が見られる[23]。すなわち、欧州労使協議会指令のアプローチは、特定の経営関与モデルを画一的に強制するのではなく、各労使が自らの置かれた具体的な状況に適していると考える経営関与手続を導入する余地を認める点で、労使自治に根差した柔軟な利益調整を可能にするものであり、本指令もその基本的な方向性を踏襲するものである[24]。

第1款　使用者側の交渉開始義務

　本指令によれば、参加会社の経営機関（一層式の場合）又は管理機関（二層式の場合）が欧州会社の設立を計画した場合[25]、これらの機関は、可及的

23　Catherine Barnard, *supra* note 17, p.676-677.

24　Herfs-Röttgen, Arbeitnehmerbeteiligung in der Europäischen Aktiengesellschaft, NZA 2001, 424, S.429. また、労使間での導入交渉が整わない場合に適用される標準的な経営関与手続の内容（本指令については本章第6節で後述）も、経営組織への直接参加を除けば、基本的には同様の内容が定められている（Franzen/Gallner/Oetker, Kommentar zum europäischen Arbeitsrecht, 5. Auflage, 2024, RL 2001/86/EG Anh. Art. 17, Rn. 1 ）。

25　本指令上の義務は、欧州会社の設立を計画した段階で生じるものであり、それ以前の段階においては、いくら企業が国際的に事業活動を行っていたとしても使用者側に被用者側との協議義務等は発生しない。この段階においては、第2編で検討した労働法分野の他の指令（集団的整理解雇指令、企業譲渡指令、一般的情報提供・協議指令等）や、国内法が適用されることになる。

速やかに[26]、参加企業の被用者代表との間で、被用者関与手続について交渉を開始するために必要な措置をとらなければならないとされている（3条1項）。

　ここで特徴的なのは、交渉開始を発意することが使用者の義務として端的に定められている点である[27]。被用者関与制度の設計を労使自治に委ねるという考え方は前述の欧州労使協議会指令と共通するところであるが、交渉開始を発意する場面に着目すると、両者の間には重要な差異が存する[28]。

　前述した通り、欧州労使協議会指令においては、欧州レベルでの情報提供・協議手続を導入するために必要となる条件や手段を整備することが使用者の責任として定められている（同指令4条1項）。この規定では、手続を導入することが使用者の義務として直裁的に定められているわけではなく、あくまでも、そのための条件等を整備する義務が課されるに留められている。それ故、この指令においては、交渉開始の請求権者として使用者側と被用者側が同列に扱われており（同指令5条1項）、使用者に交渉開始の発意を行うことまでは義務付けられていなかった[29]。すなわち、ここでは、被用者側から交渉開始の要求があったにもかかわらず使用者側がこれに誠実に応じない場合には義務違反となるものの、使用者側から交渉開始を発意しないことそれ自体からは義務違反が生じることはないとされている。

　これに対して、本指令では、被用者関与を導入するための交渉を行うこと自体が、使用者側に対して事実上義務付けられている[30]。すなわち、使用者

---

26 より具体的には、合併により設立する場合には合併条件の草稿を公にした後、持株会社又は子会社として設立する場合には当該持株会社又は子会社を設立した後、転換によって設立する場合には転換に係る合意がなされた後、直ちに被用者関与手続の導入交渉を開始しなければならないとされている（3条1項）。

27 Naber/Sittard, Münchener Handbuch zum Arbeitsrecht, Bd. 4 : Kollektives Arbeitsrecht II Arbeitsgerichtsverfahren, 5. Auflage, 2022, § 384 Mitbestimmung in der Europäischen Gesellschaft（SE）, Rn.24.

28 Catherine Barnard and Simon Deakin, '*Reinventing the European Corporation? Corporate governance, social policy, and the single market*'（2002）, 33（5）Industrial Relations Journal 484, p.486.

29 もっとも、労働者側からの発意が妨げられないように垂直的・水平的な情報提供義務が認められている点については再度留意すべきである（第2編第5章第4節第2款の4）。

側が欧州会社の設立を計画したにもかかわらず交渉開始を発意しない場合には、その発意しないこと自体が義務違反となるのであり、この点に欧州労使協議会指令との重大な差異がある。この差異は交渉開始の請求権者の観点からみても明らかであり、本指令３条１項においては、被用者側はその対象には含まれておらず、交渉開始を発意できるのは使用者側のみであるとされている。

　このような差異が生まれた要因は、欧州会社がEUレベルで通用する独自の法形態として新規に認められたものであるという点にある。欧州労使協議会指令における被用者関与制度が既存の企業・企業グループにおいて整備されるものとされているところ、経営裁量が狭められてしまうことを回避したい使用者側には、交渉開始を積極的に発意するインセンティブがないのが通常である[31]。それ故、被用者側からの発意がより重要なのであり、そのための情報提供義務等の規定が整備されてきたという経緯がある。これに対して、本指令における被用者関与手続は、新規に設立される欧州会社において整備されるべきものとされているところ、欧州会社規則は、被用者関与制度の導入を欧州会社の設立要件としている（欧州会社規則12条２項）。そうすると、使用者側としては、欧州会社の設立を欲する以上、経営関与手続の導入に係る交渉を行わないという選択肢は与えられていないに等しいため、設立要件である被用者関与手続の整備を行うべく、交渉の開始を積極的に発意するイ

---

30 Bernard Jhann Mulder, '*2001/86/EC: Consultation*' in SE in Monika Schlachter（ed）, *EU Labour Law; A commentary*（Kluwer Law International 2015）, p.613; Karl Riesenhuber, *European Employment Law: A Systematic Exposition*（2nd edn, Intersentia Publisching 2021）, pp.927-928；Catherine Barnard, *supra* note 17, p.676.

31 株主利益の最大化を指向しうる経営者と労働者との間で利益対立がある点につき、Caspar Rose, '*The New Corporate Vehicle Societas Europaea（SE）: consequences for European corporate governance*'（2007）15（2）Corporate Governance: An International Review 101, pp.118-119参照。また、特に、共同決定制度を採用するドイツにおいては、労使間でそのようにして利益が対立しうるにもかかわらず、監査役に選任されている従業員が経営者側の代表機関の構成員として特別交渉機関と経営関与手続の導入交渉にあたることは利益相反に該当する可能性があるとの指摘もある（Friedrich Kübler, Mitbestimmungsfeindlicher Missbrauch der Societas Europaea? in Damm/Heermann/Veil（Hrsg.）, Festschrift für Thomas Raiser zum 70. Geburtstag am 20. Februar 2005, 2005, S.252）。

ンセンティブが生じるのである[32]。欧州労使協議会指令と欧州会社指令との間にはこのような相違点があり、これが、交渉開始段階における使用者の義務内容に大きな違いをもたらしているといえる。

　以上のように、本指令においては、欧州会社に特有の制度的背景から、使用者側は、自らの発意をもって、被用者関与制度の整備を行うべき義務を負うものとされている。

第2款　交渉開始段階における使用者側の情報提供義務

　交渉を開始するにあたり、使用者側は、被用者代表に対して、組織情報を提供しなければならない。すなわち、本指令3条1項においては、上記の一般的な義務が定められるだけでなく、参加会社の経営機関等は、参加企業、及び、その関係子会社・事業所がどのようなものであるのか、また、その被用者数は何名であるのかについて、被用者代表に情報提供しなければならないと定められている。

　このような情報提供義務は、欧州労使協議会指令で認められているものとは趣旨を異にするものであると考えられる。

　欧州労使協議会指令において情報提供義務が問題となり、判例法理の展開・立法化という流れを経て重要視されてきた背景には、労働者側の発意が妨げられてはならないという配慮があった（第2編第5章第4節第2款の4）。すなわち、同指令は、使用者側が被用者関与の導入を発意するところまでは義務付けていないところ、経営裁量を減殺したくない被用者側には、自らが積極的に交渉開始を発意することは期待しにくいところがある。そこで、実際には、労働者側からの発意が重要であると捉えられることになるが、この指令の適用条件を充足していることを労働者側が立証できない場合には、交渉開始を要求することができない。ここで必要となる情報は企業間の支配関係の有無や被用者数であるが、このような情報は、使用者側に偏在してお

---

32 Karl Riesenhuber, *supra* note 30, pp.927-928; Catherine Barnard, *supra* note 17, p.676; Franzen/Gallner/Oetker, Kommentar zum europäischen Arbeitsrecht, 5. Auflage, 2024, RL 2001/86/EG Art. 3 Rn. 2.

り、通常は、労働者側がアクセスすることが困難なものである。そこで、判例上、使用者側にこのような情報を提供する義務があるのかが争われたのであり、この問題は、指令の実効性を大きく左右する重要なものとなっている。

これに対して、本指令においては、労働者側から交渉開始を発意することは想定されておらず、使用者側からの発意のみが予定されており、被用者関与手続の導入を欧州会社の設立要件と関連付けることで、使用者側に交渉開始を発意するインセンティブを与えるといった制度設計となっているのは前述の通りである。それ故、ここでは、被用者代表に対して組織構造等についての情報が提供されないことによって、本指令の実効性が損なわれてしまうといった制度上の懸念が存在する余地が乏しいのである。

しかしながら、一度本指令の適用が肯定され、実際に交渉を行うために特別交渉機関が組織される場面に至っては、このような情報提供にも重要な意義が認められると解される。すなわち、EUレベルで事業活動を行う欧州会社においては、被用者の利益が特定の加盟国に偏らずに代表されることが必要となるところ、本指令においては、特別交渉機関を組織するにあたり、この点に配慮するための一定の要件が定められている（3条2項。具体的な内容は後述する）。ここで、本指令の目的である被用者関与の導入が一次的には労使間の交渉に委ねられていることからすれば、その担い手である被用者側の利益代表である特別交渉機関が、この要件に従って適切に組織されることは、本指令の目的を達成する上で重要なものである。そこで、使用者側が自らに都合の良い構成をもって特別交渉機関が組織されるように促す懸念に対処するために、被用者側による検証が要請される[33]。しかしながら、上記の情報は使用者側に偏在しており、被用者側がこれにアクセスすることが困難な場面も多く想定される。本規定には、使用者側に被用者側への情報提供義務を課すことで、このような情報格差を是正し、被用者側によるチェック機能を十分に働かせるという点で意義が認められる。

以上のように、本規定に定める情報提供義務は、欧州労使協議会指令とは異なり、指令の適用の有無を判断する段階での意義は乏しいものの、その後の交渉を適切に行うための被用者側による検証の機会を保障する機能を有すると言える。

252　第3編　EU会社法分野における被用者の経営関与制度

第3款　特別交渉機関の組成

　被用者関与制度の導入交渉にあたって、使用者側は、欧州労使協議会指令と同様に、被用者側の代表機関である特別交渉機関（special negotiating body）を組成しなければならないとされている（本指令3条2項）。

　この特別交渉機関は、参加企業だけではなく、その関係子会社・事業所の被用者の利益も合わせて代表するものとされているので、欧州会社制度における被用者関与制度は、企業グループ単位での経営関与を認めることを企図するものといえる[34]。

　これら被用者の利益を適切に代表するためには、特別交渉機関の構成員の選出手続をどのように定めるかが問題となるところ、本指令は、次のような詳細な規定を置いている（本指令3条2項a号）。

　まず、本指令は、特別交渉機関の構成人数については、基本的に、各加盟国で雇用されている被用者数に比例すべきものと定めている（同行i文）。すなわち、参加会社及び関係子会社・事業所で雇用されている全ての被用者数に対して、当該加盟国で雇用されている被用者数の10％とその残余につき一議席を配分することで、特別交渉機関が組織されるものとされている。例えば、320名の被用者を雇用するオランダ企業、290名の被用者を雇用するドイツ企業、及び、155名の被用者を雇用する被用者を雇用するオーストリア企業が欧州会社を設立する場合には、特別交渉機関の構成は次のようになる[35]。まず、オランダ企業は、新規に設立される欧州会社の全被用者数（合計765名）の41.8％を雇用していることになるので、この企業の被用者代表には、5名分の議席が配分されることになる（10％基準に照らして4名分、その残余部分（1.8％）で1名分が選出される）。同様に、ドイツ企業は全被用者数の37.9％を雇用しているので、この企業の被用者代表には4名分の議

33　本指令を国内実施するドイツ法においては、特別交渉機関の構成員の選出に瑕疵がある場合の異議申出権を認めることで、このような要請に応えている（Rieble/Junker（Hrsg.）, Vereinbarte Mitbestimmung in der SE, 1. Aufl., 2008, S.91）。

34　Franzen/Gallner/Oetker, a.a.O.（Fn.32）, Rn. 7.

35　以下の例は、Bernard Jhann Mulder, *supra* note 30, pp.614-615に拠った。

席が配分され（10％基準に照らして３名分、その残余部分（7.9％）で１名分が選出され）、オーストリア企業は全被用者の20.3％を雇用していることになるので、この企業の被用者代表には３名分の議席が配分される（10％基準に照らして２名分、その残余部分（0.3％）で１名分が選出される）。

　その上で、本指令は、構成員が選出される具体的な方法については、基本的には、各加盟国法に委ねるものとしている（本指令３条２項ｂ号１文）。例えば、上記の10％基準による議席配分が加盟国ごとに行われるものとして規定されていることから、本規定のもとでは、一つの加盟国において複数の企業がある場合であっても、それらを合わせた合計数しか算出されず、その議席を同一の加盟国内に所在する複数企業の間でどのように配分するかについては、各加盟国法に委ねられることになる。また、特別交渉機関の構成員を選出するにあたり、その指名権や被指名権を既存の国内的な被用者代表機関や代表者に限定するか否かといった資格要件についても、本指令上は規定がなく、加盟国法に委ねられることになる。

　もっとも、このような加盟国の裁量に対しては一定の制約が課せられている。

　第一に、加盟国は、構成員の総数を増加させない限りで、参加会社ごとに少なくとも一名の代表者が選出されるように必要な措置をとらなければならないとされている（３条２項ｂ号２文）。同一の企業グループに属するとはいえ、その傘下に置かれた企業ごとに事情は様々であり、事業所閉鎖が問題となる場合など、企業間で被用者利益が鋭く対立することも想定されることからすれば、このような企業ごとに代表を選出する旨の規定は、多数者によって少数者の利益が害されないように配慮するために必要なものであると解される。

　この点に関連して、欧州会社が合併の方法で設立される場合の特段の定めが置かれており、本指令３条２項ａ号ⅱ文においては、欧州会社が合併（merger）によって設立される場合で、参加会社が欧州会社に吸収合併されて独立の法人格を喪失するときには、特別交渉機関に当該参加会社の被用者を代表する者が少なくとも一名は構成員に含まれるようにするため、各加盟国から追加的な構成員を選出しなければならないとされている。

254　第3編　EU会社法分野における被用者の経営関与制度

　第二に、本指令は、国内的な被用者代表機関が存在しない場合においても、被用者個人に選出権や指名権を付与することで、特別交渉機関の組成が妨げられないようにするための規定を設けている。すなわち、本指令3条2項b号5文は、企業・事業所において、被用者側に帰責性のない事由によって、（国内的な）被用者代表が存在しない場合、加盟国は、従業員代表の選出に係る最低基準を定める国内法や慣行を妨げない限りで、そこで雇用される被用者個人に対して、特別交渉機関の構成員を選出・指名する権利を付与しなければならないと定めている。加盟国によっては、既存の被用者代表を尊重する意図から、特別交渉機関の選出権・指名権をそれら被用者代表にのみ付与するという立法も想定されるが、この場合には、国内的な被用者代表機関が存在しないと、選出権・指名権を行使する主体が不在となって特別交渉機関の組成ができず、結果として被用者関与手続が導入できないことになってしまう。本規定は、被用者個人にそれら権利を与える余地を認めることで、そのような事態に対処するものである[36]。

　以上のように、本指令は、特別交渉機関を組成するに際して、加盟国単位での構成員数についての定めを置いた上で、その余の詳細については加盟国の裁量に委ねているが、その裁量に対しても、被用者利益を適切に代表させる等の観点から一定の枠付けを行っている。

第5節　参加会社の経営機関と特別交渉機関との間での導入交渉

　本指令上、使用者側の代表である参加会社の権限ある機関と労働者側の代表である特別交渉機関は、協調の精神をもって（in spirit of cooperation）、欧州会社における被用者関与の仕組みについて合意に達する目的を持って（with a view to reaching agreement）、交渉するものとされている（4条1項）。

---

36 Franzen/Gallner/Oetker, a.a.O.（Fn.32), Rn.20.

第1款　本指令が導入すべきとする「被用者関与」について

　ここでいう被用者関与については、情報提供・協議（information and consultation）及び参加（participation）を含め、被用者代表[37]を通して、会社においてなされようとしている意思決定に対して影響力を及ぼすための仕組み（mechanism）のことをいう定義付けがなされている（2条h号）。このように、本指令は、被用者が経営上の決定に対して影響力を行使することを想定したうえで、そのための手段として、情報提供・協議と経営参加の二つの選択肢を用意している。これらの概念については、次のような定義規定が置かれている（2条h号各文）。

　第一に、情報提供（information）とは、欧州会社の権限ある機関が、被用者を代表する機関及び／又は被用者代表に対して、欧州会社そのもの及び他の加盟国に所在する全ての子会社・事業所に関する問題について、又は、一つの加盟国における意思決定機関の権限を一度に超える問題について、情報を提供することをいうと定義されている（i文）。この規定では、情報提供の具体的態様についても定められており、権限ある機関は、被用者代表が、見込まれる影響を詳細に評価し、適切な場合には、欧州会社の権限ある機関との間で協議を行う準備をすることを可能にするような方法と内容をもって、これを行われなければならないとされている（同文）。

　第二に、協議（consultation）とは、被用者の代表機関（及び／又は被用者代表）と欧州会社の権限ある機関との間で行われる対話（dialogue）及び意見交換（exchange of views）のことをいうと定義されている（j文）。ここでいう協議があったというためには、意見交換等を形式的に行うだけでは不十分であり、被用者代表が、提供された情報に基づいて、権限ある機関によって計画された措置について、欧州会社内の意思決定機関において考慮に入れられるべき意見を表明することを可能にするような時点で、そのような

37　本指令は、被用者代表（employees' representatives）について、国内法及び／又は国内の慣行によって規定される被用者の代表のことをいうとして（2条e号）、EU法として画一的な定義付けを行うのではなく、被用者代表の制度・実態についての加盟国の状況に配慮する規定を置いている。

方法と手段をもって、これを行われなければならないとされている（同文）。

第三に、参加（participation）とは、被用者の代表機関及び／又は被用者代表が、次のような方法で、すなわち、会社の監督機関若しくは管理機関の構成員を選出・指名する権利を行使する方法で、又は、会社の監督機関若しくは管理機関の構成員の一部か全部の任命を推薦若しくは拒否する権利を行使する方法で、会社の事業上の問題について影響力を行使することをいうと定義されている（ｋ文）。

ここで重要なのは、欧州会社において必ず導入しなくてはならないのは、前者の情報提供・協議のみであるという点である[38]。すなわち、欧州会社規則12条2項によれば、欧州会社は、基本的には、被用者関与の諸条件についての合意をすることなしに設立することができない（＝交渉の不開始・打ち切りを被用者側が決議しない限り、被用者関与制度の導入は欧州会社の設立要件となる）としているものの、ここで例外なく導入しなくてはならないのは情報提供・協議のみであり、後者の参加はこの限りではない（前文6参照）。

第2款　特別交渉機関の意思決定の方法について

以上のように、本指令においては、特別交渉機関と経営機関との間で交渉をすることで、被用者関与手続を導入することになる。

ここで、特に前者については、EUといった広域的なレベルで、利益状況を異にする様々な被用者が選出・指名する代表者で構成されていることから、組織全体として、どのように意思決定をしていくのかが問題となる。

この点、本指令によれば、特別交渉機関における意思決定は、構成員の純粋多数決（absolute majority）をもって行われるものとされている（3条4項）。

もっとも、次の通り、特定の場面においては、この決議要件が加重されて

---

38 Philippa Watson, *EU Social and Employment Law*（2nd edn, OUP 2014）, p.200. このように会社の機関への直接参加が任意のものに位置付けられた背景には、各加盟国におけるコーポレート・ガバナンスモデルの相違が大きいことが挙げられる。とりわけ、共同決定制度に見られるように、経営参加に係る充実した制度を設けるドイツと、そのような伝統を有していないイギリスとの間の対立が顕著であった旨が指摘されている（Barnard and Deakin, *supra* note 28, pp.487-488）。

いる。

　第一に、被用者参加について。本指令においては、既存の被用者参加制度に対して配慮するために、決議要件が加重されている。すなわち、欧州会社における被用者参加についての交渉の結果が、既存の参加会社における被用者参加の権利の縮減（reduction）をもたらす場合には、少なくとも二つの加盟国で雇用されている被用者を代表する成員を含み、被用者の少なくとも３分の２を代表する特別交渉機関の構成員の３分の２の投票をもって決議しなければならないとされている（３条４項）。

　ここで、被用者参加の権利の縮減（reduction）とは、監督機関又は管理機関の構成員を選出・指名するに際して、欧州会社の被用者が関与することのできる最高比率が、参加会社において既に認められているものを下回ることをいうと定義されている（２条ｋ号、３条４項４文）。この規定によって、参加会社における既存の被用者参加制度が欧州会社の設立によって制限されてしまうことを防止することが目されている。

　もっとも、被用者参加が維持されるべきかについては本指令上、欧州会社が設立される形態に応じて一定割合の基準が定められ、被用者参加を維持すべき状況が限定されている。すなわち、欧州会社が合併によって設立される場合には、被用者参加が参加会社の被用者の総数の25％以上に適用されているとき、又は、欧州会社が持株会社の設立又は子会社の設立によって設立される場合には、被用者参加が参加会社の50％以上に適用されているときのいずれかに限定して、上記の特別多数決ルールを適用することで、被用者参加制度の維持を企図しているのである（３条４項３文）。

　第二に、交渉の不開始・打ち切りについて。上述の通り、本指令は、被用者関与制度の導入を労使自治に委ねている。ここでは、基本的には、当該労使が置かれた具体的状況に照らして柔軟に設計された被用者関与手続が導入されることが想定されている。しかしながら、労使が合意のうえで、被用者関与の仕組みを導入しないこともありうる。具体的には、被用者関与導入のための交渉をそもそも開始しないという合意を行う場合や、一度開始した交渉を打ち切る場合がありうるが、本指令は、これらの場合に附則の標準的規則の適用も排除することで、被用者関与の仕組みを導入しないことを認めて

258　第3編　EU会社法分野における被用者の経営関与制度

いる（3条6項1文、2文、3文）。

　もっとも、本指令の目的が、欧州会社において被用者関与の仕組みを導入するところにあることに照らせば、このような決定を広範に認めることは妥当ではなく、厳格な要件のもとでこれを認めるべきである[39]。そこで、本指令は、交渉を開始しないという決定をする場合、又は、合意に至る前に交渉を打ち切るという決定をする場合には、特別交渉機関は、少なくとも二つの加盟国で雇用されている被用者を代表する構成員の投票を含み、少なくとも3分の2の被用者を代表する構成員の3分の2の投票を得なければならないと定めることで、このような要請に応えている（3条6項4文）。このことを踏まえると、欧州会社を設立するに際しては、事実上、経営関与手続の導入が義務付けられていると評価することができる[40]。この点は転換によって欧州会社が設立される場合により顕著に現れており、3条6項5文では、経営参加制度が既に存在する国内の会社を転換するに際して、特別交渉機関は上記のようにして経営関与手続を決定しないことを合意すること自体を禁じている[41]。

第3款　導入交渉の局面における労使自治に対する法的枠付け

　労働者側（＝特別交渉機関）と使用者側（＝参加会社の権限ある機関）は、これまでに検討してきたような自律的な交渉を経て、被用者関与の手続ついて合意するものとされている。ここでは基本的には労使自治が妥当するが、以下の通り、一定の法的な枠付けがなされている。

1．合意についての要式性

　第一に、交渉の成果である合意に係る要式性について。本指令3条3項は、特別交渉機関と参加会社の権限ある機関は、経営関与手続に係る合意をするにあたり、その内容を書面化することを要求している。その上で、本指令は、

39　Karl Riesenhuber, *supra* note 30, pp.930-931.

40　Vanessa Edwards, '*The European Company: Essential Tool or Eviscerated Dream?*' (2003)

40 Common Market Law Review 443, p.459.

41　Franzen/Gallner/Oetker, a.a.O.（Fn.32), Rn.37.

当該合意において定めるべき標準的な内容のリストを条文上で掲げている（4条2項各号）。すなわち、労使は、基本的には、①合意の適用範囲（a号）、②欧州会社並びにその子会社及び事業所の被用者に対する情報提供・協議の仕組みについて、欧州会社の権限ある機関と議論する相手方となるべき代表機関の構成、構成員数、及び、議席配分（b号）、③代表機関に対する情報提供・協議の機能及び手続（c号）、④代表機関の会合の頻度（d号）、⑤代表機関に配分されるべき財政的・物的資源（e号）、⑥交渉において、労使が、代表機関を設立して常設的に情報提供・協議を行う代わりに、アドホックな情報提供・協議手続を合意する場合には、その手続を実施するための取り決め（f号）、⑦交渉において、労使が被用者参加制度を設けることを合意した場合には、その具体的な内容（被用者が選出・指名または推薦・拒否することのできる欧州会社の管理機関・監督機関の構成員の人数、その選出等を行うための手続や構成員が有するべき権利を含む）（g号）、⑧合意の効力発生日及び有効期間、合意が再交渉されるべき事情、及び、再交渉の手続（h号）について、それぞれ書面をもって合意するものとされている。

これらの事項を掲げるにあたり、本指令は、「当事者自治（autonomy of the parties）に抵触しない限りで」という留保を付すことで、あくまでも標準的な合意の内容として想定されるものを例示するという趣旨を明確にしているが[42]、このようにして条文上で交渉の対象とすべき具体的な項目を摘示することは導入交渉を円滑にする機能を果たすものであり、実態としても、これら項目に沿った合意が形成されることが多数を占めると分析されている[43]。

2．労使間の協調義務

第二に、交渉における労使間の協調義務について。前述の通り、経営関与の文脈においては、被用者側と経営者側は敵対する関係ではなく、企業の合

---

[42] Franzen/Gallner/Oetker, Kommentar zum europäischen Arbeitsrecht, 5. Auflage, 2024, RL 2001/86/EG Art. 4, Rn.3.

[43] G.Forst, Folgen der Beendigung einer SE-Beteiligungsvereinbarung, EuZW 2011, 333, S.333.

260 第3編 EU会社法分野における被用者の経営関与制度

理的運営に向けた協調的な関係にあるとされており、それは本指令も前提と
するところである（9条）。そこで、そのための手続を導入する交渉も、そ
のような協調的な関係性のもとで実施することが義務付けられている（4条
1項）。これは、これは、欧州労使協議会指令と同様のものであって（第2
編第5章参照）、本制度によって導入される経営関与が争議行為を背景に対
立構造を全面的に押し出す団体交渉と異なることを示すものである[44]。

　ところで、この義務は、上述の通り、導入交渉だけでなく、経営関与手続
が導入されて実際に経営関与が行われる局面でも妥当するものであるが（9
条）、被用者参加についてはその限りではない。すなわち、被用者参加につ
いては、被用者代表が監督機関や管理機関の完全なる構成員と同様の権利義
務を負うとされていることから（附則3部b号4文）、その権利義務の内容
は、役員の責任に関する法制度によるのであり、具体的には、忠実義務
（duty of loyalty）や善管注意義務（duty of fiduciary）を負うことが想定さ
れている[45]。

3．機密情報の保護

　第三に、機密情報について。被用者関与の文脈では、被用者側に経営事項
への関与を認めることになるところ、その手続の内容を交渉するにあたって
は、実際にどのような経営関与が行われるのかを想定せざるをえないため、
その交渉の過程で、使用者側の経営上の機密事項を被用者側に開示する必要
が生じうる。そこで、本指令は、そのような機密の保持にかかる一定の規律
を設けている。

　まず、「機密として（in confidence）」提供されたすべての情報については、
特別交渉機関に対して、守秘義務が課せられている（8条1項1文）。この
守秘義務は、それぞれの構成員の任期が満了した後も継続するものとされて
いる（8条1項3文）。

　次に、提供されるべき情報が、客観的な基準（objective criteria）に照ら

---

44 Karl Riesenhuber, *supra* note 30, p.737.

45 *Ibid.*

して、欧州会社・参加企業又はその子会社・事業所の活動に深刻な悪影響を
もたらしうるものであったり、これらに対して有害となりうるものである場
合には、経営者側は、これを被用者側に提供する義務を免除されるものとさ
れている（8条2項1文）。

その上で、本指令は、使用者側による恣意的な不開示に対処するため、加
盟国には、行政上又は司法上の不服申立制度を設けることを要求している
（8条4項）。

以上のように、企業の機密情報については、主観的基準によって比較的広
範に認められうる守秘義務と、客観的基準によって限定的にのみ認められる
情報提供義務の免除といった二つの方策をもって、立法上の対策がなされて
いる。労使間で行われる導入交渉は、このような規定によって一定の情報格
差を残存した形で実施されるのであり、その限りにおいて、交渉にかかる自
治には制約が加えられることが想定されている。

なお、機密情報の保護に係る規定は、導入交渉の後に実際に経営関与を行
う場面についてもその必要性が認められるため、同様の規制が設けられてい
る（8条1項2文、同条2項1文）。

4．被用者側の代表の保護

本指令においては、被用者代表を保護するための一定の規定が置かれてい
る。すなわち、特別交渉機関の構成員は、その権限を行使するに際して、自
らが雇用されている加盟国において効力を有している国内法及び／又は慣行
によって被用者代表に与えられているのと同一の保護及び保証を享受するも
のとされている（10条1文）。導入交渉が完全なる自治に委ねられるのであ
れば、交渉相手に対する立場上の優越性を利用して交渉を有利に進めること
も想定されなくはないが、本指令が交渉において協調の精神を持つべき旨を
定めているのは前述の通りであり、本規定は、それを交渉当事者の保護とい
う観点から担保するものと言えよう。

なお、このような保護は、経営関与の実施段階においても同様に必要とな
るものであり、本指令も上記条文でそれを認めているが、仮に経営参加が導
入されている場合には、役員となっている被用者代表については、忠実義務

262　第3編　EU会社法分野における被用者の経営関与制度

等の経営者についての会社法上の義務が及び得る点に留意が必要である[46]。

第6節　標準的規則

　これまで検討してきた通り、欧州会社においてどのような被用者関与手続を導入するのかについては、労使が自律的な交渉を行う中で決定するものとされている。もっとも、使用者側は経営裁量の余地が狭くなってしまうことを避ける傾向にあるのに対して、被用者側は、自らの権利を保護するためにより強度の経営関与を求める傾向にあることからすると、両者の間で交渉が整わないことも十分に想定されうる（本章第4節第1款）。

　このような場合であっても、欧州会社において被用者が経営に関与するための手続を設けるという本指令の目的を達成するために、本指令は標準的規則（standard rules）を定めている。

第1款　標準的規則の適用要件

　標準的規則は、基本的には労使間での交渉が整わなかった場合に適用される二次的なものである。すなわち、交渉期間内に労使間合意が締結されなかったにもかかわらず、参加会社が欧州会社の登録を継続する場合に標準的規則が適用されることになる（7条1項b号）[47][48]。

　もっとも、経営関与には情報提供・協議と経営参加の2種類が存在するところ、後者については、基本権規範による基礎づけがなく（本章第2節）[49]、その導入を行うべき場面が一定程度限定されている（7条2項各号）。すな

---

[46] Franzen/Gallner/Oetker, Kommentar zum europäischen Arbeitsrecht, 5. Auflage, 2024, RL 2001/86/EG Art. 10, Rn.3.

[47] もっとも、例外的に、労使が、いかなる被用者関与の仕組みも導入しないことで合意した場合（3条6項参照）には、標準的規則は適用されないことになるのは前述の通りである（本章第5節第2款）。

[48] また、労使は、独自の被用者関与を設けるのではなく、標準的規則をそのまま適用することを合意することもできる（7条1項a号）。

[49] 加えて、立法時の議論において導入に係る加盟国間での対立が見られたのも前述の通りである（前掲注17参照）。

わち、第一に、標準的手続に定める経営関与手続が導入されるのは、欧州会社が転換によって設立される場合で、転換される会社に被用者参加に関する加盟国法が適用されているとき（a号）、第二に、欧州会社が合併によって設立される場合で、参加会社の被用者の総数の25％以上に被用者参加手続が適用されているとき（b号1文）、又は、それ未満にしか適用されていなくとも、特別交渉機関が導入を決議したとき（同号2文）、第三に、欧州会社が持株会社の設立または子会社の設立によって設立される場合で、参加会社の被用者の総数の50％以上に被用者参加手続が適用されているとき（c号1文）、または、それ未満にしか適用されていなくとも、その導入を特別交渉機関が決議したとき（同号2文）に限られるものとされている。

ここで注目されるのは、50％以上という割合的要件を充足しておらず、半数未満にしか適用されていない経営参加手続が存在するに過ぎない場合であっても、特別交渉機関が欲すれば、使用者側の同意がなくとも、標準的手続所定の経営参加手続の導入が可能であると定める規定（b号2文及びc号2文）である[50]。このような状況にあっては、半数未満とはいえ、欧州会社が設立する前の時点では経営参加が認められていた被用者が確かに存在するのであり、ここで使用者側が経営参加の導入に対して消極的な立場をとりうる点を考慮すると、上記のような規定がないと、欧州会社の設立を契機として、それら被用者から経営参加の機会を奪うことにもなりかねない。

この点、本指令は、労働者代表の会社機関への直接参加の導入を任意のものとして位置付けており、これを強制しようとしていた当初の案からは後退したものとなっているが[51]、既存の経営参加の機会を縮減させてはならないという点は堅持している[52]。上記の規定は、このような本指令の基本的な立場を踏まえたものであり、経営参加の機会が欧州会社の設立によって制約されることがないように配慮するものと解される。

---

[50] Paul Storm, '*The Societas Europaea: a new opportunity?*' in Dirk Van Gerven and Paul Storm (eds), *The European Company* (Cambridge University Press 2006), p.21.

[51] 前掲注17参照。

[52] Jeff Kenner, '*Worker Involvement in the Societas Europaea: Integrating Company and Labour Law in the European Union?*' (2005) 24(1) Yearbook of European Law 223, pp.248-256.

264　第 3 編　EU 会社法分野における被用者の経営関与制度

　以上のように、本指令においては、基本的には、労使間で交渉が決裂した
ことを要件として標準的規則の適用が認められているが、被用者関与に関し
ては、特別の要件が加重されており、一定の割合的要件を定めることで、被
用者参加が導入されるべき場面を限定している。もっとも、特別交渉機関の
決議があることを前提として、被用者参加の余地を拡大させている側面もあ
ることもまた、同時に見受けられる。

第 2 款　標準的規則の具体的内容

1．被用者代表機関

　標準的規則においては、全ての被用者が個人ベースではなく、その中から
選出・指名された代表者からなる代表機関を通じて、経営に関与することと
されている。この代表機関は被用者代表機関（body representative of the
employees）と呼称されるところ（第 1 部標題参照）、標準的規則は、その
構成について次のような規定を設けている。

　まず、代表機関の構成員の選挙権については、一次的には、従来から存在
する被用者代表がこれを行使することとされている（第 1 部 a 号）。すなわ
ち、被用者個人が選挙権を行使できるのは被用者代表が存在しない場合に限
られている。また、その方法について、標準的規則においては、国内的に既
に存在する被用者代表に関する手続に従って、欧州会社における被用者代表
機関を選出することが想定されている（第 1 部 b 号 1 文）[53]。

　次に、代表機関の被選挙権について、標準的規則は、これを欧州会社並び
にその子会社及び事業所の被用者に限定している（第 1 部 a 号）。それゆえ、
例えば、国内会社が子会社を設立する形態で欧州会社を設立した場合には、
親会社（国内会社）の被用者は、代表機関の構成員となる資格を有さないと
いうことになる。

　さて、このような規定に従って代表機関が構成されることになるが、欧州
会社が大規模なものになればなるほど、代表機関の構成員数が多数にのぼり、

---

[53] もっとも、欧州会社に特有の事情を考慮するものとされていることから（第 1 部 b 号 2 文）、国
内的な手続は、その一部に修正を受けたうえで転用されることになる。

意見の集約が難しくなるというデメリットが生じてしまう。この問題に対処するため、標準的規則は、少数（3名以上）からなる特別委員会（select committee）を選出できると定めている（第1部c号）。

　以上のように、標準的規則は、被用者代表機関の構成について、一方で、その選挙権を既存の国内的な被用者代表に与えるのを基本としつつ、他方で、その被選挙権を欧州会社の法人格を基礎として限定した被用者のみに与えている。その上で、組織としての機動性を確保するため、特別委員会を設けることを想定している。

2．被用者関与

　標準的規則のもとでは、被用者関与（employee involvement）の態様として、情報提供・協議（information and consultation）と経営参加（participation）の二つが想定されている。これらのうち、標準的規則が具体的な内容について詳細な定めを置いているのは前者についてのみであり、後者については、国内会社における既存の手続をどのようして欧州会社に継承させるべきなのかという観点から一定の規制がなされているに過ぎない。以下では、これらの内容について、それぞれ検討することとする。

(1) 情報提供・協議

　標準的規則では、情報提供・協議（information and consultation）を通じた被用者関与について、その頻度や対象事項について、比較的詳細な規定が置かれている。

① 情報提供・協議における被用者代表の権限の範囲

　ここで、まず触れて置かなくてはならないのは、情報提供・協議の文脈においては、国際性の観点から、被用者代表機関の権限に限定が付されているという点である。すなわち、被用者代表機関が情報提供・協議を通じて経営に関与できるのは、欧州会社それ自体に関する問題、異なる加盟国に所在する子会社・事業所に関する問題と、単独の加盟国における意思決定機関の権限を超える問題のみであるとされている（第2部a号）。

② 定期的な情報提供・協議

　その上で、被用者代表機関は、欧州会社の権限ある機関の間で、この機関

が作成した定期報告（regular reports）に基づき、少なくとも１年に１回は会合の機会を持つことで、情報提供・協議を受ける権利を有するものとされている（第２部ｂ号１文）。ここで対象となる事項は、抽象的には、欧州会社の事業の進展及びその見通しであるが、標準的規則は、その中でも特に重要なものを具体的に列挙している。その対象事項とは、企業構造、企業が置かれた経済的・財務的状況、事業及び生産・販売に関して見込まれる発展、雇用の現状と今後見込まれる傾向、投資、企業組織に関する本質的な変化、新たな労務提供の方法又は生産過程の導入、生産品目の変更、合併、企業や事業所の全部又は重要部分の閉鎖・縮小、並びに、集団的整理解雇である（第２部ｂ号４文）。

　これらの対象事項について見ると、雇用に直接的に関係する項目は少数に過ぎず、その大部分は、事業運営に密接に関係する経営事項である。例えば、どのような製品を生産するのか、どのような投資を行うのか、また、事業再編をどのように行うのかといった事項は、経営者が行う経営決定の中でも極めて高度の専門的判断に属する事柄である。標準的規則においては、欧州会社の経営機構の行うそのような高度の経営上の意思決定に対して、情報提供・協議を通じて関与することが予定されているのである。

③ 臨時的な情報提供・協議

　上記のような定期的な情報提供・協議によって、被用者代表機関は、経営機関がどのような意思決定をしようとしているのかを認識した上で、必要な場合には協議を行うことで、経営事項に関与することができる。

　しかしながら、経営決定は、刻々と変化する流動的な市場や社会状況に対応してなされるものなので、定期的な情報提供・協議が行われた時点で予定されていた経営方針を変更したり、その時点では予定されていなかった経営決定を行う必要性が出てくる。

　そこで、標準的規則においては、このような意思決定に対して、被用者代表機関が迅速に対応できるようにするため、臨時的な情報提供・協議手続が定められている。すなわち、被用者の利益に深刻な影響を及ぼすような例外的な状況、特に、事業所移転（relocation）、事業譲渡（transfer）、事業所や企業の閉鎖（closure）や集団的整理解雇の場合には、被用者代表機関は、

これらについての情報を提供される権利を有しているとされている（第2部c号1文）。

　この情報提供を端緒として、雇用に対して影響を及ぼしうる経営判断が行われようとしていることを知った被用者代表機関は、さらなる情報提供を受け、必要な場合には協議を行うために、欧州会社の権限ある機関との間で会合の機会を持つ権利を有している（第2部c号2文）。もっとも、雇用に影響を及ぼす経営方針の決定が目前に迫っており、迅速に対応することが必要な場合もありうるので、本指令では、被用者代表機関に代えて、より少人数から成る特別委員会が情報提供・協議を受けることが想定されている（第2部c号2文）。なお、この場合には、問題となっている措置によって直接的な影響を受ける被用者を代表する被用者代表機関の構成員も、その会合に参加する権利を有するとされている（第2部c号4文）。

　この被用者側の意見を経営者側がそのまま受け入れれば、この協議は終了することになるが、通常の場合は、労使間で利益が対立することも想定されることから、そのような場面は必ずしも多いとは言えないであろう。そこで、本指令は、欧州会社の権限ある機関が被用者代表機関の表明した意見に従って行動しないということを決議した場合、被用者代表機関は、権限ある機関との間で、合意を追求する目的を持って、さらなる会合を開く権利を有していると定めている（第2部c号3文）。もっとも、上記のような会合は、共同決定（employee co-determination）を意味するわけではないので、権限ある機関の経営裁量（prerogative）に影響を与えるものではないとされている（第2部c号6文）[54]。

　以上のように、標準的規則においては、使用者側は、定期的な情報提供・協議を経て決定されていた経営方針を変更する必要性等があり、それによって雇用への影響が懸念されるときには、被用者代表機関に対する臨時的な情報提供・協議を行わなければならないものとされている。ここでは、手続の迅速性の要請から特別委員会が関与することによる代表性の問題や、経営権への過度な干渉を防止するといった観点からの一定の配慮がみられるものの、

---

54 Bernard Jhann Mulder, *supra* note 30, p.625.

268 第3編 EU会社法分野における被用者の経営関与制度

情報提供・協議を通じて、被用者の利益を保護するといった基本思想そのものは維持されているものといえる。

④ 定期的・臨時的な情報提供・協議に共通する要件

上記の通り、経営事項を対象とした情報提供・協議続きについては、定期的な手続と臨時的な手続の二つが定められている。

両者の間には、被用者利益への影響の直接性や緊急性、迅速な手続の要請といった点に相違点が見られるものの、被用者・使用者といった伝統的な二項的関係性を維持したうえで、情報提供・協議を通じて、企業組織外から被用者を経営に関与させるといった基本枠組み自体は共通している。そこで、標準的規則においては、次のように、両者に共通の規定が置かれている。

第一に、情報提供・協議への準備について。被用者代表機関については、その構成員が特定の加盟国や企業に偏らないように選出されることから（第1部e号）、情報提供・協議手続に参加するに際して、組織内部での意見調整を行う必要性がある。また、臨時的な手続の場合で特別委員会がこれに参加するときには、内部的な意見調整の必要性は一定程度後退しつつも、被用者代表機関内で対立しうる利益をどのように調整するのか[55]、経営者側にどのように要求を行うのか等について、事前に議論して戦略を練る必要性がある。そこで、標準的規則は、被用者代表機関又は特別委員会は、欧州会社の権限ある機関とのいかなる会合にも先立って、その構成員のみで（＝経営者側の出席を排除したうえで）、会合を開く権利を有するものとされている（第2部d号2文）。ここでは、明文規定を持って、被用者側に事前に戦略を練る機会を保障することで、被用者側がより実効的に手続に参加できるように配慮がなされている。

第二に、被用者側による被用者代表機関のモニタリングについて。前述の通り、被用者代表機関は、国内会社である参加会社及び関係子会社・事業所

---

55 例えば、工場の統廃合の場面においては存続する工場と廃止される工場とが存在することになるところ、これらの双方を存続させるのが困難であることが明らかとなったときには、前者の工場の被用者と後者の工場の被用者の利益が対立することになる。ここで、被用者代表機関がこの双方の被用者を代表している場合に、特別委員会は、どちらの被用者をより保護すべきかといった問題に直面することになる。

の被用者を、その数に応じて正統に代表できるように構成されることになっている。もっとも、被用者代表機関の構成員が一度選出された後も継続してこれら被用者の利益を適切に反映させて情報提供・協議手続に参加し続ける保証はないため、これらの被用者が被用者代表機関の行動をモニタリングする必要性が生じる。そこで、標準的規則は、被用者代表機関に対して、情報提供・協議手続の内容や成果に関する情報を各被用者に提供する義務を課すことで、このような要請に応えている（第2部 e 号）。

　第三に、専門家の関与について。上記の通り、標準的規則のもとでは、被用者代表機関が、雇用問題だけでなく、経営事項についても関与することが予定されている。しかしながら、被用者は、経営者としての専門的知識を有しているわけではないので、経営機関から提供される情報を適切に分析・評価し、建設的な主張を行うことに困難を生じる場合も想定される。そこで、標準的規則では、被用者代表機関又は特別交渉機関は、その選択により、専門家による援助を受けることができる（第2部 f 号）。その費用については、欧州会社の負担とすることができる（第2部 h 号）。

　第四に、被用者代表機関の構成員の研修について。上記の通り、被用者代表機関は、専門家の援助を受けることができるとはいえ、その意見を解釈・評価するためには、自らも一定の知識を有している必要性がある。もっとも、被用者代表機関の構成員は、欧州会社や関係子会社・事業所の被用者であって、使用者の指揮命令のもとに労働する義務を有していることから、このような知識習得の機会に恵まれているとは必ずしも言えない。そこで、標準的規則は、代表機関の任務の達成に必要な限りにおいて、その構成員は、賃金を失うことなく、研修を受けるための休暇（time off）を取る権利を有するものとすると定めている（第2部 g 号）。

　第五に、手続に要する費用負担について。標準規則は、会合を開催するための費用、通訳設備を提供するための費用、並びに、被用者代表機関と特別委員会の構成員の宿泊費及び旅行費に特に言及した上で、当事者が別段の合意をしない限りは、欧州会社の負担で、これらの費用を賄わなければならないとしている（第2部 h 号）。これにより、被用者代表機関・特別委員会は、費用負担を懸念することなく、情報提供・協議手続に臨むことができる。

270 第3編 EU会社法分野における被用者の経営関与制度

　以上のように、標準的規則は、被用者代表機関内部での会合準備活動、被用者代表機関に対するモニタリング、専門家の関与、代表機関の構成員の研修、及び、費用負担についての諸規定を設けることで、労使間での情報提供・協議手続を通じた被用者の経営関与の実効性確保に配慮している。

(2) 被用者参加

① 被用者参加の内容

　被用者参加（participation）については、情報提供・協議とは異なり、具体的内容については定められていない。標準的規則の主眼は、あくまでも、国内会社である参加会社等において既に存在していた被用者参加制度が不当に縮減・廃止され、被用者の権利を制限してしまうことを防止する点にあるからである（本節第1款）。このような視点のもと、標準的規則は、次の通り、欧州会社の設立形態に応じて、被用者参加の導入・維持に係る規定を置いている。

　第一に、欧州会社が転換によって設立される場合について。この場合において、欧州会社の登録前に監理機関（一層制の場合）・監督機関（二層制の場合）への被用者参加に関する加盟国の規制が適用されているとき、全ての側面における被用者関与は、引き続き、欧州会社にも適用されるものと定められている（第3部a号）。前述の通り、転換という設立形態は、被用者関与を減殺する目的で濫用的に利用される危険性が最も高い類型であることから[56]、従前の被用者参加を例外なく継承しなければならないとして、このような危険性に対処しているものと解される。

　第二に、欧州会社がその他の形態で設立される場合について。この場合は、上記の転換の場合と異なり、参加企業が複数となる可能性があるところ、そこで認められている被用者参加制度にも多種多様なものが想定される。そこで、これら複数の制度を、設立後の欧州会社において、どのように調和させるのかが問題となる。この点について、標準的規則は、欧州会社若しくはその子会社・事業所の被用者、及び／又は、被用者代表機関は、欧州会社の監理機関（一層制の場合）又は監督機関（二層制の場合）の構成員について、

---

56 Stefan Grundmann *supra* note 10, p.829.

関係する参加企業において欧州会社の登録前に効力を有していた最も高い比率と同数の者を選出・指名し、又は推薦・拒否する権利を有するものと定めている（第3部b号）。

　ここでは、複数制度の抵触問題を解決するために、最高比率基準が採用されている点に特徴がある。すなわち、本指令の定義からも明らかな通り、被用者参加とは被用者側が監理機関又は監督機関の構成員を選出・指名又は推薦・拒否することを通じて、組織的観点から経営上の意思決定に関与することを指すところ、欧州会社の設立に直接的に関わる参加企業が複数ある場合には、被用者側が選出等のできる構成員数と、株主・経営者側が選出のできる構成員数との比率は、それぞれの参加企業ごとに異なるものである可能性がある。このような場合に、上記の最高比率基準によると、被用者側が選出等のできる構成員比率の中で、最も高い比率を定めている参加企業の被用者参加制度が、設立後の欧州会社において採用されることになるのである。この規定によって、最も高度の被用者参加制度が維持されることになるので、最高比率よりも低い比率を定めていた参加企業の被用者にとっては、欧州会社が設立されたことで、被用者参加の権利が拡充されることになる[57]。これは、複数の参加企業が存在しうるという設立上の特性によるものであり、単一の企業のみが参加企業となる転換とは異なる点である。

　以上のように、転換とその他の設立方法との間には、設立上の特質の違いからくる一定の相違点があるとはいえ、両者とも、従前から参加企業に存在する被用者参加制度を設立後の欧州会社で維持し、欧州会社制度の濫用を防止する（本指令11条参照）という点においては共通しているといえる。

　もっとも、ここで留意しなければならないのは、全ての参加会社において、従前から被用者参加に関する規定が適用されていない場合には、設立後の欧州会社においても、被用者参加制度を設ける必要性がないという点である（第3部b号2文、同a号2文）。両規定の主眼は、あくまで欧州会社制度の濫用防止にあるのであって、被用者参加を強制的に創設させることではない

57　ある会社の被用者の経営参加の権利が後退防止という観点から維持されることが、他社の被用者の権利の拡大をもたらしうる点につき、Jeff Kenner, *supra* note 52, pp.252-253参照。

のは前述の通りであり、上記に述べた被用者の権利保護には、いずれかの参加企業において被用者参加制度が設けられていることという留保がついている点については、改めて銘記すべきであろう。

② 被用者参加における議席配分について

以上の規定により、被用者代表機関は、転換の場合には従前と同一の、その他の場合には従前のうち最上位の割合で、監理機関・監督機関の構成員の選出等に関与することができる。もっとも、そこで決定されるのは、あくまでも被用者代表機関が選出等を行うことのできる監督機関・監理機関の構成員の総数である。したがって、その総数について、被用者代表機関の構成員がどのような加盟国・参加企業の出身であるのかに応じて、議席を配分するか否かが問題となる。すなわち、総数として十分な数が確保できていれば、経営者側との関係では被用者の利益は確保されうるものの、議席配分が特定の加盟国や参加企業の被用者層に偏っている場合には、被用者代表機関の内部的な関係でみれば、少数派に属する被用者の利益が十分に確保されないという問題が生じる。

この点について、標準的規則は、被用者代表機関をして、それぞれの加盟国における欧州会社の被用者の割合に応じて、監理機関や監督機関の議席の配分等を行わせる旨を定めている（第3部 b 号 3 文、第3部 a 号 2 文）。

もっとも、このような比例的な基準を用いてしまうと、議席の総数が十分でない場合、被用者代表機関における少数派の加盟国には、議席が配分されないという可能性が出てきてしまう。そこで、標準的規則は、一又はそれ以上の加盟国の被用者が上記の比例的基準によって対象とならない場合には、被用者代表機関は、そのような加盟国のうち一カ国（特に、欧州会社が登録地となる加盟国）を選んで、構成員を 1 名指名しなければならないと定めている（第3部 b 号 4 文）。

以上のように、標準的規則のもとでは、少数派の加盟国にも一定の配慮がなされた上で、被用者代表機関が選出等のできる監理機関・監督機関の構成員について、被用者数に応じた比例的な基準を用いた議席配分がなされている。

③ 被用者側によって選出等がなされた構成員の権利義務について

　以上の規定に従って、監理機関・監督機関の構成が具体的に決定すること
になるが、被用者側によって選出された構成員と、株主・経営者側によって
選出された構成員との間で権限等に差異がある場合には、十分な被用者関与
が行えない可能性がある。例えば、組織再編や大規模な投資案件についての
承認権限等については、株主・経営者選出の構成員のみに与えられ、被用者
側選出の構成員には、それ以外の軽微な経営決定に対する承認権限等しか与
えられないとすると、被用者参加の実効性が損なわれることにもなりかねな
い。そこで、標準的規則では、被用者代表機関（場合によっては被用者）に
よって選出・指名又は推薦された欧州会社の監理機関・監督機関の全ての構
成員は、投票権（right to vote）を含め株主を代表する構成員と同様の権利
義務を有すると定めることで、この問題に対処している（第3部b号5文、
第3部a号2文）。この規定により、被用者側は、会社組織内部において、
経営に対する影響力を実効的に行使することができる[58]。

---

[58] Franzen/Gallner/Oetker, Kommentar zum europäischen Arbeitsrecht, 5. Auflage, 2024, RL
2001/86/EG Anh. Art. 17, Rn.25.

第3章　欧州会社制度に関する小括

　本編において、欧州会社における被用者関与制度を構成する欧州会社規則及び欧州会社被用者関与指令を分析したところ、次の諸点が明らかとなった。

　第一に、被用者関与が要請される思想的背景について。欧州会社制度の歴史的遠隔を辿れば、被用者関与が求められる背景には、産業民主主義思想が存在する。この思想のもとで、被用者は、使用者側の経営決定により自らの地位が左右されるばかりの受動的な存在ではなく、自らに影響のある決定の形成過程に主体的に関与していく能動的な存在として捉えられることになる。この議論は、現在においては、EU 基本権憲章27条による規範的な根拠づけがなされている部分を有するものである。

　第二に、被用者関与手続導入の義務化について。本制度のもとでは、欧州会社における被用者関与の仕組みを導入することが、欧州会社を設立するための設立要件と関連付けられている。欧州会社制度の特徴は、被用者の意見を経営に取り入れるための法的な枠組みの導入を必須ものと捉える基本的立場を採用している点にあり、この制度は上記思想を具体化するものとして位置づけられる。もっとも、情報提供・協議を通じた経営関与と参加を通じた経営関与の扱いには差異があり、前者の導入を広範に強制する一方で、後者については、一定程度後退した立場をとっている。その背景には基本権規範による基礎づけの在り方が影響しているが、少なくとも経営参加の選択肢を明示的に掲げる点は、欧州労使協議会指令等の労働法プロパーの制度と比較した場合における、欧州会社制度の意義であると評価される。

　第三に、被用者関与手続を導入する方法について。被用者関与手続を導入するにあたり、EU 法上で画一的な内容を定めるといった選択肢も考えられるものの、本指令は労使自治に委ねる制度設計を採用している。すなわち、どのような被用者関与手続を設けるかについては、一方で使用者側の代表機

関として参加企業の経営機関を、他方で被用者側の代表機関として特別交渉機関をそれぞれ当事者とした上で、この両者が自律的に交渉することによって、被用者関与の仕組みを決定すべきものと定めているのである。それゆえ、本指令は、労使間での導入交渉を円滑にするための手続的規制を整備することに主眼を置いている。ここでは、使用者の発意を契機として手続を行うことが求められている点にも特徴が見られる。

　第四に、標準的規則の存在について。上記の通り、被用者関与の導入は労使自治に委ねられているものの、両者の間で利益状況が対立する可能性があることから、交渉が整わないという事態が起こりうる。すなわち、より強度の権限を得たい被用者側と、経営裁量を維持したい使用者側との間では、どのような被用者関与の仕組みを設けるのかについて、合意に至るのが難しい場面が想定されるのである。このような場面で、デッドロックに陥らないようにするため、本指令では、一定期間内に労使が合意に至ることができなかった場合に片面的に強制適用される標準的規則が設けられている。この標準的規則があることにより、被用者側は、経営事項に関して広範な情報提供・協議を受けることができるようになるとともに、従前から存在する被用者参加制度も維持することができるのである。また、この規則のより重要な機能としては、上記の導入交渉の際に、両者が主張を行う際の標準となることが挙げられる。すなわち、被用者側とすれば、交渉が平行線となればこの規則所定の被用者関与の権利を得ることができるので、これよりも軽度の意に沿わないような内容で無理に合意すべきインセンティブが減少する。その一方で、使用者側とすれば、標準的規則の内容が比較的高度であることから、被用者側と真摯に交渉し、専門的知識を有する経営者側により多くの権限を残せるように説得するインセンティブが生じる。以上のように、導入交渉においては、標準的規則を基準として両者の駆け引きが行われるのであり、この規則には、このような交渉促進規範としての重要性も認められる。

　第五に、標準的規則の内容について。以上のような機能を果たしうる標準規則においては、情報提供・協議及び被用者参加について、次のような規定が設けられている。まず、情報提供・協議については、定期的・臨時的な手続の双方が具体的に定められている。後者が被用者の利益に深刻な影響を及

ぼす例外的な経営決定に対する臨時的な情報提供・協議を定めているのに対して、前者は、雇用に対する影響が明らかとなっていない状況下で、年間の経営計画等の比較的広範な経営事項についての情報提供・協議を認めている。このように、雇用に対する悪化が具体的に見込まれるか否かにかかわらず、被用者関与が認められている点に、標準的規則の特色がある。次に、被用者参加について。標準的規則ではその具体的な内容は定められておらず、本制度における被用者参加手続は未だ萌芽的なものにとどまっているものの、すでに被用者参加制度が導入されている場合には、その機会を拡大させる余地が認められる点には重要な意義が認められる。

第六に、交渉・被用者関与適正化のための規制について。上記の他にも、本指令においては、機密情報の保護や、被用者代表の保護など、導入交渉や被用者関与手続を適正に運用するための規制が設けられている。

以上のように、本指令は、労使自治を基軸に据える制度設計をとるものではあるが、完全に放任的な立場をとるのではなく、労使自治を効率的に機能させるために必要な前提条件を整備する立場をとっており、この点に、本指令の最も際立った特徴が見られる。

第 4 編

日本法への示唆

本編では、これまでに検討してきた複数のEU法、すなわち、適用対象となる場面が具体的に特定されている集団的整理解雇指令及び企業譲渡指令、並びに、より一般的な場面において適用されうる欧州労使協議会指令及び欧州会社における被用者関与指令を比較検討することを通じて、EU法における被用者関与制度の特徴を明らかにするとともに、我が国に対する示唆の導出を行う。

第1章　本書の問題意識と検討課題

はじめに、比較法的考察を行う前提として、第1編で述べた本書の問題意識と検討課題をここで改めて指摘する。

第1款　本書の問題意識

本書は、雇用の悪化自体を必ずしも未然に防止できるわけではないという実体的規制の限界を踏まえ、それを補完する手続的規制として、経営上の意思決定に対する労働者の手続的関与を法的に保障するための法制度である経営関与法制に着目し、その理論的考察を行うことで、労働法規制全体の実効性を向上させることを企図するものである（第1編第1章第1款）。

現在では、集団的な次元における労使自治の担い手が不足していること等を受けて、伝統的に重視されてきた労働組合を通じた自主的・自律的な利益保護を十分に機能させることが困難となってきている。一方で、裁判所の直接的・強行的な介入を前提とする実体的規制の役割が増大した結果、実体的規制が労働法規制の中心的位置を占めるに至り、労働者利益を保護するうえで重要な機能を果たしている（第1編第1章第2款）。

しかしながら、実体的規制には、内容審査の対象とすべき事実行為や法律行為等の存在を必要とすることに起因して、雇用に対する悪影響が一定程度

280 第4編 日本法への示唆

確実になった段階で機能することを前提に設計されているという限界がある。すなわち、実体的規制は、整理解雇等の不利益措置の決定ないし実行の段階において機能するものであるところ、確かに、雇用の悪化がもたらされる直接的な原因がこれらの段階に存するのは事実であるが、その背後にはそれら不利益措置を必要とするに至る経営上の意思決定が存在し、それによって不利益措置の決定・実行が既定路線化されていくのであるから、実体的な規制には、これらを直接的には規制の対象に含めない点で、雇用悪化の根源的な原因事項に対する規律を及ぼすことができないという限界がある（第1編第1章第3款）。

　そこで重要となるのが手続的規制である。これは集団的・個別的なレベルにおける労使間での自治を基礎とした自律的な利益調整を機能させることに主眼を置く規制であり、実体的規制のように、内容審査の対象とすべき法律行為や事実行為の存在を必ずしも必要とするものではないため、より早期の段階において、雇用の悪化の原因事項である経営上の意思決定に対して直接的な規律を及ぼす潜在的可能性を有するからである。しかしながら、手続的規制の現状を分析すると、実体的規制の内容に対応した事後対応的・謙抑的なものにとどまっており、手続的規制の有する上記の潜在的可能性に対して、必然的ではない形で制約が加えられてしまっていることが窺える。この点は、整理解雇や会社分割を例に前述した通りであり、これら経営上の意思決定に対する直接的な規律が行われていないのが現状である（第1編第1章第4款の2）。そこで、実体的規制とは独立した形で手続的規制に固有の役割を付与し、雇用悪化の原因事項に対する直接的なアプローチを可能にすべく、経営事項を労働法規制の対象領域に含めたうえで、その決定プロセスに労働者が手続的に関与する権利を法的に認めることが重要である。これにより、手続的規制が実体的規制を補完する規制として機能し、労働法規制全体の実効性向上を期待することが可能になる。本書が経営関与法制に着目し、その理論的研究を行う理由はここにある（第1編第1章第4款の3）。

第2款　本書の検討課題

　以上のような労働者の経営関与に関して、専用の個別的な立法は行われて

いないものの、経営関与法制として位置付けることのできる一般的な法制度自体は存在する。具体的には、団体交渉制と労使協議が挙げられるところ（第1編第3章第1節及び第2節）、それらには次のような課題がある。

1．経営関与手続の導入段階における課題
——主に手続の内容決定が労使自治に委ねられる場合を念頭に

　まず、団体交渉・労使協議ともに、自主的に組織される労働組合の存在に依存的であるが、このような組合依存の制度の在り方では、経営関与の権利を十分に保障することが困難であるという課題がある（第1編第4章第1節の1）。というのも、組合組織率が雇用の個別化等の構造的な要因を背景として持続的に低下してきているという日本の社会状況は、適切な情報や手段を提供されていれば組合を組織して経営関与を欲したであろう労働者が、そのような情報や手段に恵まれないが故に、非自発的に経営関与を行わない（＝行えない）という事態を生じさせうるが、自主性を旨とする現在の制度の在り方では、このような状況でさえも、労働者の自己決定の結果として放任することになり、形式的な選択の自由の名のもとに実質的な自己決定の機会を奪う結果を招いてしまうという懸念があるからである。それ故に、ここでは、労働者が、真の自由意思をもって、経営関与の実施・不実施を自発的に選択できるようにするための制度的基盤をどのようにして整備するのかが課題となる。

　このような制度的基盤の整備に際しては、経営関与手続の内容決定が労使の自治に委ねられる場合を想定し、団体交渉と対置されるところの、経営関与の有する特質を踏まえる必要がある（第1編第4章第1節の2(1)）。まずもって、経営関与手続の導入に際して、その内容をどのように決定するかについては、一方で、経営関与の時期や対象事項等の手続の内容面の詳細を法律によって画一的に定める方法も想定されるが、他方で、法律による具体的な内容決定は行わず、それを労使に委ねる方法もあり得る。この点、日本の現状における経営関与手続の内容決定は、団体交渉はもちろん、労使協議を通じた経営関与も労働協約を法的根拠として実施されることが多いという実情を踏まえると、後者に重心を置くものと言えるところ、確かに、集団的利

282　第4編　日本法への示唆

益調整システムの中核に位置する団体交渉の重要性は論を俟たないが、経営関与の文脈においては、その基本的な性格の相違から、一定の限界がある。すなわち、経営関与は合理的な企業運営を行うという共通の目的のために労使が協調的・協力的な関係性にあることを求めるものであるが、団体交渉は争議行為を背景に実施される点で労使間の敵対的な関係性を潜在的に内包するものである。ここで、経営裁量の広狭をめぐり、株主利益の最大化を基本方針とする経営者側と自らの利益保護を追求する労働組合側との間で交渉が整わない可能性があることを考慮すると、上記の潜在的な可能性が顕在化することが想定される。ここで、労働組合側が争議行為を背景に自らの要求を貫徹した結果として、経営者側にとって負担感のある手続が採用される状況が起こりうるが、そのような専断的な手続をもとに労使が協力・協調することは困難である。

　そこで必要となるのは、経営関与手続の内容決定を労使に委ねるに際して、敵対的に実施されうる団体交渉とは異なる方向性において、協調的な関係性を旨とする経営関与に適合的な決定プロセスを設計することであり、そのためには、従業員代表という、既存の労働組合とは異なる代表機関を、経営関与の担い手として導入する必要がある。とりわけ、経営裁量の広狭等をめぐり、経営関与について労使間で意見が相違することがあり得るという実態を踏まえると、完全に自主的な交渉では合意に至ることが困難であり、結果として経営関与手続の導入が行われないという懸念に対処することが要請されるのであるから、労使間の協調的関係性の維持を前提としながらも、合意の形成を支援するための法的な仕組みを備えた形で従業員代表制を整備することが課題となる。

　本書が検討対象とする従業員代表制は、このような経営関与の文脈に固有のものであり、先行研究で盛んに論じられてきた労働条件の決定等の文脈における従業員代表制（第1編第3章第2節第1款参照）とは異なるものである。これまで本書においては、労働組合や団体交渉に限界がある旨を強調してきたが、それは、雇用悪化の原因となり得る経営上の意思決定に対する労働者側の関与を保障するという経営関与の文脈に主眼を置いたものであり、この文脈を離れて、先行研究が議論の対象とするような労働条件の決定等の

文脈に着目するのであれば、むしろ、それら研究において従来より指摘されてきた点（法体系上の位置付けとして労働組合の行う団体交渉が中心的な役割を果たすべきであるという点や、従業員代表制の導入にあたって労働組合との関係を調整する必要があるという点など）については、これを共有するものである[1]。

　以上のように、本書が手続の導入段階における課題として掲げるのは、経営関与という固有の文脈において最適と考えられる、労使間の協調的性格を維持しつつ、同時に合意形成も支援できるという従業員代表制をどのようにして構築すべきかという点である。

2．経営関与の時期・対象事項に関する課題
──主に手続の内容が法定される場合を念頭に

　次に、経営関与の実効性を確保するためには、経営関与の対象事項と関与時期についての検討が求められる（第1編第4章第1節の2(2)）。これは特に、経営関与手続を法定する場合において重要な問題となる。

　まず前者については、労働条件と関係する事項への限定を付することなく、端的に経営事項そのものを対象事項に含めることが課題となる。とりわけ、解雇や組織再編など、雇用の悪化をもたらす原因となりうる経営上の意思決定の存在が明確な状況については、それを対象事項に含めるべき契機がより具体的に存在する。

　次に、後者については、経営上の意思決定がなされ、それによる施策の影響が既成事実化した後の段階に至ってしまうと、雇用に悪影響を与える前に経営関与の機会を保障することができず、その実効性に欠けるところが出てきてしまうため、それよりも前の段階における早期の経営関与を可能とすることが課題となる。その際には、経営に関する情報が使用者側に偏在してい

---

[1] 議論状況については、道幸哲也「従業員代表制の常設化と労働組合機能（下）」季刊労働法273号（2021年）178頁以下、毛塚勝利「日本における労働者代表制の現在・過去・未来」季刊労働法216号（2007年）5頁以下）をはじめとして、第1編の注87乃至89に掲げる文献を参照。とりわけ、本文中で言及した点については、大内伸哉『労働者代表法制に関する研究』（有斐閣、2007年）27頁以下及び49頁等を参照。

る点を考慮し、労働者側からの完全に自主的な発意に依存しない形で経営関与手続を開始できるような制度設計を行うことが重要となる。

3．小括

　以上を要するに、経営関与手続の導入段階において、労使間における協調的・協力的な関係性を旨とする経営関与の基本的性格を踏まえたうえで、その実施・不実施に係る労働者側の自己決定の機会を確保し、労使自治を実質的に機能させるための制度的な基盤をどのように整備していくのかが検討課題となる（＝検討課題①）。そのうえで、②どのような経営事項を関与の対象とすべきか（労働条件との関連性を有するものに限られるのか、それとも純粋な経営事項を含むのか）（＝検討課題②）、また、③どのような段階で経営関与を認めるべきか（当該経営事項が決定された後で関与を認めるに止めるのか、それとも決定前の早期の段階における関与を認めるのか）（＝検討課題③）が検討課題となる。

　本編においては、これら課題を基軸としてEU法上の諸制度を比較分析し、その特徴を明らかにするとともに、そこから我が国に対してどのような示唆がもたらされるのかを検討していくこととする。その際には、解釈論的検討を通じて明らかとなった既存の制度の内包する限界を直視し、それを克服することを企図して、主に立法論的観点から議論を展開する。もっとも、整理解雇（労契法16条）など、抽象度の高い規範的概念を用いる一部の制度については、EU法の議論を解釈論的に摂取する余地があるため、立法論と解釈論の双方の立場からの検討も行うこととする。

第 2 章　EU 法上の諸制度の比較分析と我が国に対する示唆

第 1 節　経営関与手続の導入段階における労使自治の制度的基盤（検討課題①）

第 1 款　はじめに

　上述の通り、我が国においては、一般的な経営関与手続の導入を労使自治に委ねているにもかかわらず、それを実質的に機能させるための制度的な基盤が十分ではないといった課題が存在する。

　このような手続の導入段階について、EU 法を体系的にみると、整理解雇指令・企業譲渡指令といった特定の場面を規律対象とする制度が法による画一的な手続の導入を強制しているのに対して、より一般的な場面を規律対象とする欧州労使協議会指令・欧州会社法被用者関与指令は、労使自治に基礎を置いた導入手続を定めており、当該労使の置かれた具体的状況に応じた柔軟な制度設計を可能としている[2]。これらのうち、上記の我が国における課題①と関連性を有するのは労使自治を旨とする後者の一般的な射程を有する二つの指令であるが、これら両指令の最大の特徴は、手続の導入を労使自治に委ねながらも、これを円滑に機能させるために一定の手続的な規制を行っているところにある。その内容を検討すると、以下のような EU 法の特徴と我が国に対する示唆が導かれる。

第 2 款　経営手続導入をめぐる交渉開始の発意について

1．はじめに

　経営手続の導入を労使の交渉に委ねるという場合には、まずもって、交渉開始の発意をどのように行わせるのかが問題となる。すなわち、経営関与手

286 第4編 日本法への示唆

続の導入を交渉の俎上に載せるためには、その旨の発意が前提として必要となるところ、これを労働者側（より具体的には、現状の我が国のように労働組合）に行わせるべきものとすれば、発意の前提として組合の存在が必要となるため、その組織率の低下の結果として経営関与の導入が抑制されてしまうという懸念が存在する。他方で、これを使用者の義務として構成すると、このような懸念に対処することができるものの、導入を望まない労働者側に対して経営関与を強制するといった結果を招くことにもなりかねず、労働者側の意思に悖るといった可能性が生じてしまう。したがって、ここでは、経営関与の導入促進と労使自治への配慮といった二つの要請を調和させることが重要となる。

---

2 このように、経営関与が問題となる場面が特定されているか否かによって、手続の導入する方法（法による画一的導入・労使自治による柔軟な導入）を峻別するという傾向が見られる点については、次のような妥当性を有するものと解される。

　そもそも、法による画一的手続導入については、規制の実効性を高い水準に維持することができるというメリットがある一方で、手続が硬直的になるといったデメリットが存在する。これに対して、労使自治による手続導入については、手続の柔軟性を確保できるといったメリットがある一方で、労働者側の組織力や交渉力等が弱い場合には、規制の実効性が低下してしまうといったデメリットが予想される。

　これを前提として、各EU法が規律対象とする場面を見ると、整理解雇指令や企業譲渡指令が規律対象とする特定場面においては、保護すべき労働者利益が比較的明確であるので、手続における柔軟性確保の要請が後退する一方で、規制の実効性を高めることで、当該不利益から労働者を保護すべき要請が強く働くものと解される。反対に、欧州労使協議会指令や欧州会社における被用者関与指令が想定するような一般的な場面においては、どのような労働者利益を保護すべきかが不明確であるので、規制の柔軟性を確保すべき要請が強く働く一方で、実効性確保のために強度の規制を行う要請が後退することになる。そうすると、上述したようなEU法の規制の在り方、すなわち前者の特定場面において法による画一的な手続を導入し、他方で、後者の一般的場面において労使自治による手続の導入を企図する規制の在り方は、実際の適用場面に適合的なものであると解される。

　翻って、我が国における経営関与制度を見れば、上記EU法と同様に、一方で、整理解雇や会社分割といった特定場面においては法による画一的な手続の導入が行われており（労契法16条及び商法等改正法附則5条）、他方で、一般的な場面においては団体交渉や協約による労使協議といった労使自治を基礎とする柔軟な手続の導入が予定されている。このことからすると、我が国における経営関与は、手続の導入方法といった点においては、EU法と共通するところがあり、上記要請への適合性の観点からも妥当性を有するものと考えられる。

2．EU法の検討

　この点、欧州労使協議会指令は、使用者に対して、情報提供・協議手続の導入を行うべき責任（responsibility）を負わせながらも、交渉の発意までは義務付けていなかった。すなわち、使用者に義務付けられるのは、被用者側から交渉開始の発意があった場合に、会合の開催等を行うことによって当該交渉を円滑に遂行し、情報提供・協議手続を導入することであるので、そのような被用者側の発意がない場合にまで、交渉を開始し、手続を導入する義務を課せられているわけではないのである。

　それとは対照的に、欧州会社制度は、使用者側に対して、交渉開始の発意そのものを実質的に義務付けている。すなわち、欧州会社規則上、被用者関与指令に従った手続を導入することが欧州会社の設立要件と関連付けられていることから、その設立を企図する使用者に対しては、交渉開始の発意を行わないという選択肢が実質的には与えられていないということになっているのである。これにより、被用者側からの発意がない場合であっても、被用者関与手続の導入に向けた交渉が開始されうることになる。

　以上のように、手続導入のための交渉開始の発意を使用者に義務付けるのかどうかという点で、EU法上の被用者関与制度には多様性が見られる。一方で、経営関与手続の導入をより広範に行うといった観点からすれば、後者の発意義務を認める欧州会社制度の在り方が望ましいということになり、他方で、被用者側の意思を尊重するといった観点からすれば、前者の発意義務を認めない欧州労使協議会指令の在り方が望ましいということになろう。

　もっとも、その制度内容を詳細に見れば、両者の差異は一定程度相対化されている。すなわち、発意義務を認める欧州会社制度においては、被用者側の代表機関（特別交渉機関）が特別的な多数決によって導入交渉の不開始や打ち切りを決議できるとされており、手続の導入を望まない場合における被用者の意思を一定程度考慮することができる。他方で、欧州労使協議会指令は、情報提供義務を課したり代表機関が存在しない場合における被用者の個別的意思を考慮するための方策を定めたりすることで、交渉開始の発意の実施・不実施を被用者側が自主的に選択できるようにするための制度的基盤を整備している。これにより、被用者側からの発意が非自発的な形で阻害され、

経営関与手続の導入が過度に抑制されないように配慮している。

3．比較法的検討
(1) 経営関与の実施・不実施にかかる自己決定の担保

　翻って、我が国における経営関与制度を見ると、団体交渉ルートでは、交渉開始の申入れは、団体交渉を労働者側の権利として保障していることに起因して（日本国憲法28条参照）、労働者側（＝労働組合）が行うものとされており、使用者側に対してその旨の義務が課されているわけではない[3]。また、労使協議制度ルートにおいても、これを通じた経営関与手続の多くが労働協約を根拠に導入されているという実態を踏まえると[4]、同様に、労働者側（労働組合）の発意（＝申入れ）が必要とされており、基本的には、使用者側に発意義務を課すものではない。これらのことから、我が国における一般的な経営関与制度は、団体交渉ルート・労使協議ルートのいずれにおいても、その導入を労使自治に委ねるものであるといえる。

　この点においては、上記欧州労使協議会指令との共通性が見られるが、両者の間には重要な相違点が見られる。すなわち、上述の通り、欧州労使協議会指令は、被用者側からの発意を重視しながらも、それをただ放任するのではなく、被用者側が発意の実施・不実施を自主的に選択できるようにするための制度的基盤を整備しているのに対して、我が国における制度はこのような基盤を有していない。これにより、我が国では、労働者側が非自発的に発意を行わない（＝行えない）場合であっても、それを自主的な選択の結果として放置することになり、経営関与を行う機会が非自発的な形で制約されてしまう問題が生じているのは前述の通りである。このような状況からすると、労使自治を基礎とする点で我が国との類似性を有していながらも、そこから生じうる問題（＝非自発的に発意が抑制されうるといった問題）を防止するための一定の規律を行なっている欧州労使協議会上の議論が、我が国に対し

3　東京大学労働法研究会『注釈労働組合法上巻』（有斐閣、1980年）398頁では、団交拒否の不当労働行為は、支配介入等とは異なり、使用者側の不作為によって生じるものである旨指摘されている。

4　荒木尚志『労働法〔第5版〕』（有斐閣、2022年）601頁。

第2章　EU法上の諸制度の比較分析と我が国に対する示唆　289

てもたらす示唆は少なくないものと解される。そこで、次款以降では、その
制度的基盤の具体的な内容について検討することとする。

(2) 使用者側の発意義務の有無

　我が国における上記の問題（＝非自発的に発意が抑制されうるといった問
題）に取り組むに当たっては、上記の欧州労使協議会の方向性（＝手続的な
手当をすることで労働者側の発意が抑制されないように支援する方向性）に
加えて、欧州会社制度のような、使用者に実質的な発意義務を課すといった
より直接的な方向性が想定される。これらのうち、労使自治を基礎とする点
で我が国の議論との類似性が高い前者（欧州労使協議会指令制度）が示唆的
であると考えられるのは上述した通りであるが、後者の欧州会社制度の方向
性においても、我が国に対して検討に値すべき重要な議論が存在する。

　そもそも、情報提供・協議手続の導入を促進するという観点からすれば、
欧州会社制度のような強行的な規制の方が、被用者側の発意に依存的である
前者の欧州労使協議会指令の制度よりも、合目的的であるともいえる。それ
にもかかわらず、この制度を直ちに参照すべきであると断言できないのは、
上述の通り、我が国における経営関与が依拠している団体交渉の権利として
の性格との衝突が懸念されるからである。すなわち、使用者側に対して実質
的な発意義務を課す欧州会社制度は、被用者が非自発的に発意を行わない
（行えない）場合だけでなく、あえて自発的に発意を行わない場合であって
も、使用者による発意を実質的に強制するものであることから、一見すると、
団体交渉を労働者側の権利として保障している我が国の規範体系（日本国憲
法28条参照）[5]と整合的ではないようにも見えるのである。

　しかしながら、上述した通り、欧州会社制度は、労使自治を基礎とする欧
州労使協議会指令と一定程度相対的な関係性にある。すなわち、この制度は、
被用者側の意思とは関係なく発意を行わせるものではあるものの、実際に発
意が行われた後の段階においては、交渉の不開始・打ち切りを決議する可能
性を認めることで、被用者意思を尊重する余地を残している。このように、

5　労使自治を基軸とする憲法28条の基本的性格について、石川吉右衛門『労働組合法』（有斐閣、
1978年）11頁以下参照。

欧州会社制度を体系的に見ると、これは、使用者に発意を実質的に義務付けることで経営関与手続の導入を労使の議論の俎上に乗せつつも、被用者の意思を尊重するためのデロゲーションを設ける制度であるということができる。このような規制の在り方は、労使自治に配慮しながらも、組合組織率の低下等によって手続導入が非自発的に抑制されうるのではないかという懸念に対して、より直接的な形で対処することができるという意味において、我が国においても参考になる点が少なくないと思われる。

　もっとも、使用者側による発意を義務付けるという点で我が国の制度と基本的方向性が異なることには改めて留意する必要があり、EU 法上の議論を無批判に我が国に当てはめることは妥当ではないと解される。確かに、上記のような EU 法の在り方は、被用者側の自主性への一定の配慮がある点で、我が国の団体交渉の規範的位置付けと直ちに抵触するものとも言い切れないが、交渉の不開始・打ち切りを特別的な多数決によって決議しない限りは法所定の手続導入が強行されるといった点で、自発的に導入を望んでいない被用者側に対しても使用者側の義務的な発意に対処する必要性を生じさせる（＝発意段階において被用者意思を特段斟酌しない）ものであるから、我が国の団体交渉の権利としての性格に必ず適合するものと即断することもできないのである。他方で、立法論の側面から見ると、団体交渉とは異なる方向性において経営関与手続の導入に係る制度を設ける場合には、上記のような団体交渉権構成との抵触問題を回避することができるため、EU 法の上記制度は、手続の導入を強固に促進する法的構成の一つの例を示すものとして参照に値すると解される。

第 3 款　交渉開始の発意を行わせるための手続的規制——情報提供義務

1．導入

　以上の通り、手続の導入段階においては、交渉開始の発意（申入れ）が抑制されるのを防止し、労使自治を機能させるための制度的基盤を整備することが重要となるが、具体的には、どのような制度を設けるべきであろうか。この点につき、交渉開始を発意する段階から労使自治を基礎とする点で我が国と共通性を有しながらも、それを機能させるための制度的な基盤を整備す

るといった我が国には見られない特徴を有する欧州労使協議会の議論を中心に検討することで、具体的にどのような制度を設けるべきかについて考察していくこととする。

2．EU法の検討

　この点、欧州労使協議会指令は、使用者側（経営中枢・みなし経営中枢）に対して当該指令の適用要件に関する情報提供義務を課すことで、被用者側の発意が非自発的な形で抑制されないように配慮している。すなわち、本指令の適用下において、被用者側は、標準的ルールの片面的な強制適用の可能性等といった強固な手続的保障のもとで、関与手続の導入交渉を行えるといった利益を享受できるが、その適用要件に関する情報は使用者側に偏在していることが多く、被用者側に利用可能でないことも少なくない。特に、欧州共同体規模企業グループへの該当性が肯定された場合には、通常の単独企業の場合よりも本指令の適用がより広範に認められることになるところ、その機会を得るためには当該グループ企業間に存在する支配・被支配関係の存在を明らかにしなければならないが、そのような情報を被用者側が入手し、企業グループ全体の実態を把握することには限界があると言わざるを得ない。このような労使間の情報格差を放置してしまうと、上記適用要件を満たしている場合で、被用者側が本指令の保護のもとであれば導入交渉を行いたいと考えているときであっても、その事実を認識できないばかりに、交渉開始の発意を行わないといった事態を招きかねない。そこで、本指令は、上記情報格差を是正するための情報提供義務を使用者側に課すことで、非自発的な形で交渉開始の発意が抑制されてしまわないように配慮している。

　このような交渉開始前の段階における情報提供義務の特徴として挙げられるのは、使用者側・被用者（代表）間での垂直的な情報提供だけでなく、使用者側相互間（企業グループ内）での水平的な情報提供が想定されている点である。このような判断は、本指令が、本来的な経営中枢が域内に所在していない場合であっても、みなし経営中枢を通じた情報提供を義務付けていることを契機としている。すなわち、必要な情報が企業グループ内に偏在しており、みなし経営中枢がこれを保有していない場合には、当該情報を保有し

ている企業を特定し、そこから情報開示を受けたうえで、被用者側にこれを提供することになるが、上記みなし経営中枢は、本来的な経営中枢とは異なり、他のグループ企業に対して支配的影響力を有しているわけではないので、このような情報の入手が困難な場面が想定される。そこで、欧州司法裁判所は、企業グループ内における相互の情報開示を認める判断を示し、上記のような情報の偏在から生じうる問題に対処している。

3．比較法的検討
(1) 情報提供義務を課すこと自体について

以上の点について、翻って我が国を見ると、このような導入交渉開始の段階においては、企業グループ内での水平的な情報提供はおろか、労使間での垂直的な情報提供義務さえも認められている訳ではない。すなわち、我が国においては、団体交渉を申入れた後の段階では、団交応諾義務・誠実交渉義務との関係から、客観的な資料に基づいて情報を提供すべき義務が生じうるものの、それ以前の段階においては、そのような情報提供義務は基本的に生じるものではない。これにより、労働組合が必要な情報を入手できず、結果として、団体交渉の申入れが抑制されてしまうという問題が生じうる。このような観点からすれば、導入交渉を開始する前の段階において被用者側に対する情報提供を義務付ける EU 法の規制の在り方は、発意を行うかどうかを判断する前提となる情報を労働者側に与え、自発的な選択を可能とする（＝非自発的な形で発意が抑制されてしまうことを防止する）点において、我が国に対して重要な示唆をもたらすものと考えられる。

もっとも、現状の制度を前提にすると、このような義務を課すことは団体交渉権構成との抵触を生じさせる懸念がある。すなわち、個々の労働者は情報・交渉力に劣後する点で使用者よりも弱い立場にあるが、労働組合が組織されて交渉を行う場面においては、労使は対等な立場にあるというのが労働法学の想定する当事者像であるため[6]、使用者側にのみ一方的に情報提供義

6　菅野和夫＝山川隆一『労働法〔第13版〕』（弘文堂、2024年）35頁及び991頁、石井照久『労働法総論〔改訂版〕』（有斐閣、1972年）310頁、石川・前掲注5）書12頁等。

務を課すことは私的自治の観点から必ずしも肯定的に評価されるものではない[7]。他方で、団体交渉とは異なる方向性を展望する場合、上記の EU 法の議論は、従業員代表と労働組合の棲み分けに配慮したうえで、組合に固有の権利である団体行動権（日本国憲法28条）が法的に保障されておらず、争議行為を適法に行えない従業員代表に対して、労使間の情報格差を縮小させ、経営関与に係る自己決定の機会を担保するための制度の在り方の一つの選択肢を示唆するものであり、参照する意義は少なくないものと解される。

(2) 提供すべき情報の内容について

　それでは、具体的に、どのような内容についての情報提供が要請されるのであろうか。この点、CJEU は、上記情報提供義務の趣旨を被用者代表が交渉開始の要求を行う権利があるのかを判断できるようにするという点に求めたうえで、本指令の適用要件への該当性を判断すべき事実が対象事項となると判断している。すなわち、本指令においては、適用要件と切り離した形で包括的な情報提供義務が認められている訳ではなく、その対象事項は、適用要件の充足性を判断するのに必要な情報（被用者数や企業間の支配関係の有無等）に限られているのである。そこで問題となるのが、このような限定的な情報提供を行うことが、どのようにして被用者側の自主的な発意を促進することになるのかという点であるが、それを理解するためには、本指令が労使間での合意形成に向けた特別な手続的支援を予定しているという事情を考慮する必要性がある。

　そもそも、本指令は、企業・企業グループにおける労使間の情報提供・協議手続の導入を促進することを目的としているところ、そのような目的を最終的に担保していると考えられるのが、二次的ルールである補完的要件の存在である。すなわち、通常のゼロベースの導入交渉であれば、労使で合意を形成することができない場合には、何らの情報提供・協議手続も導入されないということになるが、本指令では、そのような場合でも、所定の標準的ル

7　労働組合に付与されている権利が契約自由をはじめとする市民法上の原則に対する例外である点につき、大内伸哉「ユニオン・ショップ協定が労働団体法理論に及ぼした影響」神戸法学雑誌49巻3号（2000年）461頁以下等参照。

ール（補完的要件）が使用者の意思に反してでも強制的に適用されることになる。それ故、一方で、被用者側としては無理に譲歩をする必要がなくなり、他方で、使用者側としては強制適用を回避するために可能な限り譲歩を行う必要性が生じる。このようにして、被用者側は、補完的要件の強制適用といった特別な手続的支援を背景として、有利に交渉を行うことができる。これにより、本来的には経営関与の実施を望んでいるものの、導入交渉が成功するかどうかが不明確であることによって、交渉開始の発意を躊躇している被用者代表が、そのような躊躇をすることなく発意を行えるようになるとともに、そもそも経営関与を行うという発想すらなかった被用者代表に対しても、経営関与の導入があり得る選択肢の一つであることを認識させたうえで、その実施・不実施のいずれを選択するのかを自主的に決定させ、それに基づいた発意を促すことができる。このように、本指令の適用があるかどうか（＝本指令所定の手続的支援のもとで経営関与手続の導入を行うことができるかどうか）を認識させることで、非自発的に発意を行わない（行えない）といった事態を一定程度回避することができる。この意味において、上記情報提供義務は、被用者側の自己決定の機会を担保する機能を果たすものと言える。

　これに対して、我が国においては、EU法のような強固な手続的支援が予定されているわけではない[8]。現状、我が国において経営関与の導入手段として機能している団体交渉について見ると、団体交渉に際して、争議行為等といった実力行使が認められているものの、これは、使用者に対して合意を強制するものではない。使用者側に生じるのは、交渉に誠実に応じる義務（＝団交応諾義務・誠実交渉義務）に止まるのであって、争議行為等が行われたからといって、労働者側の要求に応じることを強制されるわけではなく、最終的に、使用者が要求を拒絶すれば、何らの経営関与手続も導入されないことになる。加えて、上記争議行為には正当性の観点から一定の制約が課されているとともに、使用者側にもロックアウト等の対抗措置が認められていることからすれば、我が国における手続的支援措置は、EU法のそれと比較すると、一定程度限定的な合意形成促進機能を果たすに止まるものと解され

8　西谷敏『労働法〔第3版〕』（日本評論社、2020年）684頁以下及び731頁以下参照。

る。さらに言えば、争議行為が労使間での対立姿勢を明確に打ち出すもので
あることから、その利用自体が謙抑的に捉えられる可能性すら存在する。こ
れらの点からすると、我が国における現状の合意形成のための支援措置を前
提とした場合には、情報提供が労働者側の発意を促進する機能は限定的なも
のにとどまる懸念があると言える。

　以上の検討から窺われるのは、自発的な発意を促進するためにはどのよう
な情報を提供すべきなのかという点については、交渉中において予定されて
いる支援策に係る制度の内容を合わせて検討する必要性があるということで
ある。制度が適用されたとしても、そこで定められている支援策が不十分な
ものである場合には、労働者側の自己決定の機会を実質的に担保することは
困難になってしまうからである。このようにして、上述したような経営関与
に係る従業員代表制の立法の文脈において、制度全体を体系的に設計してい
くことが要請されるという点も、EU 法から得られる重要な示唆の一つであ
ると解される。

(3) 情報提供の相手方について

　次に問題となるのが、情報提供の相手方について、これを労働者集団に限
定するのか、それとも労働者労働者個人を含めるのかという点である。

　この点、EU 法においては、被用者個人に対する情報提供が認められてい
る。すなわち、欧州労使協議会においては、一定数以上の未組織の被用者個
人であっても交渉開始の発意が行えるとされているところ、それに伴って、
上記情報提供の相手方としても、被用者代表機関だけでなく、被用者個人が
含まれるものとされている。これにより、労働組合の組織率が低下していた
り、企業規模等を理由として従業員代表が置かれていなかったりする場合に
おいても、被用者側が自発的に交渉開始を発意する機会を認めることができ
る。

　このような規制の在り方は、我が国の現状からすれば、参考になるべき点
が少なくないものと解される。というのも、我が国における問題の根底には
雇用の個別化等を背景とする組合組織率の構造的な低下があることに照らす
と（第1編第3章第1節第1款参照）、労働者側の経営関与の実施・不実施
に係る自己決定の機会を保障するためには、そもそも労働者が組織化されて

いないことによって導入交渉を発意すべき前提すらも満たされていないという課題に対処しておく必要があり、それを可能にする一つの手段として、EU法の定めるような、労働者個人に対する情報提供が有益であると考えられるからである。

このような情報提供義務は、現状の団体交渉による経営関与手続の導入の枠内で認めるのが困難なものであるため、授業員代表制の立法の必要性はより強調されうると解される。例えば、労働者個人に対して、経営関与手続の導入をめぐる団体交渉が争議行為を背景として実行可能であり、そのためには労働組合を組織する必要があるということまでを含めて情報を提供することで、経営関与手続の導入交渉の発意を促すことも考えられなくはないが、前述の通り、団結や団体交渉はあくまで労働者側の権利として保障されているものであり、使用者側に、労働者をして団結や団体交渉を行わせる旨の義務を生じさせるものではない（このような対応はむしろ支配介入の不当労働行為［労組法7条3号］となりうる）。そのため、既存の団体交渉の枠内で上記の情報提供義務を使用者に負わせることは、団結・団体交渉を権利として構成することとの間で緊張関係を生じさせてしまう懸念がある。先に展開した、従業員代表という組合とは異なる代表機関を立法によって設けるべきであるとする議論は、労働者が未組織のまま散在している状況下において、導入交渉の実施・不実施に係る労働者側の自己決定を、権利構成との緊張関係を回避した形で保障することに寄与するものと言えよう。

以上のように、労働者側による交渉開始の発意が抑制されるのを防止し、その選択の自由を実質的に確保するためには、発意段階において情報提供を行い、交渉時における手続的な支援措置の適用の有無を認識させるとともに、発意を行う場合の相手方を特定させることが重要であることから、そのための具体的な方策について、EU法上の議論を参考にしつつも、団体交渉を基礎とする我が国の制度の特質を踏まえた検討を行なっていくべきであると考えられる。

第4款　経営関与手続の導入に係る交渉の実施段階における手続的規制

本款では、前款までに検討した労働者側からの発意を経て、実際に交渉が

第 2 章　EU 法上の諸制度の比較分析と我が国に対する示唆　297

実施される段階における手続的な規律について検討する。具体的には、労使双方の交渉当事者をめぐる問題と労使間での合意形成のための強行的支援措置をめぐる問題の二つを取り上げることとする。

１．交渉当事者に関する規律

(1) はじめに

　労働者の利益を集団的に実現していく場合には、まずもって構成員の利益を正統に代表するための代表機関の組織が必要となる。とりわけ、各労働者の利益状況が分散している状況においては、その要請はより強調されうる。

(2) EU 法の検討

　この点、欧州労使協議会指令及び欧州会社法被用者関与指令においては、双方ともに、特別交渉機関という導入交渉を専門に行う代表機関を組織させることで、被用者利益が偏在的に代表されてしまわないように配慮している。すなわち、これら指令が導入すべき被用者関与手続は、その EU 法としての性格から国際的な性質を帯びる（＝ EU レベルでの導入交渉が必要となる）とともに、企業グループ単位での規制を行なっていることから企業横断的な性質を帯びる（＝複数企業を横断した導入交渉が必要となる）ことになる。このようにして多種多様な状況にある被用者が関与するため、それらの者の利益を正統に代表すべきであるという要請はより強調されることになる。

　そこで、両指令は、被用者数を基準とする企業規模及び所在地の国際的分布に応じた議席数の割り当てを行うことで、特定層の被用者を偏重した代表機関が組織されることを防止している。この交渉機関は、単なる国内的な代表機関の延長線上ではなく、EU という広域レベルで企業横断的に被用者利益を代表するための一定の独自性を持ったものであり、この意味において、EU 法は伝統的な労働組合や被用者代表とは異なった次元における被用者代表の在り方を提示するものと言える。

　そして、この特別交渉機関の意思決定をどのように行うのかについても、EU 法において一定の規律がなされている。すなわち、導入交渉の不開始・打ち切りを決議する場面（欧州会社法被用者関与指令ではこれに加えて被用者参加の権利の縮減をもたらす場合も含む）においては、特別交渉機関の３

298 第4編 日本法への示唆

分の2という、単純多数決よりも加重された議決数を要求することで、被用者関与手続の導入を促進するという目的が達成されるように配慮がなされている。もっとも、これらの指令では、導入交渉における主体（＝特別交渉機関）と情報提供・協議における主体（＝欧州労使協議会又は被用者代表機関）とが概念上区別されているところ、上述のような、EUレベルでの正統な代表性に配慮した詳細な規定が設けられているのは前者についてのみであり、後者については、そのような規定はなく、基本的には労使の自治に委ねられることになっている。これは、労使自治を尊重しながらも、その前提となる導入交渉が実効的に行われることを保障する制度として理解することができる。

　加えて着目されるのが、被用者側の発意が要請される欧州労使協議会指令において、一定数の被用者個人の発意があれば、同指令上の規定にしたがって特別交渉機関が組織されるという点である。ここでは、発意に加わった被用者はもとより、そうではない被用者の利益を代表する役割すらも、特別交渉機関には期待されている。

（3）比較法的検討

①労働者側の交渉当事者について

（a）はじめに

　翻って、我が国の制度の現状について見ると、関与導入交渉のための専門の労働者代表機関が設けられているわけではなく、基本的には、通常の労働組合が導入交渉を担当することになっている[9]。そして、労働組合が組合の組織・運営に係る事項をどのように決定して交渉を進めていくのかについては、基本的には自治に委ねられているが、次のような一定の制約が存在する。その内容を踏まえると、現状の団体交渉を基盤とする経営関与手続の導入手続とは異なる方向性の手続が必要であることが窺われる。

9　なお、手続導入を目的とする一時的な結合体を組織することも可能であると考えられる。このような特定目的のための結合体は一般に争議団と呼ばれ、憲法28条の保護を受けるものとされている（西谷・前掲注8）書536頁）。しかしながら、このような争議団は労働協約の締結権限を有するものではないとされていることから（石川前掲注5）書136頁）、我が国で一般に行われているような協約による経営関与手続の導入を行うことは困難であると考えられる。

（b）労働者の集団化の促進と消極的な団結権の衝突

　欧州会社制度においては、被用者代表機関の組織を促進するための制度が設けられている。すなわち、欧州会社については、導入交渉の発意に際して被用者側はそもそも発意権者に含まれておらず、使用者が交渉開始を発意しさえすれば、法に従って特別交渉機関が組織されることになる。その後に、交渉の不開始・打ち切りを決議できるのは前述の通りであるが、代表機関を組織する段階においては、被用者意思とは特段関係なくその組織が行われることが予定されている。

　このようなEU法上の制度は関与手続の導入を促進するという観点からすれば実効性のある制度として評価されるところ、我が国においても、労働者の集団化を促進するための制度は自体は存在する。具体的にはユニオン・ショップによる消極的な団結権への制約がそれである。これは、労働組合が使用者と協定（ユニオン・ショップ協定）を締結し、組合員であることを従業員の要件とすることで、各労働者の消極的団結権を一定程度制約しつつ、組合の組織力強化を図るのであるものであるところ、有力な反対説が存在するものの[10]、判例・通説においては、憲法28条の団結権にはユニオン・ショップを背景として強固に団結する権利（＝積極的団結権）が含まれている等と解することで、その適法性を肯定する基本的立場が採られている[11]。

　しかしながら、我が国のこのような制度は、経営関与の文脈では必ずしも適切には機能しない。というのも、我が国のユニオン・ショップは一定の団結強制を行うものであるが、あくまでも、労働者の団結を権利（＝団結権）として構成する点については堅持しているのであり（憲法28条参照）[12]、労働組合が自主的にユニオン・ショップ協定を締結しない場合にはその旨が尊重されるのであり、また、そもそも労働組合が存在しない場合にその組織を

10　西谷敏『労働法における個人と集団』（有斐閣、1992年）124頁以下等。
11　判例については、大浜炭鉱事件・最二小判昭和24・4・23刑集3巻5号592頁、日本食塩事件・最二小判昭和50・4・25民集29巻4号456頁等。また、学説については、盛誠吾『労働法総論・労使関係法』（新世社、2000年）163頁、外尾健一『労働団体法』（筑摩書房、1975年）619頁、菅野＝山川・前掲注6）書800頁等。
12　野川忍『労働法』（日本評論社、2018年）850頁。

強制するところまでは行っていないからである。このような我が国における法状況を踏まえると、使用者の発意によって代表機関を組織させるというEU法の規制の在り方は、団結権構成に悖るものであり、採用が難しいと言わざるを得ない。

とはいえ、経営関与手続の導入の機会を確保するために労働者側の集団化を促進する旨の法制度は、構造的要因による組合組織率の持続的な低下という我が国における課題に対処するうえで必要なものである。それを可能にするためには、上記の限界を有する労働組合とは異なる組織体が必要であり、ここにも、従業員代表を立法によって導入する契機が存在すると言える。その立法論上の制度設計の在り方について検討するという文脈であれば、導入交渉を行うべき団結体の組織について一定の規律を行い、事実上の発意義務を負った使用者や一定数の被用者個人によって交渉開始を発意させ、その交渉を通じて当該労使の置かれた具体的な状況に即した柔軟な代表機関の導入を行わせるというEU法の上記の議論から得られる示唆は少なくないものと解される[13]。

(b) 労働者利益の偏在への対応としての組織構成の法定と自治の衝突

欧州労使協議会指令においては、被用者の代表機関である特別交渉機関について、その組織構成についての具体的な要件を法定することで、利益の偏在化の問題に対処している。すなわち、本指令は、企業規模及び所在地の国際的分布に応じた議席数の割り当てについて、具体的な割合等を法定することで、国際的・企業横断的に分散している被用者利益を正統に代表できるように配慮している。これに対して、我が国においては、労働組合が、どの地域・企業において就労する労働者によって構成されるのかを規律する特段の規制が設けられているわけではなく、それは自治に委ねられるべきものと解されているため、労働組合の構成員が特定の労働者層に偏る可能性がある。

確かに、このようにして労働者利益の偏在の問題は生じうるものの、我が

---

13 従業員代表の法制化に際して、固有の選出手続を整備すべき必要性はこれまでにも指摘されてきたものであり、その立法を具体的に進めるべきであるとの主張がなされている（西谷敏「過半数代表と労働者代表委員会」日本労働協会雑誌356号（1989年）2頁以下、同「労働者代表制度の早急な法制化を」日本労働研究雑誌630号（2013年）1頁等）。

国においては複数組合主義が採られていることから、利益状況に共通点や類似点が見られる労働者が別個に団結することで、分権的な形での対処が可能となっている[14]。しかしながら、主に労働条件を対象とする団体交渉であれば、それぞれの組合ごとに異なる内容で協約が締結されたとしても——労働条件の集団的処理に煩雑性が残る可能性はあるが——直ちに事業運営上の問題は生じないのに対して、経営関与手続は企業の経営上の意思決定プロセスを規律するものであり、複数の手続が併存することは一貫した意思決定を行うことを困難にすることを意味するため、事業運営上の問題が直接的に生じうる。それ故、労働者の代表機関を複数設けることで利益の偏在という課題に対処することは適切ではなく、単一の代表機関によって経営関与手続の導入交渉を行うことが要請される。

　ここからも、組合の団体交渉とは異なる方向性で経営関与手続の導入プロセスを構築する必要性を窺うことができるのであり、その立法論を展開にするに際して、上記のEU法の議論は、偏在しうる労働者利益を正統に代表するように代表機関を組織しなければならないことを示す点、そしてそれを実現するために代表機関の構成を法定するという方策が有益であることを示す点において、我が国に対して一定の示唆をもたらすものと考えられる。

(c)　意思決定に係る特別的多数決の導入と自治の衝突

　欧州労使協議会指令・欧州会社法被用者関与指令ともに、導入交渉の不開始・打ち切りについては、3分の2といったという単純多数決よりも加重された議決要件を要求することで、特別交渉機関の意思決定方法に対して直接的な介入を行っている。特に欧州会社制度においては、使用者に事実上の発意義務を課し、そこからのデロゲーションを行うという枠組みを採用した上で、そのデロゲーションを認めるための議決要件として3分の2という特別的な議決要件を定めている。このようなデフォルトの設定や特別的に加重された議決要件の法定によって、経営関与手続が導入されないという事態をよ

14　仮にユニオン・ショップ協定があろうと、当該企業の組合とは別の組合へ加入すること又は新たに組織することによって、自らの利益をよりよく代表すると思われる代表機関を利用することができる（三井倉庫港運事件・最一小判平成元・12・14民集43巻12号2051頁、日本鉄管鶴見製作所事件・最一小判平成元・12・21労判553号6頁等）。

302 第4編 日本法への示唆

り強固に抑制する制度設計をとっている[15]。これにより、被用者関与手続の導入を促進するという両指令の目的を実現することを企図している。

翻って、我が国の現状の導入交渉の在り方においては、このような特別的な議決要件は定められていない。すなわち、我が国においては、組合民主主義の観点から、組合運営局面での団結自治に対する一定の法的介入が予定されているものの、これは組合の集団的な意思決定を行うにあたり、多数決原理を基礎とする民主的な意思決定手続の整備・運用を求めるものにとどまる[16]。ここでは、平等な選挙権・被選挙権の付与、言論の自由や重要な運営事項への組合員の直接参与等を通じて、「平等な権利を有する組合員の利益と意見を多数決原理によって公正に調整して労働組合を運営すること」が企図されているが[17]、自治に配慮する観点から、具体的な数的な要件を定めることによる意思決定への直接的な的な介入は行われていない。このような法的状況は、通常の団体交渉を通じて行われる経営関与の導入の場面についても変わるところはない。

しかし、経営関与手続の導入を促進するという観点からは、自治に対する一定の制約を課すことも選択肢の一つとしてあり得よう。ここで、意思決定の方法に関して組合の自治に対する過度の介入となってしまうという問題を回避するためには、労働組合とは異なる主体による導入交渉の遂行が必要である。EU法の上記規定は、労働組合ではなく、立法的に導入する代表機関についてであれば、議決要件等に係る規定を設けることができる点、そして、特別的な多数決を定めることで手続導入を促進することができる点を示すものであり、我が国における立法論においても参考になるべき点が少なくない

---

15 当事者意思による自治を認める場合であっても、ゼロベースで交渉させるのではなく、あらかじめデフォルトルールを定めておくことで、その内容が合意の形成過程で取り入れられやすくなる傾向にある点につき、坂井岳夫「労働契約の規制手法としての任意法規の意義と可能性——"default rules" をめぐる学際的研究からの示唆」日本労働研究雑誌53号（2011年）87頁以下参照。

16 浜田冨士郎「労働組合内部問題法の基礎理論的考察」下井隆史＝浜田冨士郎編『労働組合法の理論課題：久保敬治教授還暦記念論文集』（世界思想社、1980年）32頁以下、東京大学労働法研究会編・前掲注3）書206頁以下、菅野＝山川・前掲注6）書954頁以下、西谷敏『労働組合法〔第3版〕』（有斐閣、2012年）107頁、外尾・前掲注11）書68-69頁以下等。

17 菅野＝山川・前掲注6）書797頁。

と解される。

②使用者側の交渉当事者について

　以上までが労働者側の代表機関についての議論であるが、以下では、使用者側の当事者について取り上げる。とりわけ、経営上の意思決定に関与する権利を保障するという経営関与の性格上、意思決定を行う機関と労働契約の相手方に齟齬が生じうる企業グループの場合に焦点を当てて検討する。

　現在においては、各企業が単独で事業活動を行うのではなく、複数の企業が企業グループを形成し、当該事業活動に必要な各機能を効率的に分掌することで効率的な経営を行うという事業形態が広く普及している。このような企業グループの事例においては、経営上の意思決定権限が親会社に集中していて、子会社が経営事項に関する実質的な権限を有していない場合が想定されるため、経営関与の実効性を確保にあたっては、子会社の労働者にも等しく経営関与手続の導入交渉の機会を与える必要がある。

　このような法人格を跨いだ交渉につき、現状の団体交渉による我が国の導入交渉においては、使用者概念の拡張による対処が行われる[18]。すなわち、我が国において導入交渉（＝団体交渉）の相手方となるのは労組法上の使用者であるところ、「雇用主以外の事業主であっても、当該労働者の基本的な労働条件等について、雇用主と同視できる程度に現実的かつ具体的に支配、決定することができる地位にある場合には、その限りにおいて、当該事業主は…『使用者』（労組法7条）に当たる」[19]として、労働契約の相手方以外にも団交応諾義務を負わせることを可能とする判例法理が形成されている。もっとも、ここで問題とされているのは労働条件に対する支配・決定権の所在であって、企業間に存在する経営上の支配・被支配関係の有無については、その判断基準には含まれていない[20]。そのため、親会社が子会社に対して強

18　使用者概念の拡張の議論の状況については、土田道夫『労働法概説〔第5版〕』（弘文堂、2024年）448頁以下、戸谷義治「団交拒否」日本労働法学会編『講座労働法の再生第5巻：労使関係法の理論課題』（日本評論社、2017年）273頁以下等参照。

19　髙見澤電機製作所外2社事件（東京地判平成23・5・12別冊中労時1412号14頁）等。なお、上述した通り、この判断は下請企業の労働者を受入れていた企業が労組法上の使用者に該当するかが争われた朝日放送事件（最三小判平成7・2・28労判668号11頁）に由来するものである。

304 第4編 日本法への示唆

度の経営上な支配を行なって事業所の閉鎖等を主導する場合、雇用の悪化を
もたらす原因事項＝なっているのはそのような親会社の経営上の意思決定で
あるにもかかわらず、親会社は、子会社との間で、子会社が労働者の基本的
な労働条件を決定する権限を有する仕組みとしておくことで、少なくとも当
該経営決定については[21]、自らの団交応諾義務を否定することが可能となる。
そうすると、労働条件を決定している子会社が労組法上の使用者として交渉
を行うことになるが、これら子会社は経営事項についての決定権限を有して
いないのであるから、実質的な導入交渉の余地が限定されてしまうという懸
念がある。

　この点、労組法上の使用者概念についての法解釈により、親会社の団交応
諾義務を認める方途も想定され、実際にも、「支配企業が、株式保有、役員
派遣その他を通じて従属企業の経営全体に支配的な影響を及ぼしている場合
には、支配企業との団体交渉なくして問題解決が望めないのが通常であり、
支配企業が労働者の労働条件決定や地位に『現実的かつ具体的に』影響を及
ぼしているとはいえなくとも、支配企業が従属企業と重畳的に（労組法上
の）『使用者』となることを認めるべきである」として、支配企業と直接的
に団体交渉を行う機会を保障する趣旨の見解が提唱されている[22]。このよう
な見解に従うと、経営関与手続の導入交渉の機会を拡大させることもできな
くはないが、労組法上の使用者概念は経営関与の文脈以外にも用いられる汎
用的な概念であるため、その拡大を認めるべきなのかについては慎重な検討
を要する。

　これに対して、EU法においては、使用者概念の拡張等の議論とは別の次
元において、経営中枢（central management）という独自の概念を導入す
ることによって、実質的な導入交渉の機会を担保できるように配慮している。

20　水町勇一郎「団体交渉の主体」土田道夫＝山川隆一編『労働法の争点〔第7版〕』（有斐閣、
　2014年）179頁。
21　朝日放送事件の示した枠組みにおいては、交渉事項ごとに義務的団交義務を負う使用者が決定
　されるため、一つの労働組合に対する団交応諾義務を複数の使用者が部分的に負担する事態が生じ
　うる（秋田成就＝渡辺章＝林和彦「新春鼎談　最高裁判決を展望する——学者の立場からする最高
　裁判決の予測と期待」労判638号（1994年）12頁［渡辺章］）。
22　西谷・前掲注16）書156-157頁。

すなわち、欧州労使協議会指令と欧州会社法被用者関与指令は、企業グループ内における支配企業（＝他のグループ企業に対して支配的影響力[23]を有している企業）の経営機構を経営中枢として定義し、これが使用者側の交渉当事者になると定めている。これは、引受け資本、議決権や経営陣の指名権等を基準として経営決定を行う権限を実際に有している経営機構を特定したうえで、そのような経営機構に対して被用者側の代表機関である特別交渉機関と直接的に導入交渉を行うべき義務を課すものであり、導入交渉が形骸化することを防止している。

　このようなEU法の在り方は、経営関与の分野に固有の交渉当事者を創設的に定めることで、汎用的な概念を用いる際の他の分野への影響を回避しつつ、企業間の支配・被支配関係を正面から判断基準とすることで、経営決定プロセスへの関与を保障するという経営関与に適合的な交渉手続を設けるものとして、我が国における議論にとって示唆に富むものと解される。

2．導入交渉における強行的支援措置——標準的ルールの片面的強行適用

(1) はじめに

　経営関与手続の導入は、前述の通り、一方で、雇用の悪化の原因事項に直接的にアプローチして労働者利益を手続的に保護することに寄与する側面があるが、他方で、経営裁量を制約しうるという側面を有している。それ故、株主利益の最大化を基本方針とする経営者側が経営関与に対して謙抑的な姿勢をとることで導入交渉が決裂してしまうという懸念があるので、ここでは、労使間での合意形成を促進するための法的支援措置が要請される。

(2) EU法の検討

　この点について、EU法（欧州労使協議会指令・欧州会社法被用者関与指令）では、労使自治を基礎としつつも、標準的なルール（補完的要件・標準規則）の片面的強行適用を認めることで、労使間の合意形成を支援している。

23　支配的影響力の有無は、引き受け資本の過半数を有しているか、株式資本と結びついた議決権の過半数を支配下に置いているか、また、経営機関等の構成員の過半数を指名することができるかといった観点から判断される。

306　第4編　日本法への示唆

通常のゼロベースの導入交渉であれば、労使で合意を形成することができない場合には、何らの被用者関与手続も導入されないということになるが、両指令は、そのような場合でも、被用者側が拒否しない限りは、所定の標準的な手続を強制的に適用すると定めている。すなわち、労使が交渉を通じて自律的に関与手続を導入する場合には、その自治を尊重し、合意内容に対して直接的な法的介入を行わないことを基本としつつも、そのような合意に至ることができない場合には、被用者側の意思のみを斟酌したうえで、使用者側の意思に反してでも、標準的な手続を導入するものとしている（その意味でこのルールは片面的強行適用されるものといえる）。この標準的な手続は、自治に次ぐ二次的な位置付けがなされるにとどまらず、両当事者がその片面的強行適用を背景として交渉するという意味で、合意形成を促進する機能を果たすものである。標準的な手続の内容が比較的高水準の被用者関与を認めていることから、使用者側としては、その強行適用を避けるために可能な限り譲歩を行う必要性が生じ、結果として、導入に謙抑的な姿勢を取っている使用者側に対して合意形成を促すことができる。

　このような支援措置の特徴は、必ずしも、労使間に対立関係を生み出すものではないという点にある。そもそも、この導入交渉においては信義誠実の原則が妥当し、労使は合意に達する目的をもって協調の精神で交渉を行わなくてはならないことから、労使間の対立関係を前提とすることは適切ではなく、ここでは、労使間の合意形成を促進しつつも、両者間の対立関係を回避すべきであるといった二つの要請が働く。この点、上記支援措置は、争議行為のような対立的な実力行使とは別の方向性において、片面的強行適用という形で労使間の合意形成を強力に促進するものであるから、双方の要請に適切に応えるものであるといえる。

(3) 比較法的検討

　翻って、我が国についてみると、EU法のような導入交渉専用の手続が定められておらず、標準的ルールの片面的強行適用という特別の支援策も設けられていない。したがって、労使間での合意形成を促進するに際しては、争議行為等の通常の団体交渉の枠内での支援措置が予定されるにとどまっている。確かに、労働組合は、争議行為という実力行使を背景として一定程度有

利に交渉を進めることができるが、前述の通り、使用者側に生じるのは団交応諾義務・誠実交渉義務にとどまり、使用者側に対してその要求を承諾することまでは強制できないのであるから、使用者の同意を得られない場合には、なんらの経営関与手続も導入されないということになる。そして何よりも、経営関与は当該企業の合理的運営を行うという共通の目的に向けた労使間での協力関係が必要となるものであるので、争議行為のような対立的関係性を前提とした支援措置では、その本質上、経営関与の文脈に適合的とは言えない。このような観点からすると、上記のEU法の議論は、争議行為のような対立的な関係性を前提とするわけではないという点で経営関与手続との親和性があるだけでなく、被用者側の意思のみを斟酌して適用されるルールという意味において争議行為よりも強力に労使間の合意形成を促すことができる点において[24]、我が国に対して重要な示唆をもたらすものと解される。

第2節　経営関与の時期・対象事項に関する課題

　本節においては、経営関与の実効性を確保するという観点から、経営関与の対象事項と関与時期に関する課題について検討する。この問題は関与手続を法定する場合に特に重要となるものであり、その意味においては、EU法のうち、その方途を選択している集団的整理解雇指令と企業譲渡指令を取り上げることになる。もっとも、欧州労使協議会指令及び欧州会社法被用者関与指令においても、労使間での交渉が調わない場合に導入されるべき標準な手続が定められており、そこでは関与の対象事項や時期について上記二指令とは異なった視点が提示されているため、本節でも検討対象に含めることとする。

---

24 デフォルトルールの法定が当事者合意の形成を促進する点について、坂井・前掲注15）論文91頁参照。

308 第4編 日本法への示唆

第1款 関与対象事項（検討課題②）

1. はじめに

　経営関与の実効性を確保するためには、数ある経営上の意思決定のうち、どの範囲までを経営関与の対象事項として認めるべきであろうか。この点については、関与の強度が弱い順にみると、①労働条件に関する人事上の決定のみに対象を限定する立場、②雇用悪化に具体的に繋がる経営事項に限って対象とする立場、③そのような影響が具体的に想定されないような日常的な経営事項までを広く対象とする立場の大きく三つが考えられる。

　例えば整理解雇の場面を想定すると、①としては解雇の決定自体が、②としては事業所閉鎖等の経営決定が、そして③としては投資先の変更や生産する商品の変更等に関する経営決定等が挙げられる。一方で、①に近ければ近いほど、経営上の裁量を多く残すことができる反面、労働者の手続的保護の程度が弱くなり、他方で、③に近ければ近いほど、経営上の裁量を大きく制約しうる反面、労働者利益をより強度に保護することができる。したがって、対象事項について議論する際には、使用者側の経営裁量の確保と労働者利益の保護という二つの要請を調和させるという視点を持つ必要がある。

　ここで、各EU法を見ると、①人事上の決定を含むことでは共通しているが、②具体的な影響が懸念される経営事項を対象とするに止めるのか、それとも③日常的な経営事項までを含むのかという点で違いが見られる。まず、集団的整理解雇指令と企業譲渡指令をみると、両者ともに②具体的な経営事項を対象とするにとどまり、①日常的な経営事項を対象とするものではない。これに対して、欧州労使協議会と欧州会社法被用者関与指令をみると、両者ともに②具体的経営事項に止まらず、③日常的な経営事項までをも対象とした関与を認めている。

2. 集団的整理解雇指令と企業譲渡指令から得られる示唆
──実体的規制と手続的規制の相互関連性

（1）EU法の検討

　これら両指令に共通しているのは、適用場面が具体的であるという点であ

る。前述した通り、両指令は、EU 法の採択が全会一致原則のもとで行われていた時期に採択されたものであり、その内容を当該適用場面に限定したものにする要請が働いていたという政治的背景があったと考えられる。このような背景から、両指令が想定する特定場面との関連性が薄い日常的な経営事項（①）についての被用者関与が認められるまでには至らず、それら特定場面との関連性が比較的明確となる具体的な経営事項（②）が対象となるにとどまったものと解される。

しかしながら、この両者にはその内容面において重大な相違点が見られる。具体的には、経営決定による雇用の悪化そのものを回避するための回避策までを含むのか、それとも、そのような経営決定による雇用の悪化の影響を緩和するための緩和策にとどまるのかという点に違いがある。

この点について、まず集団的整理解雇指令の内容を見ると、ここで協議の対象とされている事項は、「集団的整理解雇を避け、又は、影響を受ける労働者数を減らす方法及び手段」と「解雇対象者の再配置・再訓練のための支援を目的とした付随的な社会的措置をとることによって集団的整理解雇の結果を緩和する方法及び手段」の二つである。前者は雇用の悪化（＝整理解雇）そのものを回避する回避策として、後者はその結果を緩和する（整理解雇そのものを回避できるわけではなく、その影響を緩和するに止まる）緩和策として位置付けられる。

ここで注目されるのは、本指令上、前者の回避策が一次的なものであって、後者の緩和策は二次的なものとして位置付けられるに過ぎないという点である。すなわち、本指令は、単に、配転や再訓練等によって解雇の影響を事後的に緩和することを想定するのではなく、整理解雇が行われる原因となった経営上の意思決定に対して被用者側が関与することで、解雇そのものを回避することを重視する立場を取っているのである。具体的には、事業所の閉鎖を理由とする整理解雇が行われた事例において、当該事業所を閉鎖するという経営決定自体が協議の対象となり、その撤回を含めた協議が必要であると判断されている。この協議を通じて事業所の閉鎖に係る決定が撤回された場合には、集団的整理解雇の実施そのものが回避され、被用者の利益が抜本的に保護されることになる。

310　第4編　日本法への示唆

　このように、回避策についての協議は被用者利益を保護するに際して重要な機能を果たすものであるが、この協議を実質的に行うためには、建設的な提案や主張を行う前提として、当該経営事項についての情報が必要となる。そこで、本指令は、上記の協議対象に対応した情報提供義務を認めることでこの問題に対処している。すなわち、本指令においては、使用者は、計画されている整理解雇の理由、被解雇者の人数と種類、常時雇用されている者の人数と種類、計画されている整理解雇の効果が生じる期間、被解雇者の選定基準、及び、解雇手当の計算方法についての情報提供を行う義務があるとされており、被用者側が建設的な提案を行うための基盤が整えられることになる。ここで注目すべきは、整理解雇の理由が情報提供義務の対象となっている点であり、これによって整理解雇の原因となった経営決定についての情報が提供され、その撤回の可否についての協議が可能となる。

　以上に対して、企業譲渡指令においては、協議義務の対象事項が緩和策に限定されている。すなわち、本指令上、使用者（＝旧使用者である譲渡人・新使用者である譲受人）は、それぞれの被用者に関係する措置を計画する場合、それらの措置について協議する義務を負うとされているところ、ここでいう措置としては、本指令の禁止対象外の解雇、労働条件の不利益変更、及び、労働環境の変更等の多様なものが想定されているが、これらの措置はあくまでも譲渡が決定された後に計画されるものであるので、本指令においては、その譲渡の原因となった経営決定が協議義務の対象から除外されているということになる。ここに、回避策を義務的な協議対象に含めている集団的整理解雇指令との重大な差異が見られる。

　このような差異が見られる背景には、実体的規制による被用者保護が予定されているかどうかといった点が影響しているものと考えられる。

　企業譲渡指令は、情報提供・協議等の手続的規制のみを定める集団的整理解雇指令とは異なり、権利義務の自動承継・譲渡を理由とする解雇の禁止という実体的規制を定めることで、被用者を保護することを企図している。すなわち、企業譲渡指令は、リース契約や委託契約等の売買契約以外による事業譲渡を広く適用対象としたうえで、第一に、「譲渡時に存在する雇用契約または雇用関係から生じる譲渡人の権利義務は、譲渡があったことを理由と

して譲受人に移転する」（3条1項）として、当事者の合意の有無にかかわらず、権利義務を自動的に承継させる旨定めている。これにより、譲渡人が譲渡を成功させるためにあらかじめ労働条件等を不利益に変更しておくことや、譲受人が雇用コスト削減のために承継を拒否したり、譲渡後に不利益変更等を行うことも禁止されることになる。それと同時に、CJEUは、権利義務の承継を拒否する権利を認めることで被用者の使用者選択の自由に配慮しつつも、本規定の強行法規性を理由として、合意による労働条件の不利益変更を認めないという解釈論を示している。以上により、本指令は、被用者が拒否権を行使しない限りは権利義務をそのまま承継させる（＝使用者側による一方的な不利益変更や承継拒否はもとより、合意による不利益変更すらも禁止する）ことで、被用者に不利益が生じることを防止している。

　この自動承継ルールについては、基本権として保障されるべき使用者側の事業活動の自由・契約の自由（EU基本権憲章16条）との調整を図る観点から、判例上、その適用を限定的に解するなど、一定の後退化の動向が見られたが、その影響は限定的であり、本指令において設けられている実体的規制は、依然として、私的自治への介入を許し、労働者利益を直接的かつ強固に保護するものとして機能しているのは前述の通りである。

　上記の自動承継ルールの実効性を担保するため、本指令においては、解雇禁止ルールも定められている。すなわち、自動承継ルールは譲渡時に雇用されている被用者の権利義務を対象とするものであるので、この時点までに譲渡人によって解雇された被用者の権利義務は承継されないこととなってしまい、また、譲受人が譲渡後に承継された被用者を解雇するという懸念もある。そこで、本指令は、第二に、「企業等の譲渡はそれ自体では譲渡人・譲受人の解雇の理由とならない」として、譲渡を理由とする解雇を禁止している。この解雇禁止ルールには、「経済的、技術的、又は、組織上の事由」による解雇を適用除外とするという一定のデロゲーションが設けられているが、その該当性は譲渡人・譲受人以外の第三者によって事業継続に支障をきたす場合（例えば事業用施設の賃貸借契約の再締結を第三者である所有者が拒否する場合）に認められるに過ぎないのであって、譲渡人・譲受人による恣意的な解雇までを正当化しているわけではない。このルールにより、被用者は解

雇されることで承継ルールの対象から除外されてしまうという不利益を一定
程度回避することができる。

　以上のように、企業譲渡指令においては、自動承継ルール・解雇禁止ルー
ルという実体的規制が設けられていることから、その適用がある場合に限り、
譲渡が行われたとしても被用者に対する直接的な不利益が及ばない（＝譲渡
を理由として労働条件等が不利益に変更されたり解雇されたりすることがな
い）ように配慮されている。

　これに対して、集団的整理解雇指令においてはこのような実体的規制が設
けられているわけではなく、使用者による整理解雇の実施は直ちに雇用の喪
失を意味するということになる。このような状況からすると、集団的整理解
雇指令については、整理解雇の実施前における被用者の手続的保護がより重
要なものとなり、この段階における情報提供・協議手続を行うことで、整理
解雇の実施そのものを回避する要請が強く働くものと解される。他方で、企
業譲渡指令については、実体的規制による保護が予定されており、これが適
用される限りにおいては、基本的に、譲渡が実施された場合と実施されなか
った場合とで権利義務の内容に変更がないのであるから、そのような手続的
規制を行うべき必要性は一定程度後退するものといえる。

　以上のように、EU 法においては、一方で、体系上、実体的規制が同時に
設けられている場合には、その内容に対応した手続的規制が認められるにと
どまり（＝緩和策が対象となるのみで回避策は対象外となる）、他方で、そ
のような実体的規制がない場合には、緩和策だけでなく回避策までをも対象
として、より経営事項に踏み込んだ手続的規制が設けられている。

　そのうえで特徴的なのは、実体的規制が設けられていると手続的規制の必
要性が一定程度後退するとはいえ、手続的規制が悉く不要であると断じるよ
うな単純な制度設計になっているわけではないという点である。すなわち、
企業譲渡指令においては、協議義務の内容は上記のように緩和策に限定され
ているが、他方で、情報提供義務については、緩和策に関するものに加えて、
「譲渡の理由」という回避策に関するものが対象事項に含まれている。これ
は、前述の通り、実体的規制による被用者保護が予定されていることから強
行的な義務として協議を行わせるまでには至らないものの、少なくとも情報

提供を行わせることで、労使間での自主的な協議が行われる可能性を開くためのものである（第4章第3節第3款(1)）。このように、EU法においては、一方で、実体的規制によって保護されない部分については、手続的規制上、情報提供と協議の双方を義務付けることで、被用者利益を手続的に保護することを予定しつつ、他方で、実体的規制の保護が及ぶ部分については、被用者利益がそれによって保護されうることから、協議を義務化しないことで手続的保護を一定程度後退させつつも、情報提供義務だけは維持することで労使の自主性に基づいた（＝法が強行的に介入しない）協議が行われる可能性を残している。

　以上、EU法においては、実体的規制と手続的規制が互いにどのような事項を対象としているのかを踏まえたうえで、実体的規制で被用者利益を十分に保護できない領域をカバーするために手続的規制が機能することが想定されているという補完的な機能分担が見られ、また、実体的規制の存在によって手続的規制の必要性が後退する場面においても、協議義務と情報提供義務の対象事項をそれぞれ別異に捉えたうえで、前者の義務を課すことを避けつつ、自主的な協議を期待して後者だけは存続させることで、手続的規制の強度にグラデーションを設け、経営関与を促進しようとする制度設計が採られている。

(2) 比較法的検討

①整理解雇の局面における経営関与法制の在り方についての示唆

　我が国の整理解雇法制をみると、実体的規制（人員削減の必要性、解雇回避努力義務、及び、被解雇者選定の相当性）と手続的規制（説明・協議義務）の双方が設けられている。そしてその効果として解雇無効が定められているため（労働契約法16条）、整理解雇法制における実体的規制が機能することで、労働者の権利は強固に保護されることになる。

　この点、実体的規制による保護が十分である場合には、手続的規制を設けるべき要請が後退しうるというEU法の議論を参照すると、説明・協議義務が解雇の原因事項である経営決定を対象とするものとは解されていないという前述の課題（第1編第1章第4款2(1)）は、体系的に見ればむしろ納得性のあるものであるように思えなくもない。

314 第4編 日本法への示唆

　しかしながら、解雇無効というサンクションが認められるのは客観的合理性と社会通念上相当性が否定される場合に限られ、これら要件の充足性が肯定されないと結果的に解雇が有効であると判断されることもあり得るため、労働者には解雇によって自らの意思とは無関係に一方的に契約関係を終了させられる可能性が残されている[25]。EU法では、当事者意思によっても逸脱することのできない強行的なルールとして、雇用の悪化自体を確実に回避するための強度の規制が設けられていたが、それと比較すると、我が国の整理解雇法制における実体的規制は、上記のようにして雇用喪失という重大な不利益を法的に許容する余地を残している点で、雇用の悪化自体を必ずしも未然に防止する制度とはなっていない。そのため、この点に係る保護を手続的地平で実現すべき要請は否定されないものと解される。確かに、EU法である集団的整理解雇指令は手続的規制のみを設けており、実体的規制を合わせて導入している日本法との間には重大な差異があるのは事実であるが、以上のような我が国における実体的規制の限界を考慮すると、両者の差異は一定程度相対的化されるものと見ることができる。それ故、経営方針の転換等を含めた解雇回避策を対象事項とした情報提供義務・協議義務を使用者に課すという事前型の規制（＝経営関与）を設けることは、実体的規制による保護がない領域における労働者保護を、雇用悪化の原因事項に対する直接的なアプローチをもって可能にするものであり、その必要性を共有する我が国にとって、EU法の議論は、その具体的な立法の在り方の先例を示すものとして示唆に富むものであると解される。

　ところで、我が国の整理解雇法制は、解雇権濫用法理を淵源に有するものであり[26]、条文上は客観的合理性と社会通念上相当性という抽象的な規範的要件が定められるにとどまるため、必ずしも立法論によらず、解釈論として

25　土田道夫『労働契約法〔第3版〕』（有斐閣、2024年）901頁以下、山本陽大『解雇の金銭快活制度に関する研究——その基礎と構造をめぐる日・独比較法的考察』（労働政策研究・研修機構、2021年）328-329頁、盛誠吾「整理解雇法理の意義と限界」労働法律旬報1497号（2001年）6頁以下等。

26　労契法16条及び整理解雇法理の展開については、土田道夫「解雇権濫用法理の正当性—『解雇には合理的理由が必要』に合理的理由はあるか？」大内伸哉＝大竹文雄＝山川隆一編『解雇法制を考える〔増補版〕』（勁草書房、2004年）等参照。

も、EU 法の議論を摂取する余地があるようにも思われる。もっとも、実体的規制と手続的規制が一体のものとして認められている現状において、手続的規制に固有の機能を付与することについては異論もあり得るところであり、解釈論で対応することで足りるのか、立法を行うことが要請されるのかについては、引き続き慎重な検討が必要である。

②企業再編の局面における経営関与法制の在り方についての示唆(1)
　——会社分割

　我が国において、企業再編の局面における労働者保護について個別の立法が唯一なされているのが会社分割の領域である（第1編第1章第4款2(2)）。ここでは、部分的包括承継によって労働者側に生じうる「承継されない不利益」と「承継される不利益」に対処するために、強度の実体的規制が設けられている（労働契約承継法4条及び5条）。

　その反面、手続的規制は、経営事項への関与という観点からは、謙抑的なものになっており、強行的な協議義務（5条協議）の対象は雇用に関する事項に限られ、経営に関する事項についての説明や協議を行う点については努力義務にとどめられているのであった（7条措置）。この点について、EU法の議論を参照するならば、強度の実体的規制が設けられ、それによって労働者はその意思に反する形で承継が強制されたり、承継の対象から排除されることがないように保護されている状況下においては、手続的規制の必要性は一定程度後退することになると言える。とりわけ経営関与については、企業側に保障されるべき事業活動の自由に対する過度の制約を生じさせる懸念があるというのも EU 法の検討から得られた基本的な視座であり、それを踏まえると、強行的な協議義務の対象から経営事項を外し、それを努力義務の対象にとどめるという我が国の制度は、体系的に見ると、むしろ一定の妥当性を有するものといえよう。

　もっとも、EU 法においては、情報提供義務と協議義務の対象事項を別異に捉え、任意的な協議を期待して強行的な情報提供義務は残置させていた。これに対して、我が国の7条措置は両者を一括りにして努力義務の対象として扱っている。経営事項についての情報は使用者側に偏在しているのは前述の通りであるところ、任意的な協議は、事業活動の自由（日本国憲法22条1

316　第4編　日本法への示唆

項）に対する過度の制約となることを回避しつつ、そのような偏在化問題に
対処できる方策であり、我が国においても、立法論としては、その導入は検
討に値するものと言えよう。

③企業再編の局面における経営関与法制の在り方についての示唆(2)
　——事業譲渡

　企業再編について広範な射程を有する企業譲渡指令とは異なり、労働契約
承継法は会社分割のみを適用対象としているため、上記の議論の射程もそれ
に限定されたものになる。他方で、我が国において、労働契約の承継に関し
て労働者側に不利益が生じやすい再編策としては事業譲渡が存在するが、こ
れについては労働者保護に関して立法上の実体的規制は設けられておらず、
また、手続的規制についても、倒産手続下という限定的な場面に限って一定
の意見聴取等が定められるにとどまり、一般的な規制は同様に設けられてい
ない。

　もっとも、実体的規制については、学説・裁判例[27]によって、一定の保護
を及ぼすべき解釈論が提示されている。ここでは、大局的には、当然承継
説[28]（＝企業を労働力を含む有機的組織体であると理解したうえで、当該組
織体の譲渡[29]によって労働契約も当然に承継されるとする見解）と合意承継
説[30]（＝特定承継という事業譲渡の特質から、労働契約の承継には譲渡人・
譲受人間の合意が必要であるとする見解）の二説が対立してきたが、近年は
後者の見解が有力であるとされている[31]。同説は、労働契約の承継に必要な

27　判例・学説の整理については、土田・前掲注25）書793頁以下に拠った。なお、事業譲渡をめぐ
る問題状況の概要については、橋本陽子「事業譲渡と労働契約の承継」土田道夫＝山川隆一編『労
働法の争点〔第7版〕』（有斐閣、2014年）150-151頁参照。

28　本多淳亮『労働契約・就業規則論』（一粒社、1981年）138頁、全労済事件・横浜地判昭和56・
2・24労判369号68頁及び、播磨鉄鋼事件・大阪高判昭和38・3・26民集14巻2号439頁等。

29　この見解は、最高裁によって示された「一定の営業目的のため組織化され、有機的一体として
機能する財産（得意先関係等の経済的価値のある事実関係を含む。）」という事業の定義を参照して
いる（最大判昭和40・9・22民集19巻6号1600頁）。

30　石井照久『労働法の研究Ⅱ』（有信堂、1967年）179頁、両備バス事件・広島高岡山支部判昭和
30・6・20労民6巻3号359頁等。

31　菅野＝山川・前掲注6）書726頁、土田・前掲注25）書798頁、青山会事件・東京高判平成14・
2・27労判824号17頁等。

譲渡人・譲受人間の合意としては、明示のものだけでなく黙示のものも含むと解釈しつつ、これと解雇規制とを併用することで労働契約が承継される機会を拡大させ、労働者に承継排除の不利益が生じないようする等の配慮を行っている[32]。これは、解釈論上のものではあるけれども、労働契約の承継の有無を規律するという意味において、実体的規制を行っているものと言える。

しかし他方で、このような見解については、事業譲渡当事者である譲渡人と譲受人が承継を明示的に排除した場合に、そのような排除が強行法規との関係で違法とならない限り、労働契約の承継を行うことができないという重大な限界が存在する[33]。すなわち、譲渡当事者は、譲渡型の場合で「特定労働者の労働契約のみを承継対象とする（＝全労働者の労働契約を承継するわけではない）」という特約（いわゆる反対特約）を締結したり、再雇用型の場合で「譲受会社は自らが必要と認めた労働者のみを雇用する」という条項（いわゆる採用専権条項）を設けたりすることで、上記のような黙示の承継合意の成立を否定することができる。この意味において、合意承継説の提唱するところによる、実体的規制を基礎とする労働者の承継に係る利益保護には限界があると言わざるを得ない[34]。

次に、手続的規制について見ると、我が国においては、倒産手続という特定場面における一定の意見聴取等が定められている。具体的には、破産手続（破産法78条4項）、民事再生手続（民事再生法42条3項）、及び、会社更生手続（会社更生法46条3項3号）において、裁判所が事業譲渡を許可する場合には、当該裁判所は労働組合等の意見を聴かなければならないとされてい

---

32 タジマヤ事件・大阪地判平成11・12・8労判777号25頁、Aラーメン事件・仙台高判平成20・7・25労判968号29頁等。

33 土田・前掲注25）書799頁。

34 なお、学説・裁判例上では、解雇規制との関係性に着目して上記のような承継排除を否定するための有力な見解が示されているが、それらが大勢を占めるまでには至っていない。例えば、譲渡会社による解雇、譲渡契約上の不承継条項、譲受会社による不採用を全体として解雇と捉え、それ無効としたうえで規範的解釈による承継を認める見解（金久保茂『企業買収と労働者保護法理』（信山社、2012年）444頁以下）、解雇権濫用法理の類推適用を参照して承継排除の合意に客観的合理性を要求する見解（島田陽一「営業譲渡で雇用はどうなる」道幸哲也ほか『リストラ時代雇用をめぐる法律問題』（旬報社、1998年）122頁、東京日進学園事件・さいたま地判平成16・12・22労判888号13頁等）が存在する。

る。これらの規定により、事業譲渡に際して労働組合等の意見が一定程度反映されることになるものの、名宛人が管財人や再生債務者ではなく裁判所である点、意見聴取の方法が法定されていない点、労働組合等の意見によって他の債権者、裁判所や管財人・再生債務者が法的に何らの拘束も受けない点、及び、意見聴取の機会が与えられなかった場合の不服申立ての機会が保障されているわけではない点等において、上記意見聴取を用いた労働者側の手続的関与には限界があると指摘されている[35]。このように、我が国においては、事業譲渡を手続的に規制するための一般的な労働立法が存在せず、唯一存在すると思われる倒産手続下の労働者側の関与も十分とは言えない等の限界が見られる。

　以上のように、我が国における事業譲渡に関する実体的規制・手続的規制は双方ともに十分に整備されているとは言い難い状況にある。この点、我が国においては、事業譲渡を規律すべき労働立法の方向性が公的に検討されたことがあったが[36]、そこで主に議論されたのは労働契約の承継に係る実体的規制の要否であった。ここでは、承継ルール（実体的規制）は、当然承継を前提とすると、事業譲渡の成立に重大な支障をきたしかねないことや、譲受会社の採用の自由を制約して譲渡後の企業活動に大きな制約を加えること等を理由として、現時点では立法措置は不要であるとされた。しかしながら、その後も、当然承継とは異なる方向性において実体的規制を整備すべきではないかとする見解が示される等[37]、その立法化に向けた議論は継続して行われている。

　これに対して、上記の労働立法をめぐる公的議論においては[38]、手続的規制については正面から検討されたわけではなかった[39]。しかしながら、その後の厚生労働省告示[40]において、事業譲渡に関する全体の状況・譲受会社等

---

35 池田悠「倒産手続下での労働者代表の関与——現行法の状況と改正に向けた課題」北大法学論集65巻6号（2015年）1656-1657頁、1664-1665頁、及び、1667頁。

36 厚生労働省「企業組織変動に係る労働関係法制研究会報告」（2000年）。

37 例えば、土田・前掲注25）書798頁以下では、合意承継説のような特定承継ルールを基本としつつ、それに不当な動機・目的の有無等を考慮した一定の修正を加えていくという立法構想が提示されている。

38 厚生労働省・前掲注36）報告書。

の概要及び労働条件等について十分な説明を行うことや、労働者の承諾に向けた協議を行うことが適当であるとの見解が示されていることに加え、より近年では、労働組合との団体交渉とは異なった方式における協議等の在り方を模索すべきとする見解[41]が提示されていることからすると、手続的な規制を行うべき方向性についても議論が進展する余地は十分に残されているものと考えられる。

　こうした状況に照らすと、我が国においては、事業譲渡に関する実体的規制・手続的規制の双方について議論を深めていく必要があると言えるが、我が国においては、上述の学説・裁判例等の蓄積を見ても明らかな通り、実体的規制についての議論が豊富になされてきたものの、それらはあくまでも実体的規制を単独で取り上げるものにとどまり、両規制を関連付けた議論は十分には行われていない。このような分断的な議論の状況は、体系的な制度設計を行うべきであるというEU法から得られた示唆を踏まえると、必ずしも望ましいものではない。労働者保護と経営裁量の確保のバランスを図るべきであるという視点はEU法の文脈に限定されるものではなく、我が国においても共通するものであるため、我が国の事業譲渡法制を検討するに際しても、体系性に留意した議論を展開すべき要請が認められると解される。例えば、実体的規制として当然承継ルールを設けるならば、譲渡によって労働者に直接的な不利益が生じることを防止しうるのであるから、譲渡を行うという経営決定に対する関与の必要性は後退する一方で、特定承継ルールを設けるのであれば、譲渡から直接的に不利益（＝承継されない不利益）が生じうるこ

---

39 労働者側としては企業再編に関する情報提供・事前協議の必要性を説いていたが、報告書を見る限り、実際の検討において、これが事業譲渡の文脈で正面から取りあげられたとは言えないものと解される。

40 厚生労働省「事業譲渡又は合併を行うに当たって会社等が留意すべき事項に関する指針」（平成28年、厚生労働省告示第318号）。

41 厚生労働省「組織の変動に伴う労働関係に関する研究会報告書」（2015年）23頁では、「集団的な手続については事業譲渡に伴う雇用、労働条件への影響等は、労働組合との間の団体交渉事項となるが、それにとどまらず、その他の労働者代表との間の協議の在り方等も含めて、ルールを整備することも考えられる」として、団体交渉の枠にとらわれない手続的規制の在り方が展望されている。

とになるので、譲渡の決定そのものに対して関与する必要性が強調されることになろう。

　以上のように、実体的規制が十分でない場合には、それを手続的規制によって補完する必要性があるため、回避策までを対象事項に含めた強度の経営関与を設けることが要請されるが、反対に、実体的規制が十分である場合には、それによって労働者の保護が実効的に行われるため、経営関与による補完の必要性は後退することになる。事業譲渡をめぐる労働法規制の議論においては、こうした実体面・手続面の双方の規制を視野に入れた体系的な検討が必要なものと考えられるが、我が国における現状の議論には、大勢として、労働者の直接的保護と経営上の裁量確保の調和等をはじめとする様々な問題を一括して実体的規制の枠内で処理しようとしているところに限界がある。EU法の上記議論は、実体的規制と手続的規制の間の相互関係の中で労働法規制を総合的に捉えるという方向性を提示するものであり、我が国の現状の議論に見られる限界を克服する上で、参考になるものである。

　もっとも、ここで留意すべきは、EU法は、強度の実体的規制を置く場合であっても、手続的規制を等閑視しているわけではないという点である。すなわち、企業譲渡指令は、自動承継ルールと解雇禁止ルールを設け、譲渡から直接的に生じる不利益を回避するための強度の実体的規制を設けているが、手続的規制を完全に不要とするまでには至らず、その水準を謙抑的なものとして設計するにとどめている。確かに、譲渡が行われることで将来的な不利益措置の可能性が否定できないなど、間接的な不利益の発生が想定されるものの、実体的規制はそれに対する規律までを広範に行うものではなく、保護範囲に限界を有しているため、雇用の悪化を防止するという観点からすると、手続的規制によって実体的規制を補完すべき必要性が皆無になるとまで断じることは困難である。他方で、その必要性が一定程度後退するのも事実であるから、手続的規制については、実体的規制の内容に応じて規制強度を柔軟に調整し、過剰規制となるリスクを避ける必要がある。この点、経営関与は、関与対象事項に含めるべき範囲の設定を通じて規制強度を調整できるため、まさに、そのような柔軟性を担保できる手続的規制であると言える。このような視点は、EU法である企業譲渡指令と集団的整理解雇指令の比較検討を

経て、経営関与の対象事項の広狭が規制強度を変化させる旨の知見を得られたからこそ思い至ることができたものであるが、その基礎理論としての意義は特定の法に限定されるものではないため、我が国において事業譲渡をめぐる議論を体系的な形で展開する際にも、斟酌するに値するものと解される。

3. 欧州労使協議会指令及び欧州会社法被用者関与指令から得られる示唆
(1) EU 法の検討

次に、欧州労使協議会指令と欧州会社法被用者関与指令について見ると、両者は、労使間で交渉が調わない場合に導入される標準的な経営関与手続についての定めを置いており、そこでは、雇用悪化に具体的に繋がる経営事項だけでなく、そのような影響が具体的に想定されないような日常的な経営事項までを対象事項に含めるという広範な規律を行っている。具体的には、定期的な手続において、企業構造、企業が置かれた経済的・財務的状況、事業・生産・販売に関する見込み、投資、企業組織に関する重要な変更等をはじめとして、雇用に対する具体的な影響が未だ想定されないような高度の経営事項までもが被用者関与の対象とされている。また、臨時的な手続においては、事業所移転や事業所の閉鎖等という被用者利益に相当程度影響する事項も関与対象に含められている。

このような経営上の日常的な意思決定を含めた事項を対象とした経営関与は、法による画一的な手続の導入を行う集団的整理解雇指令や企業譲渡指令には見られないものであり、欧州労使協議会指令と欧州会社法被用者関与指令の特徴の一つであると解される。

(2) 比較法的検討

我が国においては、整理解雇や企業再編の箇所で前述した通り、経営面の細部に立ち入った事項を広範に対象とした協議義務が課されているわけではないのが現状であるが、労働者利益の手続的保護のために新たに立法を設けることで、そのような事項に対する関与を保障する場合には、使用者側の事業活動の自由を過度に制約する懸念がある。

この点、上記二指令は、経営関与の対象事項はあくまで一次的には労使が交渉して自律的に決定すべきであるとしており、法が直ちに上記の強度の経

322 第4編 日本法への示唆

営関与の導入を強制しているわけではないという点に留意が必要である。EU法は、労使自治を基盤とする場合に限って上記のような詳細かつ広範な事項を経営関与の対象としているにとどまるのであり、我が国における立法論を検討するに際しても、経営関与手続の導入方法の議論と連携を取りながら、事業活動の自由への過度の制約となることを避けるという視点を踏まえる必要があることが窺われる。具体的には、法による画一的な手続の導入を行う場合と労使自治を基盤とする手続の導入を行う場合とを比較すると、前者よりも後者の方が、事業活動の自由に対する制約を正当化する余地が広く、より詳細かつ広範な事項を対象事項に含めることができるものと解される。すなわち、日常的な経営事項を関与の対象に含めることが使用者側の経営裁量を大きく縮減することに繋がり得るのは事実であるが、労使間の合意によって任意に手続の内容を決定する場合には、使用者側がそれを自らの判断で行っていると評価でき、それはむしろ労使自治に照らして尊重することが求められるものであるから[42]、経営裁量に対する制約の程度の大きい経営関与手続については、後者のような自治を基礎とする導入手続によることが適切と言えるのである。

　以上のように、対象事項の決定については、経営裁量への制約を正当化するという観点から、手続の導入方法と関連づけた体系的な検討が要請されるというのが、EU法の検討から得られる示唆である。

第2款　関与時期（検討課題③）

　いかなる程度の経営関与を認めるのかという観点からすると、前款で検討した対象事項に加え、どのような時期に関与を認めるべきなのかが問題となる。すなわち、ある経営事項に関して、その意思決定の形成過程から事前に関与できる場合には当該関与が経営に与える影響が大きいものとなりうるが、その決定の後に事後的に関与できるにとどまる場合には、既決事項を覆すこ

---

42 個別的な契約自由の文脈ではあるが、合意によって自らの利益を制限する場合であっても、それが自治の結果として認められるのであれば、それを尊重すべき要請（＝合意尊重の要請）が働くと指摘する研究として、土田道夫『労務指揮権の現代的展開──労働契約における一方的決定と合意決定との相克』（信山社、1999年）』333頁以下参照。

とは決定前に変更させるよりも困難であるのが通常であることを踏まえると、当該関与の影響は限定されたものとなりうる。そこからさらに後ろ倒しになり、当該経営事項を前提として人事上の措置が決定される段階に至っては、労働者が関与する余地はさらに限定的なものとなることが想定される。このように、関与時期の問題は、対象事項と同様、経営関与の実効性を左右する重要なものであると言える。

1 集団的整理解雇指令から得られる示唆

(1) EU法の検討

まず、整理解雇が行われるまでの段階を想定すると、①日常的な経営決定、②事業所閉鎖等の解雇の原因となる経営決定、③解雇実施の決定、④具体的な解雇者の選定・通知、⑤予告期間満了による当該被用者との契約の終了という流れが想定される。この点について、CJEUは、解雇回避という目的を達成する観点から、②の原因となる経営決定がなされた段階で協議義務が生じると判断している。

そもそも、一度決定された解雇を撤回させることは未だ計画段階にある解雇を中止させることよりも難しいと考えられることから、解雇が既決事項となった後（＝③の段階以降）に協議を義務付けるに止まってしまうと、本指令が主眼とする解雇回避という目的を達成することが困難となってしまう。この点からすると、できるだけ早期の段階で協議を行うことが被用者の根本的な利益保護（＝解雇の実施そのものを回避すること）に資するものとなる。しかし他方で、早期の段階での被用者関与を認めることは使用者側が本来有している経営裁量と衝突しうることとなる。また、実効的な協議を行うという観点からしても、協議対象が明確となっていないような段階で協議を認めるべき必要性は一定程度後退することになる。そこで、欧州司法裁判所は、①の日常的な経営決定ではなく、②の使用者に整理解雇の計画を強いるような戦略上の決定がなされた段階で協議義務が発生すると判断することで、使用者の経営裁量を過度に制約することのないように配慮しつつ、実効的な協議を行って解雇を回避するという目的の達成を後押ししている。

ここで注目されるべきは、協議義務の対象事項と関連させた形で協議義務

の発生時期が示されている点である。そもそも、より強度の被用者関与を認めるという観点からすれば、①の日常的な決定を含めたより早期の段階における関与を認めるという方向性も想定される。しかしながら、解雇回避のための実効的な協議を行うためにはその対象事項となる具体的な経営決定の存在を必要とするにもかかわらず、そのような特段の決定が行われていないような①の段階では、解雇との関連性が不明確な経営決定のみが存在するにとどまる。そうすると、協議対象が不明確な段階で実効的な協議を行うことになるが、そのような状況で実効的な協議を行うことは困難であると解されるので、解雇回避という観点からすれば、①の段階で関与を認める必要性は大きいものではなく、むしろ②の具体的な関連性が想定される経営決定がなされた段階で関与を認めることで足りるものと考えられる。

　そのうえで、情報提供義務の発生時期についてみると、EU法においては必ずしも協議の開始段階で全ての情報が提供される必要はなく、その終了時点までに順次提供していけば足りるとされている。その理由として、対象となっている情報は協議義務が発生する早期段階で全て利用可能となっているわけではないことが挙げられている。上述した通り、集団的整理解雇指令における協議義務は、解雇の原因となる決定がなされた段階で生じるものであるので、このような早期の段階においては、いくつかの情報が未確定であることが想定される。情報提供が協議義務の前提となる（協議において建設的な提案を行うためには判断材料となる情報が必要である）という関係性からすると、本来的には協議開始の段階で全ての情報が提供されるのが望ましいが、協議義務が早期の段階で生じる場合には、上記のような漸進的な情報提供をする他ないということになる。

　以上のように、集団的整理解雇指令には、関与時期の決定に際して関与対象事項と関連させた議論が展開されている点、経営裁量の確保と解雇回避という目的の実現の要請を両立させるという観点から協議義務の発生時期が決定されている点、そしてそのような時期として解雇の原因となる経営決定がなされた段階という早期の段階が挙げられている点、及び、協議義務が早期で生じることから情報提供義務は漸進的に履行せざるを得ないものとされている点において特徴が見られる。

(2) 比較法的検討

　翻って、我が国をみると、EU法のような早期の段階における関与が必ずしも認められているわけではない。例えば、事業所の閉鎖を不可避的に伴うような経営決定がなされ、それを原因として整理解雇が行われたという事例においても、実際に解雇が行われようとしている段階（＝③の段階以降）において説明・協議を行えば足りるとの判断が示されている[43]。

　これは、我が国の解雇法制における手続的規制の対象が労働契約に直接関連する問題（＝解雇問題）に限られているという事情を背景とするものと思われる。すなわち、対象事項が解雇問題に限られている以上、具体的に解雇が計画されるまでは説明・協議の対象が存在しないということになるので[44]、この段階までは説明・協議義務が発生する余地を認め難いのである。したがって、我が国においては、上述した対象事項の問題と相まって、解雇の原因となった経営事項に対する労働者の関与が限定的であり、解雇の回避自体について手続的な保護が十分ではないという課題が生じている。

　この点について、前款では、手続的規制に固有の機能を付与するという観点から、説明・協議の対象に経営事項を含める余地があると述べたが、仮にこのような方向性で検討を行うのであれば、それに対応して、義務の発生時期についても再検討していく必要がある。すなわち、EU法について検討した通り、経営事項を対象にしたとしても、関与できる時期が遅くなれば、その撤回・修正を求めることが困難となり、結果として規制の実効性が担保できなくなる懸念があることから、対象事項を拡大させるのであれば、それに応じて関与の時期を早期化させる方向性での検討が要請されるものと考えられる。しかし他方で、早期の段階における関与を認めることによって、使用者側の経営裁量との衝突が懸念されるとともに、対象事項の不明確さから実効的な関与が行えなくなるという問題も生じうる。また、情報の入手可能性の観点からすると、説明義務の履行に支障をきたす恐れもある。このような

43　学校法人専修大学事件・札幌地判平成27・9・18労働判例ジャーナル47号55頁。
44　整理解雇における説明・協議が、整理解雇法理における他の3要件ないし3要素を対象とするものである点につき、土田・前掲注25）書700頁、野川・前掲注12）書387頁等。

状況下で、雇用の悪化をもたらす原因事項に対する手続的な関与を保障するためには、すべての対照事項について一律的な関与時期を策定するのは困難であり、対象事項の内容や性質に応じた多段階の検討が必要となる。上記のEU法上の議論はこれらの課題に取り組んだ先駆的な例であり、そこで示されている内容、すなわち関与義務の発生期時期を早期化する際の考慮事情や具体的なタイミングなどの議論は、我が国における労契法16条の解釈論や従業員代表制の立法論においても、重要な示唆をもたらすものと解される。とりわけ、関与時期の早期化には経営裁量との衝突が懸念されるという利益衡量の視点や、刻一刻と変化する経営状況に対応するために情報の入手可能性に照らした冗長性を確保すべきであるという視点は、経営関与の時期を策定するに際して、我が国にも共通する基本的視点であると言えよう。

2．企業譲渡指令から得られる示唆

(1) EU法の検討

　まず、企業等の譲渡が行われる各段階を時系列的に見ると、①日常的な経営決定、②譲渡に繋がる経営決定、③譲渡の決定、④譲渡に伴う雇用上の措置の計画、⑤譲渡の実施、⑥④の実施という一連の流れが想定される。

　この点、EU法適合解釈を行なった事例においては、情報提供義務が生じるのは④措置の計画段階であるとされ、また、協議義務も同時期に生じるものであるとされているのは前述の通りである。ここでは、集団的整理解雇指令と異なり、経営決定がなされた次の段階（雇用問題が生じる段階）における関与が認められるにとどまっている。

　その背景には、本指令が承継ルール・解雇禁止ルールという強固な実体的規制を設けていることを受けて、手続的規制上、協議義務の対象を緩和措置に限定しているという事情が挙げられる。上述の通り、手続的規制と実体的規制は相互に関連性を有するものであるところ、本指令は、前者が充実した被用者保護を定めていることに照らして、後者の内容を一定程度後退させたものにし、労働法規制全体として過度な規制を行うことを防止する制度設計となっている。このように、経営事項ではなく、雇用に関する措置を対象事項としている以上、これがまだ計画されていない段階（①から③の段階）に

おいて協議義務を課すことは、不明確な対象について協議を強いることになる。しかしながら、対象が不明確である場合に実効的な協議を行うことは困難であると解されることから、ここでは、そのような早期の段階で関与を認める必要性は乏しく、計画段階において関与を行うことで足りるものと解される。

このように、関与時期が遅めに設定されている状況においては、早期の関与を認める集団的整理解雇指令に比して、経営裁量との衝突や情報提供義務の履行可能性という配慮を行う必要性は一定程度後退するのであり、経営関与の時期は、主に実質的な協議の機会を認めるのに適したタイミングはいつかという観点から決定されるものと言える。

(2) 比較法的検討

我が国における会社分割制度においては、そもそも経営関与が強行的な協議義務の範疇には含まれておらず、努力義務の内容の一環として行われる協議を通じて一定の経営関与が行われることが想定されているところ、そのような協議の実施時期は条文上では明示的に定められておらず、行政解釈において、分割契約を株主総会で決議することを目して設定されている通知期限日（労働契約承継法2条3項）までに「十分な協議ができるよう、時間的余裕をみて」開始すべきものとする見解が示されるにとどまっている[45]。

また、事業譲渡については、前述の通り、そもそもEU法のような一般的な立法は行われていないが、手続的規制についての一定の議論自体は存在する。そこでは、協議義務が生じるべき時期について、事前性を要求すべきであるとの見解[46]や、「（労働者の真意による承諾を得るために）時間的余裕を見て」協議を行うべきであるとの見解[47]等が見られるが、ここに言う「事前」や「時間的余裕（のある時期）」とは具体的にどのような段階を指すのかという点については判然としない部分があり、検討の余地が残されている。

---

45 分割会社及び承継会社等が講ずべき当該分割会社が締結している労働契約及び労働協約の承継に関する措置の適切な実施を図るための指針（平成十二年労働省告示第百二十七号）第2の4 (1) イ

46 厚生労働省・前掲注36）報告書における「労働者側の意見」。

47 厚生労働省・前掲注40）指針第2の1 (2)二。

328　第4編　日本法への示唆

すなわち、前者については、「事前」の意味を「譲渡の前」と理解した場合でも、上記①から⑤に見られるような複数の段階が想定されるのであって、特に③と④の間では経営関与を認めるか、それとも雇用に関する問題についての関与のみを認めるにとどめるのかという点で重大な差異が生じうるのであるから、より具体的な時期について検討を加える必要がある。また、後者についても同様であり、「時間的余裕（のある時期）」とは具体的にどの段階を指すのかについて考察を深めていかなくてはならない。上記のEU法の議論は、関与時期については対象事項との関係性を踏まえて検討する必要性があることを示唆する点で、このような検討を進めるにあたって参考になりうるものであると解される。

　より具体的には、雇用承継に関する実体的規制を整備し、労働者に一方的に不利益が課されないような制度設計がなされる場合、手続的規制については、対象事項を雇用問題等に限ることが想定されるのは前述の通りであるところ、仮にその立場を取るのであれば、協議義務等の発生時期は、実効性確保の観点から、④の譲渡に伴う雇用上の措置の計画以降の段階で生じるものとするのが望ましいということが示唆されていると言える。

3．欧州労使協議会指令及び欧州会社法被用者関与指令から得られる示唆
(1) EU法の検討
　欧州労使協議会指令及び欧州会社法被用者関与指令については、対象事項に合わせて、複数の関与時期を定めている点に特徴が見られる。すなわち、上述した事業・生産・販売に関する見込みや投資等といった雇用に対する具体的な影響が未だ想定されないような経営事項については、年に一回以上という頻度で定期的に情報提供・協議を行うべきであるとされ、他方で、事業所移転や事業所の閉鎖等という被用者利益に相当程度影響する事項については、当該状況が発生すると直ちに臨時的な情報提供・協議を行うべきであるとされている。
(2) 比較法的検討
　我が国において、より一般的な射程を有する経営関与制度を整備するにあたっては、多岐にわたる関与事項を包括的に規律する必要が生じる。これが

整理解雇や組織再編等の特定場面に対して適用される制度との違いであるところ、前述の通り、これらの制度については、関与の対象事項を明確に挙げることができるため、実効的な関与を行わせるという観点から、それら事項の内容が具体化する段階で協議義務等を課すことができるのに対して、関与の対象がそれほど明確ではない場面までを規律対象としなければならない一般的な制度においては、そのようにして関与の時期を決定することは困難である。

　この点につき、上記の EU 法においては、定期的な関与と臨時的な関与という複数のタイミングでの経営関与を定めつつ、関与の対象が比較的明確である事項を臨時的な関与に、また、そうでない事項を定期的な関与にそれぞれ割り当てたうえで、後者については年に一回以上の計画されたタイミングをもって関与が行われると定めることで、上記の問題に対処している。ここからは、一般的な射程を有する経営関与制度については、関与事項を類型化し、それぞれに適した関与の時期を多層的に設けることで、対象事項の多様性を受容しつつ、関与の実効性を確保できることが示唆されており、我が国における立法の議論にも資するところが少なくないと解される。

おわりに

　本書においては、雇用の悪化自体を必ずしも未然に防止できるわけではないという実体的規制の限界を踏まえ、それを補完する手続的規制として、経営上の意思決定に対する労働者の手続的関与を法的に保障するための法制度である経営関与法制に着目し、EU法を対象とする比較法的研究を行うことで、その理論的な考察を展開してきた。

　本書の出発点となる問題意識をここで再言すると、それは、現在の労働法規制において中心的位置を占めている実体的規制には、内容を審査すべき事実行為や法律行為等の存在を必要とするが故に、雇用に対する悪影響が一定程度確実になった段階（＝不利益措置の決定・実行の段階）で機能することを前提に設計されている点に起因する限界がある、というものである。確かに、雇用の悪化がもたらされる直接的な原因がこの段階に存するのは事実であるが、それらは唐突に行われるわけではなく、日常的な経営決定の蓄積によって使用者における雇用環境の大局的な方向性が決定され、その中で雇用の悪化を既定路線化する経営決定がなされるのであるから、上記のような特性を有する実体的な規制は、雇用悪化の根源的な原因事項に対する規律を及ぼすことができないのである。

　これに対して、手続的規制は、集団的・個別的なレベルにおける労使間での自治を基礎とした自律的な利益調整を機能させることに主眼を置く規制であり、内容審査の対象となるべき法律行為や事実行為の存在を必ずしも必要とするものではないため、実体的規制の内包する上記の限界に拘束されることなく、より早期の段階において、雇用の悪化の原因事項である経営上の意思決定に対して直接的な規律を及ぼすことが可能である。このような制度が労働者の経営関与制度であり、本書では、このような手続的規制によって実体的規制を補完することで、より実効的な労働法規制の枠組みを示すことを

試みてきた。

　この点、現状の我が国においても、団体交渉制と労使協議を通じた経営関与は行われうるのであるが、両者には、自主的に組織される労働組合が行う団体交渉に依存的であることに起因する課題があるため、労働組合とは異なる集団による経営関与制度の導入が必要となる。本書が従業員代表制に注目する理由がここにあり、その立法を通じて経営関与の権利を保障するためにはどのような制度設計が適しているのかを、EU 法から示唆を得ながら明らかにすることができた。

　上記のような立法を行うことは、基本権法上の要請であると考える余地がある。現在の EU 法は団体交渉権（EU 基本権憲章28条）と経営関与の権利（EU 基本権憲章27条）を、労使関係が協調的又は敵対的いずれの態様で展開するのかに応じて、別個の基本権として保障しているが、原初的には、その両者が団体交渉権についての条文のもとで一括して保障されていたという経緯があるのは前述の通りである（第 2 編第 2 章第 2 節）。翻って我が国の基本権規範を見ると、団体交渉権を定める条文が存在する一方で（＝日本国憲法28条）、経営関与の権利を明示的に定める固有の規定は存在しない。しかしこれを上記の原初的な形態をとっていた状況になぞらえて理解するならば、現在の我が国においては、対抗的な労使関係を前提とする制度（＝労組法の定める団体交渉制度）のみが立法されているにとどまり、協調的な労使関係を前提とする制度である経営関与制度の立法は行われていない点で、日本国憲法28条による基本権保障につき、双璧をなすべき権利の一方の立法が滞ってしまっていると解することも可能であると思われる。この立場を前提とするならば、日本国憲法28条による基本権保障を完全な形で実現するという観点から、従業員代表を通じた経営関与法制の立法化はむしろ同条によって要請されるものと解される。もちろん、この点については異論もあり得るところであり、今後も継続的な検討が必要であるが[1]、少なくとも、上記のように解する余地がある旨を指摘することができるのも、EU 法から得られる重要な示唆の一つであると言えよう。

　また、このようにして憲法上の積極的な要請であると言えない場合であっても、立法化することを禁止すべき条項が存在しないことから、少なくとも、

従業員代表を通じた経営関与法制の立法が憲法上許容されるものであるという点については、概ね見解の一致をみることができるものと解される[2]。

　実体的規制は労働者利益を直接的かつ強固に保護できる点で優れた規制であるが、それは万能なものではなく、冒頭で指摘したような限界を内包している。そこで重要となるのは労働法規制全体を体系的に整備して実効的な保護を及ぼすことであり[3]、従業員代表を通じた経営関与法制は、手続的規制に固有の機能を追求し、実体的規制を補完することができる点で、まさにそのような体系的な検討に資するものである。本書の研究が、その議論において多少なりとも貢献するところを有していれば幸いである。

1　経営関与がいかなる憲法規範のもとで保障されるかについて、学説の展開状況は、光岡正博『経営参加権の研究』（法律文化社、1988年）37頁以下等参照。また、日本国憲法の制定に係る議会の審議において、憲法28条によって勤労者に経営に関する発言権を保障するかどうかについて議論が行われており、結論としては、否定的な見解が示されたが（清水伸『逐条 日本国憲法審議録第2巻』（原書房、1976年）678-682頁）、これは、労働組合が対抗的な手段をもって経営に関与することに対する懸念があることを理由とするものであり、本書のように、経営関与に必要な協調性を有する従業員代表制を組合とは別に設けることを含めた議論が行われたわけではない。

2　従業員代表制の立法化の憲法上の許容性に係る議論状況につき、竹内（奥野）寿「職場における労働者代表制——その一環としての従業員代表制の立法整備を考える」日本労働研究雑誌703号（2019年）21頁、労働政策研究・研修機構「中小企業における労使コミュニケーションと労働条件決定」労働政策研究報告書 No.90（2007年）164頁以下〔奥田香子〕等参照。なお、我が国において、労働条件決定等を主眼に置いた従業員代表制についての憲法上の議論がなされてきたが、従業員代表は多様な文脈で異なる機能を果たすものであり、それぞれの個別性に照らした検討が必要であるため（籾井常喜「労働保護法と『労働者代表』制——その立法論的検討」伊藤博義＝保原喜志夫＝山口浩一郎『労働保護法の研究』（有斐閣、1994年）38頁以下）、ここでの議論はあくまで経営関与についてのものである点には留意が必要である。

3　荒木尚志「雇用社会の変化と法の役割」同ほか『岩波講座 現代法の動態3 社会変化と法』（岩波書店、2014年）14頁以下では、手続的規制と実体的規制の両側面を備えたハイブリッド型規制の重要性が指摘されている。また、土田道夫『労働契約法〔第3版〕』（有斐閣、2024年）35頁以下においても、労使自治に委ねるべき事項と制定法を通じた国家による保護が求められる事項とを区別する観点から、実体的規制と手続的規制の双方が労働法規制にとって必要である旨が示唆されている。加えて、西谷敏『西谷敏著作集第1巻：労働法における法理念と法政策』（旬報社、2024年）60頁においても、実体的規制を基本に据えつつ、手続的規制による補完を行うことが必要である旨が指摘されている。

【著者紹介】

岡村 優希　（おかむら ゆうき）

●略歴

同志社大学法学部法律学科早期卒業、同志社大学大学院法学研究科私法学専攻博士前期課程及び後期課程修了。博士（法学）。同志社大学法学部特任助手、情報通信総合研究所法制度研究部主任研究員、名古屋市立大学人文社会学部専任講師等を経て、現在、日本電信電話株式会社・NTT社会情報研究所研究員および早稲田大学比較法研究所招聘研究員。

●研究業績

・『企業法務と労働法』（商事法務、2019年）（土田道夫編）（分担執筆）。

・「EU企業譲渡指令における労使間の相互的利益調整：権利義務の承継に係る判例法理の展開に着目して」EU法研究14号（2023年）55-84頁。

・「AI技術と集団的労働法上の課題：集団的利益調整の位置付けと不当労働行為制度の解釈に着目して」季刊労働法275号（2021年）57-70頁。

・「労働者の個人情報の収集・利用に係る同意概念：労働法と個人情報保護法の交錯」季刊労働法272号（2021年）136-151頁。

・「有期労働契約の濫用規制に関する基礎的考察：EU有期労働指令・イギリス法との比較法的研究」日本労働法学会誌128号（2016年）121-135頁。

ほか

じゅうぎょういんだいひょう つう けいえいかん よ ほうせい

従業員代表を通じた経営関与法制
ろうし じ ち た ようせい ちゃくもく にち ひ かくほうけんきゅう
——労使自治の多様性に着目した日・EU比較法研究

2025年3月31日　第1版第1刷発行

著　者	岡村優希
発行所	株式会社　日本評論社
	〒170-8474　東京都豊島区南大塚3-12-4
	電話 03-3987-8621　　FAX 03-3987-8590
	振替 00100-3-16　　https://www.nippyo.co.jp/
印刷所	精文堂印刷
製本所	牧製本印刷
装　幀	神田程史

検印省略　© Y. OKAMURA 2025

ISBN978-4-535-52867-3　　Printed in Japan

JCOPY 〈（社）出版者著作権管理機構　委託出版物〉

本書の無断複写は著作権法上での例外を除き禁じられています。複写される場合は、そのつど事前に、（社）出版者著作権管理機構（電話03-5244-5088、FAX 03-5244-5089、e-mail: info@jcopy.or.jp）の許諾を得てください。また、本書を代行業者等の第三者に依頼してスキャニング等の行為によりデジタル化することは、個人の家庭内の利用であっても、一切認められておりません。